本书为国家社科基金一般项目"中国特色社会主义文化影响力的系统结构及提升路径研究"（项目批准号：12BKS051）结项成果

文化影响力

系统结构与提升路径

梁建新 ○ 著

中国社会科学出版社

图书在版编目（CIP）数据

文化影响力：系统结构与提升路径 / 梁建新著 . —北京：中国社会科学出版社，2021.11
ISBN 978 – 7 – 5203 – 9175 – 7

Ⅰ.①文… Ⅱ.①梁… Ⅲ.①中华文化—文化传播—研究 Ⅳ.①G125

中国版本图书馆 CIP 数据核字（2021）第 187597 号

出 版 人	赵剑英
责任编辑	杨晓芳
责任校对	王　晨
责任印制	王　超

出　　版	中国社会科学出版社
社　　址	北京鼓楼西大街甲 158 号
邮　　编	100720
网　　址	http://www.csspw.cn
发 行 部	010 – 84083685
门 市 部	010 – 84029450
经　　销	新华书店及其他书店

印刷装订	三河弘翰印务有限公司
版　　次	2021 年 11 月第 1 版
印　　次	2021 年 11 月第 1 次印刷

开　　本	710×1000　1/16
印　　张	18.75
插　　页	2
字　　数	261 千字
定　　价	108.00 元

凡购买中国社会科学出版社图书，如有质量问题请与本社营销中心联系调换
电话：010 – 84083683
版权所有　侵权必究

序　文化影响力：实现党的第二个百年奋斗目标重大考量

侯惠勤

我们正处在党的两个百年奋斗目标的历史交汇期。在全面建成小康社会的新历史起点上，在新中国成立百年之际，我国成功开启了建成社会主义现代化强国的第二个百年奋斗目标。社会主义现代化强国是一个全面、综合的指标体系，要充分体现共同富裕和人的全面发展。如果说，党的第一个百年奋斗目标，主要还是解决以消除绝对贫困为基础的"富起来"问题的话，那么第二个百年奋斗目标就是要解决"富起来"以后如何真正"强起来"的问题。这些问题大致有：落实以创新、协调、绿色、开放、共享的新发展理念，解决人民日益增长的美好生活需要与不平衡不协调的发展之间的矛盾；高举"人类命运共同体"大旗，推动和平发展、合作共赢，解决中华民族伟大复兴所需要的外部环境问题；以"九二共识""一国两制"为基础推动两岸和平发展，和平统一，以确保国家主权、安全和领土完整；等等。其中，坚持马克思主义在意识形态领域指导地位的根本制度，解决在西方意识形态长期强势围堵下的"挨骂"问题，是党的第二个百年奋斗目标需要实现的重要战略目标。因此，文化影响力是一个值得期待的研究方向。

首先，要研究解决"挨骂"问题的历史必然性和条件性。"挨骂"是西强我弱的历史遗产，解决这一问题，已成为今天的历史任务。从马克思主义的观点看，任何统治阶级，都必须同时掌控社会的物质生产资料生产和精神生产资料生产，否则将会政权不保。之所以如此，就是因为物质生产活动不仅是物质生产生活资料的生产和再生产，不仅为执政提供物质支持和硬实力基础，而且是生产关系和物质交往活动的生产和再生产，因而是现行社会经济关系和统治关系的维系过程，是执政的社会基础打造。而精神生产不仅是社会精神文化活动的生产和再生产，为执政提供文化支持和软实力基础，而且是社会价值共识和思想道德规范的生产和再生产，是构建执政的道义基础，因而是思想统治关系的维系过程。这就是说，统治关系是全面的，必须贯彻到一切社会领域，思想领域决不会例外。统治阶级必须"作为思想的生产者进行统治，他们调节着自己时代的思想的生产和分配"，因而"统治阶级的思想在每一时代都是占统治地位的思想"[①]。

资本主义作为称霸世界的统治力量，不仅在政治经济上进行剥削压迫，而且进行文化上的奴役。因此，反抗资本主义统治的中华民族伟大复兴，必然要经历从"站起来""富起来"到"强起来"的历史性飞跃，解决"挨打""挨饿"和"挨骂"三大课题。还要明确，革命时期和"冷战"时期的"对骂"，只解决了革命的正当性问题，并非真正解决了"挨骂"的历史课题。

因此，解决"挨骂"的条件有二：一是制度定型，二是文化自信。制度定型才具有在自由、民主、人权等人类价值共识与西方较量的根基；文化自信才能形成更基本、更深沉、更持久的民族精神力量，从内心深处清除可能的"骂点"。中国特色社会主义的制度趋于定型，"四个自信"深入人心，说明我们在完全解决"挨打""挨饿"后已经基本具备了解决"挨骂"问题的条件。努力掌握意识形态主动权，从根本上解决"挨骂"的问题，是今天我国意识形态建设的

[①] 《马克思恩格斯选集》第1卷，人民出版社1995年版，第98—99页。

其次，要研究终结西方对我国进行思想围堵的必由之路。说到底，中华民族走向伟大复兴的不可逆转，决定了西方对我国的"谩骂"效应必将终结。在这一波澜壮阔的历史大潮中，我们从精神上完全压倒西方意识形态，大致表现为三大趋势：第一，在坚持文化自信中培育、弘扬伟大的"中国精神"，引领不同文化的交流、交融、交锋，推进"世界文化"的形成。马克思早就预言，随着社会化大生产推动人类进入"世界历史"，各民族的地域界限将被打破，民族的融合和相互依存将加速推进。"物质的生产是如此，精神的生产也是如此。各民族的精神产品成了公共的财产。民族的片面性和局限性日益成为不可能，于是由许多种民族的和地方的文学形成了一种世界的文学①。"② 在马克思主义的指导下，中国共产党有效地把中国优秀传统文化，红色革命文化以及社会主义先进文化整合成中国特色社会主义文化。在这一过程中创造性地解决了历史和现代的转换，精华与糟粕的切割，包容同斗争的把控等难题，不仅彰显了中国特色社会主义文化的强大生命力，也为推进各民族文化的交流融通提供了经验。

第二，在坚持制度自信中培育、弘扬中国特色社会主义的制度文明，不断彰显中国经验、中国方案的世界意义，推进当代人类文明的健康发展。在马克思看来，只有作为世界历史性的存在，才能具有世界历史性的意义。资本如此，现代无产阶级也如此。因此，从客观上讲，世界百年未有之大变局与中华民族伟大复兴战略全局的历史性交汇，使中国特色社会主义成为世界历史性的事业，使我们处在"只有民族的才是世界的，只有引领时代才能走向世界"这样一种历史新起点上。③ 我们从中国主题和时代主题的融合上更坚定地走中国特色社

---

① "文学"一词德文是"Literatur"，这里泛指科学、艺术、哲学、政治等方面的著作。——编者注
② 《马克思恩格斯文集》第2卷，人民出版社2009年版，第35页。
③ 《习近平谈治国理政》第2卷，外文出版社2017年版，第66页。

会主义道路，争取对人类作出更大贡献；从理论创新的方向上推进当代中国马克思主义、21世纪马克思主义的发展，争取对世界社会主义运动有较大的促进；从中国发展和世界发展的一致性上构建人类命运共同体，争取对当代人类文明发展作出更为实质性贡献。在这一伟大的时代交响乐前，西方的一切攻击、谩骂将日显苍白、低俗。

第三，在坚持理论自信中努力构建中国特色哲学社会科学的过程中，引领哲学社会科学向探索历史规律、客观真理的方向推进。在马克思主义看来，科学本质上是历史的科学，是以客观规律为基础的知识体系，而客观规律就是历史的客观必然性。恩格斯指出："每一个时代的理论思维，从而我们时代的理论思维，都是一种历史的产物，它在不同的时代具有完全不同的形式，同时具有完全不同的内容。因此，关于思维的科学，也和其他各门科学一样，是一种历史的科学，是关于人的思维的历史发展的科学。"[①] 当代西方的哲学社会科学排斥客观规律，注定了它从根本上是非历史、非科学的。其中的民主、自由、法治、人权、民意等核心概念都是静止、孤立、既有的，没有生成过程，更没有未来的发展，因而从根本上说是抽象的。把客观规律的研究作为学科的根基，注入鲜活的历史发展内容，是构建中国特色哲学社会科学的基本方向。

再次，研究包括文化影响力在内的文化作用机制机理，这一研究有助于我们把现有的文化力发挥到极致。人类社会迈入21世纪以来，世界各国争夺文化影响力的程度日益加剧，文化影响力的大小也日益成为衡量一个国家强大与否的重要指标。因此，世界各国都非常重视发展本国的文化事业与文化产业，从而在增强本国政治、经济、科技、军事等硬实力的同时，不断提升本国的文化影响力。这一时代发展趋势反映在学术研究领域就是关于文化问题的研究日益成为学术研究的热点，"文化影响力"与"文化软实力""文化巧实力""文化

[①] 《马克思恩格斯选集》第4卷，人民出版社1995年版，第284页。

渗透力"等概念也经常出现于学术论文与学术著作之中。

对于我国而言，提升中国特色社会主义文化影响力具有特殊的重要性与紧迫性。党的十九大报告提出了把我国建成社会主义现代化强国的战略目标。根据这一战略部署，2020年党的十九届五中全会提出到2035年，要把我国建成社会主义文化强国。因为社会主义现代化强国不但需要有强大的经济、军事、科技等物质标志，还必须有强大的文化影响力作为精神标志。然而，实事求是地说，中国特色社会主义文化影响力与中国的政治、经济影响力还不匹配，还没有取得相对于西方文化的比较优势。面对互联网条件下西方的文化霸权话语，我们的文化话语力度还需进一步加大，我们的文化产业还需进一步做强，我国社会成员的文化素养与文明程度还有待进一步提高，我们的文化教育事业还需要进一步深化改革，我们的文化服务体系还需要进一步完善。如果中国特色社会主义建设缺乏强大的文化影响力支撑，建设社会主义现代化强国既没有可能性，也没有现实性。正是从这个意义上，强化和推进中国特色社会主义文化影响力的理论与实践研究就凸显为新时代具有重要理论与实践价值的课题。

建设社会主义文化强国，全面提升中国特色社会主义文化影响力是一项系统工程。当前学术界关于文化、影响力、文化软实力、红色文化影响力以及如何增强中华文化的世界影响力等理论与实践问题的研究已经取得了一定的研究成果，丰富和增强了建设社会主义文化强国的理论资源与智力支持。但是，从整体上看，关于文化影响力的研究还停留于较浅的表层，在一些涉及文化影响力的深层理论问题上还存在理解不精准、认识很模糊的问题，比如什么是文化影响力、文化影响力与文化软实力的关系问题，文化影响力的构成要素、系统结构及其内在逻辑的问题，文化影响力的中外比较及生长进路问题等。只有坚持以习近平关于社会主义文化建设的重要论述为指导，将缠绕于这些重大理论与实践问题上的模糊认识与不准确理解阐释清楚，辨析明白，才能为2035年建成社会主义文化强国最大限度地凝聚共识。

从这意义上来看，《文化影响力：系统结构与提升路径》一书的出版可谓应时而生。

"文化影响力"这一概念虽然众所耳熟，但是它就像一个"黑匣子"，里面到底包含了哪些元素？形成了一个什么样的内在结构？这些构成要素之间有具有什么样的内在逻辑？如何按照文化影响力的本身规律、结合新时代中国特色社会主义发展的现实境遇探索切实可行的提升之路？对于这些理论与实践中面临的理论与实践问题要做出科学的回答却并不容易。《文化影响力：系统结构与提升路径》一书遵循"理论—历史—现实"的思维路线，在这些问题上做出了卓有成效的回答。作为国家社科基金课题的研究成果，全书视野开阔、思维清晰，无论是理论观点还是实践应对都具有较为明显的创新性，既有关于文化影响力的基础理论突破，又有文化影响力的纵横比较，在此基础上，还从战略与策略两个层面提出了提升文化影响力的现实路径。概而言之，全书的创新点主要体现为如下几个方面：

第一，建构了阐释文化影响力的理论模型。文化影响力是一个抽象性、综合性的概念，要对某一种具体文化元素，比如某一人物、某一行为、某一思想的文化影响力做出精准阐释，就必须有一个基础性的理论分析框架，否则就会不着边际，不得要领。《文化影响力：系统结构与提升路径》一书揭示了文化影响力的价值始点、双重向度、三重面相、八大载体，提出人的生命需求是文化影响力的价值始点；思想与行为是文化影响力的双重向度；国家文化影响力、社会文化影响力、个体文化影响力是文化影响的三重面相；文化符号、文化产品、民众与杰出人物、文化团体/企业、大众传媒、价值观、思维方式、信仰是文化影响力的八大载体。这为分析文化元素的影响力提供了一个具有普遍借鉴意义的理论模型。

第二，探讨了生成文化影响力的系统结构。文化影响力并非单一的力量元素，而是由多个"力"所构成的一个系统结构，科学揭示这一系统结构是探索文化影响力提升路径的基础。在《文化影响力：

系统结构与提升路径》一书中，作者以唯物史观为指导，初步探讨了文化影响力的系统结构，提出文化影响力是一个以意识形态为核心、具体由主体互动力、思想同化力、信息传播力、价值渗透力、形象吸引力、行为支配力所构成的整体结构。这六大力量都是以特定的意识形态为核心而生成和释放的，其中主体互动力是条件、思想同化力是基础、信息传播力是手段、价值渗透力是内核、形象吸引力是内化、行为支配力是外化。这一观点是否完全正确还有待实践检验，但是其基本思路是正确的，同时也具有鲜明的创新性，为进一步探讨文化影响力提供了有益的启迪。

第三，提出了提升文化影响力的路径体系。既然"文化影响力"是文化要素对人的思想与行为所产生作用的方向、大小与作用点，那么，探索文化影响力的提升路径就必须着眼于人的思想与行为。《文化影响力：系统结构与提升路径》一书从思想与行为的双重维度探索提升文化影响力的现实路径，这无疑是符合文化影响力的生成规律的。作者提出文化对人的思想所产生的影响力主要聚焦于理论、理想、道路、制度、道德、价值六个方面，因此，提升文化的思想影响力，也就必须着眼于理论之维、理想之维、道路之维、制度之维、道德之维、价值之维。同时，文化不仅影响思想，还支配行为，一方面，我们处理和应对科技、娱乐、生态、宗教、法治、反恐等现实问题时都要受到不同文化的影响，另一方面，不同国家和地区应对这些现实问题的思维、战略、策略、方法、心态等因素也会转化为文化影响力，换言之，正是在处理和应对这些现实问题的过程中"悄无声息"地生成着文化影响力。

关于文化影响力的研究是一个非常复杂的课题，因此，《文化影响力：系统结构与提升路径》一书也难免存在一些缺陷与不足。比如关于我国改革开放以来文化影响力的历史演进、关于世界其他国家文化影响力的实证分析还停留在"描述性"的层面，没有深刻揭示其内在规律，也没有揭示文化影响力的生长与其他政治、经济、社会因素的双向关联与互动。再比如关于文化影响力的系统结构也没有对每一种"力"与意识形态之间的逻辑关联做出分析等。上述这些不足，作者也意识到了。一个大题目，开了个好头，明确了进一步发挥的空间，就是了不起的成果。紧抓住这一研究方向，在现有的研究基础上进行拓展，不断提出新问题，产生新成果，本书作者值得我们期待。

2021.10.12

目　录

绪　论 ……………………………………………………………（1）
　　一　问题的提出及研究意义 …………………………………（2）
　　二　国内外研究现状述评 ……………………………………（4）
　　三　本课题研究的内容架构 …………………………………（8）
　　四　需要进一步拓展和深化的若干问题 ……………………（11）

第一章　文化影响力的科学内涵 ……………………………（13）
　　一　影响力·软实力·硬实力：概念辨析 …………………（13）
　　二　文化影响力的价值始点：生命需求 ……………………（24）
　　三　文化影响力的双重向度：思想与行为 …………………（26）
　　四　文化影响力的三副面相：国家、社会与个体 …………（29）
　　五　生成文化影响力的八大要素："珍珠链模型" …………（32）

第二章　文化影响力系统结构的"合理内核" ……………（37）
　　一　意识形态的"前史" ……………………………………（37）
　　二　马克思对"意识形态"的科学阐释 ……………………（42）
　　三　"文化"的概念及其与意识形态的关系 ………………（46）
　　四　核心价值观：当代东西方文化影响力博弈的焦点 ……（53）
　　五　马克思主义：文化影响力提升的导航系统 ……………（56）

第三章　文化影响力系统结构的力量构成 (62)
　　一　主体互动力：文化影响力的条件 (62)
　　二　思想同化力：文化影响力的基础 (66)
　　三　信息传播力：文化影响力的手段 (68)
　　四　价值渗透力：文化影响力的内核 (70)
　　五　形象吸引力：文化影响力的内化 (74)
　　六　行为支配力：文化影响力的外化 (76)

第四章　改革开放以来我国文化影响力系统结构的历史演进 (79)
　　一　拨乱反正塑造党和国家内外形象力 (79)
　　二　吐故纳新增强思想理论同化力 (88)
　　三　与时俱进锤炼价值渗透力 (100)
　　四　攻坚深入强化行为支配力 (108)
　　五　改革创新全面提升文化影响力 (123)

第五章　国外文化影响力系统结构及生长路径的实证分析 (131)
　　一　美国电影文化的意识形态底蕴及其影响力提升路径 (132)
　　二　日本动画文化影响力提升的基本经验 (139)
　　三　法国应对文化影响力危机的战略与策略选择 (142)
　　四　俄罗斯文化的基本精神及其影响力 (146)

第六章　提升中国特色社会主义文化影响力的思想路径 (152)
　　一　夯实文化的理论基础 (152)
　　二　凸显文化的理想追求 (161)
　　三　坚定文化的道路自信 (168)
　　四　彰显文化的制度属性 (175)
　　五　构建文化的道德秩序 (183)

六　强化文化的价值引领 …………………………………（192）

第七章　提升中国特色社会主义文化影响力的行为路径………（200）
　　一　推进科技创新：提升文化影响力的强大杠杆 …………（200）
　　二　建设生态文明：打造文化影响力的亮丽名片 …………（206）
　　三　科学引领娱乐：发挥文化影响力的现实抓手 …………（211）
　　四　正确对待宗教：铸造文化影响力的信仰场域 …………（216）
　　五　强化道德规制：铺就文化影响力的生活土壤 …………（221）
　　六　建设法治中国：增进文化影响力的政治认同 …………（226）
　　七　反对恐怖主义：体现文化影响力的全球课题 …………（230）

第八章　我国文化影响力系统结构及提升路径的战略支撑……（235）
　　一　牢牢把握意识形态工作领导权 …………………………（235）
　　二　锻造中国特色社会主义的文化品牌 ……………………（251）
　　三　夯实经济政治等硬实力基础 ……………………………（258）
　　四　实现传播体系与传播能力的现代化 ……………………（266）
　　五　净化文化影响力提升的思想文化环境 …………………（269）

致　谢 ……………………………………………………………（280）

参考文献 …………………………………………………………（282）

绪　　论

　　进入 21 世纪以来，文化影响力在国际竞争中的地位越来越凸显，核心价值观的比拼越来越激烈，每一个国家都非常重视发展本国的文化事业与文化产业，在增强本国政治、经济、科技、军事等硬实力的同时增强文化软实力、文化巧实力、文化影响力与文化渗透力。应当说，我国社会主义制度建立以来，在传承中华传统文化的优秀基因、广泛吸收世界优秀文化的基础上，社会主义先进文化建设结出了一串串清香醉人的果实，文化创作不断繁荣，文化产业快速发展，文化生活更加丰富，文化服务不断完善，文化体制改革不断深入，社会主义核心价值观深入人心。这为中华民族的文化自信提供了坚实的土壤。然而，实事求是地说，中国特色社会主义文化影响力与中国的政治、经济影响力还不匹配，还没有取得相对于西方文化的比较优势，面对互联网条件下西方的文化霸权话语，我们的文化话语力度还需进一步加大，我们的文化产业还需进一步做强，我国社会成员的文化素养与文明程度还有待进一步提高，我们的文化教育事业还需要进一步深化改革，我们的文化服务体系还需要进一步完善。因此，党的十九届五中全会提出，到 2035 年要实现建成社会主义文化强国的伟大目标。文化影响力是文化强国的标配，没有强大的文化影响力，文化强国根本就无从谈起。从这个意义上来讲，加强中国特色社会主义文化影响力的理论研究，并在建设和发展中国特色社会主义的伟大实践中提升文化影响力，就凸显为开启全面建设社会主义现代化国家新征程中具有重大理论意义与实践价值的研究课题。

一 问题的提出及研究意义

党的十九大报告指出:"从二〇三五年到本世纪中叶,在基本实现现代化的基础上,再奋斗十五年,把我国建成富强民主文明和谐美丽的社会主义现代化强国。"[①] 这一最新战略部署为"中国号"社会主义航轮确立了最新的航向。社会主义现代化强国不但需要有强大的经济、军事、科技等物质标志,还必须有以意识形态凝聚力、渗透力与引领力为核心的强大文化影响力作为精神标志。而且,立足于中国特色社会主义新时代,锻造强大文化影响力这一精神标志的任务更艰巨、更紧迫、更重要,因为文化影响力正是目前中国综合国力构成中的短板。文化兴则国兴,文化强则国强,如果中国特色社会主义缺乏强大的文化影响力,建设社会主义现代化强国就会既没有可能性,更不会成为现实。正是从这个意义上说,加强中国特色社会主义文化影响力的研究,也是实现社会主义现代化强国建设目标的实践需要。

冷战结束以来,以"自由、民主、平等"为核心的西方文化披上"普世价值"的外衣在全球范围内扩张,从"颜色革命"、美国的"大中东计划"到"阿拉伯之春",文化越来越成为以美国为首的西方国家在全球范围内推行霸权与殖民的重要手段,文化影响力越来越成为考量一个国家强大与否的重要指标。中国作为最大的社会主义国家、最大的发展中国家、最大的正在崛起的大国,加强中国特色社会主义文化影响力研究也是适应当前激烈国际竞争的必然要求。

从理论研究的深入来看,关于文化问题的研究虽然汗牛充栋,但是针对文化影响力的研究却相对薄弱,尤其是如何从理论上精准诠释文化影响力,并解析文化影响力的系统结构,进而探索文化影响力的

[①] 《党的十九大报告学习辅导百问》,党建读物出版社、学习出版社2017年版,第23页。

提升路径，更是理论研究纵深突破所无法绕开的问题，因此，加强中国特色社会主义文化影响力的研究又是深化和拓展理论研究的逻辑诉求。具体来说，本课题研究的理论意义与实践价值主要体现为：

1. 有利于形成文化影响力的理论分析框架。"文化影响力"是一个综合型概念，要对某一个国家、某一个民族、某一种具体文化形态的影响力做出精准分析，就必须从普遍性的意义上把握文化影响力的科学内涵、合理内核、系统结构、构成要素，只有在这个基础上才能探索文化影响力提升的有效路径。同时，还应该看到，每一种文化的影响力除了一些普遍性的理论遵循之外，还存在一些特殊属性。比如中国特色社会主义文化影响力就具有鲜明的"中国特色"与社会主义的"制度属性"，提升中国特色社会主义文化影响力，既不能忘记民族文化之根，也不能丢弃社会主义制度之本。

2. 有利于清晰把握改革开放四十多年来中国特色社会主义文化影响力生长的历史轨迹，科学总结其他国家文化影响力提升的基本经验。应当说，改革开放四十多年来，中国特色社会主义文化影响力虽然与我国的政治、经济影响力的增长不可同日而语，但是也处于不断提升的进程中。以我国强大的政治经济实力为支撑，清晰把握改革开放以来我国文化影响力生长的历史轨迹，合理借鉴其他国家提升文化影响力的成功经验，才能走出一条中国特色社会主义文化影响力提升之路。

3. 有利于从理论与实践的双重视野，结合文化影响力的系统构成元素，从中华民族伟大复兴的战略全局与世界百年未有之大变局的高度探索中国特色社会主义文化影响力提升的现实路径。思想与行为是考察文化影响力的基本范畴，因此，探索文化影响力的提升路径，必须从理论与实践的双重视野，针对文化影响力的系统结构，结合建筑、文学、艺术、舞蹈、戏曲、影视、语言、武术等具体文化形式，才能形成文化影响力提升的路径体系。

4. 有利于发挥文化在建设社会主义现代化强国进程中的"黏合

剂"与"润滑剂"作用。当前，国际形势错综复杂、稳中有变，我国"一带一路"倡议正在稳步推进，习近平总书记提出的"人类命运共同体"伟大构想正在赢得越来越多的认同与尊重。与此同时，我国的改革开放也正在向纵深推进，深水区必须要蹚，硬骨头必须要啃，因此，要最大限度消除国内外的疑虑，全面展现一个真实、立体、客观的中国形象，就必须提升中国特色社会主义的文化影响力，消除"中国威胁论""中国崩溃论"，传播"中国机遇论""中国友好论"，从而为实现中华民族伟大复兴的目标汇聚磅礴之力。

二 国内外研究现状述评

自 20 世纪末至今，对于文化及其影响力问题的研究引起了国内外学者的关注。1990 年，美国的约瑟夫·奈提出了"软力量"概念，在《软力量：世界政坛成功之道》中指出："什么是软力量？软力量是通过吸引而非强迫或收买的手段来达己所愿的能力。它源于一个国家的文化、政治观念和政策的吸引力"①。他在《软力量——世界政治中的成功手段》中进一步强调应该充分运用文化软力量吸引人们按照美国的意愿行事。国外其他学者从哲学、政治学、文化学、文化传播学等学科视角对文化及其影响力问题进行了富有启迪的探讨。比如拉扎尔在《美国文化偶像 101》一书中以故事的形式揭示了文化影响力的深刻内涵。亨廷顿在《再论文明的冲突》一文中特别强调了文化在国家政治经济发展中的作用；在《文化的重要作用——价值观如何影响人类进步》中详尽分析了作为文化核心的价值观对人类文明进步的巨大影响。克拉克·S. 贾吉在《美国的文化霸权：21 世纪主宰全球的希望？》一书中指出，美国的文化实力是美国主宰世界的力量之源，美国的单一霸权就是来源于它的文化。麦哲在《文化与国际关

---

① ［美］约瑟夫·奈：《软力量：世界政坛成功之道》，吴晓辉、钱程译，东方出版社 2005 年版，第 2 页。

系：基本理论论述》中提出，文化曾经并将继续对民族和个人命运产生重大影响，文化将成为国际关系的重要变量。此外，萨义德在《文化与帝国主义》、凯尔纳在《媒体奇观：当代美国社会文化透视》、菲斯克在《解读大众文化》等著作中，分别从国际政治、媒体文化、大众文化角度分析了文化影响力问题。美国学者泰勒·考恩的《创造性破坏：全球化与文化多样化》、英国学者约翰·汤姆林森的《全球化与文化》、加拿大学者马修·弗雷泽的《软实力：美国电影、流行乐、电视和快餐的全球统治》等都对文化及其发展问题进行了多视角的论述。2013 年美国学者道格拉斯·霍尔特、道格拉斯·卡梅隆出版的《文化战略：以创新的意识形态构建独特的文化品牌》、法国学者弗雷德里克·马特尔出版的《论美国文化：在本土与全球之间双向运行的文化体制》，2014 年美国学者克利福德·格尔茨出版的《文化的解释》、2017 年美国学者罗伯特·西奥迪尼出版的《先发影响力》、2018 年 5 月 Farhad Aliyev 和 Ralf Wagner 在 *Journal of International Consumer Marketing* 发表的 cultural influence on Luxury Value Perceptions：Collectivist vs. Individualist Luxury Perceptions 等，这些著作与论文是国外学界关于文化及其影响力研究的近期成果。

我国学者对文化及其影响力的关注主要有三重视角：一是从世界经济、政治视角分析文化因素的影响，比如汪幼海 2017 年出版的《全球辐射影响力》、赵建国 2013 年出版的《中国文化产业国际竞争战略》、杨昌宇 2016 年出版的《俄罗斯法治进程中的文化影响力研究》等。二是从传统文化、区域文化、行业文化等视角分析文化对区域经济、行业竞争力以及对世界其他国家与地区的影响，比如关世杰 2016 年出版的《中华文化国际影响力调查研究》、李伦新 2006 年主编的《海派文化与国际影响力》等。三是具体分析某一文化经典如《道德经》，文化人物如孔子，文化形式如戏曲、舞蹈、武术的文化影响力，比如朱向前 2016 年出版的《另解文化巨人毛泽东》、安然等 2017 年出版的《孔子学院跨文化传播影响力研究》等。主要代表人物及其代表作有蔡赴朝的《提高社会主义先进文化辐射力与影响力》、童世骏的《文化软实力》、李萍的《论文化自觉的三个维度》、张骥的《中国文化安全与意识形态战略》、俞新天的《强大的无形力量——文化对当代国际关系的作用》、高占祥的《文化力》、岳汉景的《文化影响国家行为的机理研究》、金民卿的《文化全球化与中国大众文化》、刘永涛的《文化权力与国际关系——冷战后美国文化战略与霸权》、朱云影的《中国文化对日韩越的影响》、王宁的《中国文化对欧洲的影响》、郑炘的《建筑与城市文化影响力》、李娟的《提升中原文化影响力研究》等。这些研究成果不仅从一般理论层面分析了文化影响力的内涵、构成、实现途径等问题，而且从锻造区域文化品牌、发展强大文化产业、拓展文化外交思维等方面提出了不少真知灼见。

近五年来国内学界也出版了一批与文化影响力相关的著作与论文，比如社会科学文献出版社出版了张国祚主编的《中国文化软实力研究要论选》（多卷本）、2015年北京大学出版社出版了张岱年的《中国文化精神》、2013年济南出版社出版了张友谊主编的《文化软实力：提升当代中国文化建设的社会影响》、2014年中央编译出版社出版了成中英的《新觉醒时代——论中国文化之再创造》、2015年新华出版社出版了田学斌的《文化的力量》等。从发表的论文来看，进入21世纪尤其是党的十八大以来，关于文化影响力研究的文章显著增多。比如中国社会科学院当代中国研究所文化史研究室欧阳雪梅在2014年第3期《毛泽东邓小平理论研究》发表《中华文化国际影响力的现状及制约因素》一文，提出21世纪以来，中华文化的国际影响力不断扩大，但是，具有中国特色、中国气派、中国风格的文化话语体系尚未形成，对外文化贸易额太小等多重因素制约了中华文化国际影响力的持续扩大，只有进一步夯实文化影响力的物质根基，把中国的发展优势转化为话语优势，才能形成与中国经济社会发展水平和国际地位相适应的文化影响力。王慧英在2017年《文教资料》第

28 期发表《〈道德经〉在对外文化交流中的影响力》，提出在对外文化交流的进程中，中国伟大的哲学家、思想家老子的《道德经》所提出的思想精华日益被世界各国视为解决一系列当代人类共同难题的宝贵文化良方。蒋媛萍在 2018 年第 1 期《红色文化资源研究》发表了《"一带一路"建设中红色文化国际影响力的增进》一文，提出提升红色文化的国际影响力，应当充分兼顾受众的特点和需求，不断创新传播方式和路径。2015 年第 5 期《福建论坛》发表张琴的《马可·波罗的演绎：中华文化国际影响力的思考》，提出从文化传播的角度来看，我国存在文化资源开发混乱、文化市场缺乏活力、文化传播充满障碍等制约性因素，只有厘清政府文化管理职能，发挥民间文化传播力量、拓宽文化研究领域、提升国民文化素质才能提升中华文化的国际影响力。2015 年第 3 期《中国文化研究》发表李伟荣《中国文化"走出去"的外部路径研究——兼论中国文化国际影响力》一文，该文从文化传播与译介规律的视角提出了文化"走出去"是提升国家文化影响力的重要窗口。2016 年第 8 期《学术交流》发表了祖彤的《我国文化国际影响力拓展的立法问题探析》，该文提出清晰把握我国文化立法领域存在的突出问题，弥补我国在立法路径、立法体系、国内法和国际法衔接等方面的不足，是拓展我国文化国际影响力的必由之路。此外还有一些硕士博士论文问世，如 2013 年河北师范大学陆春梅的《中国特色社会主义文化的影响力研究》，2015 年西安建筑科技大学宋蕾的《我国国家文化影响力提升路径研究》等。

由此可见，国内外学者都充分意识到文化影响力的重要性，并进行了多视角、多层面的探讨，也提出了不少有见地的观点。但是，西方学者的研究有的是为西方的文化霸权战略提供理论支持，有的是为西方价值观的普世性补充营养，其倾向性是显而易见的。我国学者关于文化影响力的研究有了一个良好的开端，但是现有的研究成果还比较分散，文化影响力的科学内涵如何把握？文化影响力的基本内核是什么？文化影响力具有什么样的系统结构？如何结合新时代的实际探索文化影响力的提升路径？对于诸如此类的问题，还没有系统深入的研究，这为本课题研究留下了巨大的追问空间。

三 本课题研究的内容架构

本课题按照"理论—历史—现实"的逻辑路径，主要研究内容从八个方面展开：

第一，文化影响力的科学内涵。"文化影响力"是文化要素对别人的思想与行为所产生作用的方向、大小与作用点，它本质上是一种对文化受众的精神支配能力、价值导向能力和信息传播能力。文化影响力的科学内涵可以从四个方面把握：人的生命需求是文化影响力的价值始点；思想与行为是文化影响力的双重向度；国家文化影响力、社会文化影响力、个体文化影响力是文化影响的三副面相；文化符号、文化产品、民众与杰出人物、文化团体/企业、大众传媒、价值观、思维方式、信仰是文化影响力的八大要素。

第二，文化影响力系统结构的合理内核：意识形态。马克思正是从本体论与认识论两个层面，科学阐释了意识形态的概念，从而为实现观念的科学化奠定了牢固的唯物史观基础。自从人类迈入阶级社会的门槛，意识形态无论是与文化还是与文明都结下了不解之缘，呈现出相互交融的态势，它们并不是互不相干、泾渭分明的两个范畴。由于价值观是文化的核心，也是意识形态的根本，从文化影响力的系统结构来看，意识形态是文化影响力的"合理内核"。正因为如此，核心价值观成了当代东西方文化影响力博弈的聚焦点，而以马克思主义为指导的社会主义意识形态也就成了提升中国特色社会主义文化影响力的导航系统。

第三，文化影响力系统结构的力量构成。以意识形态为核心，文化影响力的系统结构由六大力量构成：主体互动力是文化影响力的条件，在主体互动的条件下，又产生出思想同化力、信息传播力、价值渗透力、形象吸引力、行为支配力。这六大力量构成了一个完整的系统结构，其中主体互动力是条件、思想同化力是基础、信息传播力是手段、价值渗透力是内核、形象吸引力是内化、行为支配力是外化。

第四，改革开放以来我国文化影响力系统结构的历史演进。十一届三中全会后的中国，要顺利实现改革开放和社会主义现代化建设的伟大目标，不但需要有"摸着石头过河"的闯劲、干劲，更需要有中国特色社会主义的文化引领与精神激励。同时，面对"文化大革命"所留下的创伤与后遗症，也需要在社会主义文化建设中改善党和国家的内外形象，不断增强中国特色社会主义的文化影响力。中国共产党人坚持从唯物史观的整体理论视野来把握社会主义文化建设的主旋律，在中国特色社会主义建设的伟大实践中，以推进社会主义意识形态建设为主线，不断进行文化创新，塑造党和国家的内外形象，加强中国与世界的交流与沟通，初步形成了以社会主义意识形态为核心的文化影响力的系统结构。

第五，国外文化影响力系统结构及生长路径的实证分析。世界各种文明之间的对话与沟通、冲突与融合充分体现了人类文明发展是多样性的统一。各个国家和民族传承自身的历史与传统，凭借各自的智慧与力量构建出不同历史时期的世界文化版图。随着中国特色社会主义进入"强起来"新时代，世界人民对中国文化存在更高远的期待、更美好的愿景。然而，中国的政治、经济影响力虽已在世界举足轻重，但是文化影响力却差强人意。因此，分析美国、法国、日本、俄罗斯等国家提升文化影响力的典型实证，可以为我们完善中国特色社会主义文化影响力的系统结构，探索中国特色社会主义文化影响力的提升路径提供有益的借鉴与启迪。本课题选取了美国、日本、俄罗斯、法国四个国家的文化影响力进行典型实证分析。

第六，提升中国特色社会主义文化影响力的思想路径。文化影响力首先作用的对象就是一个人的思想，因此，提升中国特色社会主义文化影响力首先就要从思想层面入手。一个国家和民族所蕴含的文化要产生现实的影响力，从思想层面来考察，主要聚焦于理论、理想、道路、制度、道德、价值六个方面，因此，中国特色社会主义文化影响力的提升虽然是一个完整、系统、动态的过程，它既是中国特色社会主义文化不断繁荣、发展的必然结果，又会对我国社会的物质文化、制度文化和精神文化等社会文化结构以及社会意识形式的核心区域产生影响，这两个范畴可以为理解和把握中国特色社会主义文化影响力的提升提供"坐标"。提升中国特色社会主义文化影响力的思想路径主要具体化为以下六重维度——理论之维、理想之维、道路之维、制度之维、道德之维、价值之维。

第七，提升中国特色社会主义文化影响力的行为路径。文化影响力是经济实力、政治能力的体现和反映，也是影响经济实力、政治能力提升的重要因素。文化影响力的释放与生成，既依赖于文化事业与文化产业的发展与繁荣，又离不开科学技术、生态环境保护、道德律令的遵循、民主法治的进步等现实载体，甚至与日常娱乐、宗教信仰、反恐怖主义等问题都密切相关。因此，探讨中国特色社会主义文化影响力问题，不但要把文化影响力与理论、理想等思想维度相勾连，还必须与科技、娱乐、生态、宗教、法治、反恐等现实实践问题相聚焦，正是在处理和应对这一系列现实实践问题的过程中，文化影响力才得以生成、彰显与提升。

第八，我国文化影响力系统结构及提升路径的战略支撑。提升中国特色社会主义文化对人们思想与行为的双重影响力，既要抓住"社会主义"这一制度规定性，否则就会偏离建设社会主义文化强国的"初心"，又要体现"中国特色"这一民族规定性，否则这种文化影响力就会失去其根基。只有站在"社会主义"与"中国特色"这两大地基之上，不断探索中国特色社会主义文化影响力的提升路径，才能走出一条"风景这边独好"的文化影响力提升之路。从战略层面来看，无论是提升文化影响力系统结构中的理论影响力，还是在处理一系列现实问题中提升文化影响力,都离不开五大战略支撑:牢牢把握意识形态工作领导权;锻造中国特色社会主义的文化品牌;夯实经济政治发展与外交战略实施的文化底蕴;实现传播体系与传播能力的现代化;净化文化影响力提升的内外环境。

四 需要进一步拓展和深化的若干问题

本课题研究从理论、历史与现实三个层面,比较系统地论述了中国特色社会主义文化影响力的系统结构与提升路径,回顾了我国改革开放以来文化影响力发展的历史进程,并对国外文化影响力的典型案例进行了实证分析,针对文化影响力的两个基本范畴"思想"与"行为",论述了提升中国特色社会主义文化影响力的思想路径与实践路径,最后分析了我国文化影响力提升路径的五大战略支撑。然而,因为本人学识水平有限,还有一些问题需要在今后的研究中加以拓展和深化,主要体现在三个方面:第一,关于中国特色社会主义文化影响力的系统结构问题,虽然提出了一个以意识形态为核心,由主体互动力、思想同化力、信息传播力、价值渗透力、形象吸引力、行为支配力所构成的系统结构,但是对每一种力没有作进一步的理论分析;第二,关于提升中国特色社会主义文化影响力路径的探讨,虽然根据文化影响力所作用的"思想"与"行为"两大范畴做了一定的探索,但是还应该更加深入细致;第三,关于我国文化影响力在改革开放以来的发展,关于国外文化影响力的实证分析,还应当做进一步的规律性提炼与挖掘。这些需要进一步拓展与深化的问题正是下一步本课题进行可持续研究的着力点。

总之,中国共产党在领导中国人民实现民族复兴的新征程中,既是优秀传统文化的传承者,又是先进文化的引领者,在党的领导下,我们坚定地相信,正在崛起的中国一定能创造出既能体现中华民族特殊性，又能展示人类普遍性，既能表达中国核心价值，又能兼容其他国家和民族共享价值的中国特色社会主义文化，只有这种中国特色社会主义文化，才能让中国走向世界，让世界欣赏中国，中华民族也才能以无与伦比的文化影响力雄踞世界巅峰。

第一章　文化影响力的科学内涵

全面、科学、准确地求索文化影响力的奥秘，必须精准把握文化影响力与文化软实力、文化巧实力的区别与联系，深入地挖掘文化影响力的科学内涵，这是从结构层面剖析其系统结构的前提与基础。

一　影响力·软实力·硬实力：概念辨析

1. "文化影响力"释义："影响力"在《现代汉语词典》中并没有独立的词条，也没有相应的权威解释。从字面上来看，"影响力"是"影响"与"力"所组成的合成词，"影响"是指对别人的思想和行为起作用，或者是指以间接或者无形的方式影响他人的思想与行为。"吉凶之报，若影之随行，响之应声，言不虚。"[①] "力"是指力量、能力，从物理学的角度来看，"力"有三个构成要素：力的大小、力的方向、力的着点，即作用点。因此，"文化影响力"我们可以定义为文化要素对别人的思想与行为所产生作用的方向、大小与作用点。人的"思想"与"行为"是否在文化要素作用下发生改变，是判断"影响力"是否存在及其存在大小的两个基本变量。

"影响力"是一种影响别人思想与行为的力量，这种力量有两种：一是刚性影响力，即凭借自己手中的硬力量，比如军事、经济、科技

[①] 《辞源》（修订本）第一册，商务印书馆1979年版，第1066页。

等力量，迫使别人改变思想与行为；二是柔性影响力，即通过世界观、价值观、历史观等思想、观念、文化的渗透，以润物细无声的方式影响他人的思想与行为。刚性影响力与柔性影响力的区别在于前者对他人思想与行为的影响是硬性的，他人思想与行为的改变也是被迫的，而后者是柔性的，他人思想与行为的改变往往是不知不觉的、主动进行的。

文化影响力本质上是一种对文化受众的精神支配能力、价值导向能力和信息传播能力。在一般理论层面上，文化影响力是由传播力、吸引力、感染力、同化力（渗透力）、支配力五个方面组成的系统，其中传播力是影响力形成的手段；吸引力是影响力形成的首要条件，是文化影响力的感性表现；感染力是在文化选择心理支配下对某种文化的持久性锁定；同化力是文化受众对某种文化的深度信任、理解与认同，表现为"内化为信念"；支配力是文化影响力的终端表现，表现为"外化为行为"。中国特色社会主义文化的影响力主要是中华文化的独特性魅力与社会主义文化的先进性魅力相结合所形成的文化影响力。这种文化影响力对内表现为本国文化对本国文化受众思想与行为的支配与影响，比如本国文化受众对自身文化基因的认同、对文化所内含价值观的遵循以及本国文化在本国社会成员交往与交流中所产生的凝聚、同化、联结效应。对外主要表现为异域文化受众对中国特色社会主义文化认可的深度与广度以及中国特色社会主义文化对异域文化受众思想与行为影响的力度。具体表现为跨文化交往中，中国特色社会主义文化对异域文化受众的传播力、辐射力、感染力、吸引力、同化力、支配力等。

文化影响力之所以能够生成，主要基于三点：一是不同文化价值的共享性。文化是人创造的，是服务和满足人的需要的，虽然不同国家、民族、种族、肤色的人在生活习惯与历史传统方面存在差异，但是都具有人之所以为人的文化需要，不同主体所创造的文化在一定程度上可以为全人类所共享。可以说，能为全人类所共享的文化基因越多，文化影响力就越大。比如美国电影在发展过程中，为了最大限度、最大范围、最大效果地吸引观众，在传播和营销中就非常注意实施普遍化原则，也称为"最小冒犯原则"。换言之，美国电影一般都会选择人类普遍遵循的价值标准，谨慎地避免因宗教、种族、习俗、性别、年龄等方面的差异而产生冲突与争议。二是人类本性的共同性。世界不同国家和地区的人尽管各有差异，但是正如宇宙万物一样，人也是共性与个性、普遍性与特殊性的有机统一，正是人类本性中的共同性为文化影响力的产生提供了坚实的现实土壤。"人性中诸如父母之爱、儿女之爱、男女之爱，以及荣辱、羞耻、愤怒、梦想等，这些关乎人的最基本的感情方面，不管哪个阶级、哪个阶层的人都是相通的。这也是我们文学能够走向世界的最重要的依据，也是我们能够把外国文学拿过来译成中文出版，感动中国读者的重要基础。"[①] 三是人类文化生命的开放性。人在出生之时只具有自然生命，但是随着家庭教育、学校教育的熏陶，人类生命逐渐摆脱"自然状态"而成为社会化的人，只有社会化的人才具有文化生命的属性。人类的文化生命是一个开放的空间，从生命的起点直至生命的终点，人的文化生命都在不断演化、丰富和完善。人的文化生命具有足够的空间来接受异质文化，因此从理论上来说人具有接受各种需求的可能性，这为文化影响力的扩张与提升打开了方便之门。

2. 软实力与硬实力的含义及其相互关系：在激烈博弈的国际政治与国际关系领域，真正主宰世界的主导力量是国家实力，国家尊严源于国家实力，这是一条永恒不变的真理。国家实力可以根据不同的标准进行不同的划分，目前比较典型的划分方法是以美国汉斯·摩根索为代表的权力政治学派提出的九要素国力理论和美国学者约瑟夫·奈为代表的软实力理论。

汉斯·摩根索经历过20世纪上半叶的欧洲动荡与世界大战，亲

[①] 莫言：《文学创作漫谈》，《宣传家网》，http://www.71.cn/2013/0901/772173.shtml，2013年9月1日。

眼目睹了希特勒法西斯对犹太民族和弱小民族的屠杀，死里逃生来到了美国。动荡的烽火岁月和惨痛血腥的人生阅历在其心底发酵而成他强势权力理论的感性基础。他认为，国际社会从根本上来讲处于无政府状态，没有统一的、具有强制力的立法、司法、执法机关，国际社会的状态与格局取决于强势权力之间的斗争与妥协，国际法的执行也取决于侵权者与受害者之间的权力分配与博弈，由于国际法所具有的这种先天软骨症，它对世界和平与发展所起的作用非常有限。摩根索在对国际强势权力的思考中，较早提出了构成国力的地理、资源、人口等九大因素理论。

摩根索在提出构成国家实力的九大因素时指出，在国家层面上，国家权力的组成中虽然有一些看得见摸得着的因素，但是这些硬实力的发挥有赖于一种无形的力量，这是一种凝聚精神、鼓舞士气的力量，决定着人心向背，决定着国家形象。在国际层面，虽然国际社会处于无政府状态，但是大多数国家和人民都有共同道义准则的追求，都有人文理想的召唤。联合国就是一个最典型的例子，这一国际组织包括约200个主权国家，包含多元价值观与文化诉求，但是《联合国宪章》却表达了世界各国人民的共同道义准则，比如维护国际和平、安全与正义，维护全人类的基本人权，维护成员国的主权平等，促进国际合作。一个国家如果能充分理解、表达和践行这些道义准则，将更加有利于获得战略优势，发挥综合优势。摩根索的权力政治学对"共同道义准则"及其特点的强调，为后来软实力理论的提出奠定了基础，而摩根索提出的国家实力的九大构成因素，实际上就是一个软实力与硬实力的混合物。

历史经验表明，一个国家所拥有的资源潜力并不等于国家实力，要把潜力转化为实力，必须运用国家战略、体制与政策，才能将资源潜力转化为具有强大吸引力与影响力的软实力。美国学者克莱因在20世纪70年代曾提出过一个"国力方程"，在他的国力方程里面，"国民意志"就是国力的重要组成部分，它反映了一个国家民众对国家政策的支持与信任度。这种信任与支持主要取决于国家凝聚力的强弱，政府领导的水平与效率，民众对国家利益与国家战略的关注程度。另一位美国学者斯拜克曼把民族同质性、社会综合程度、政治稳定性、国民士气都视为软力量。英国著名学者罗伯特·库伯则认为，合法性是软实力的核心要素。正因为软实力因素越来越受到各国的高度重视，到20世纪末，国际竞争越来越超越领土、资源、人口、经济、科技、军事等硬实力因素较量的范围，政治、文化、外交等软实力因素越来越充分地组合到国家实力较量的过程中，而且，软实力所占的分量越来越重要。日本作为一个资源匮乏的岛国，就非常关切软实力因素在国际较量中的作用。日本综合研究所编著的《日本综合国力》一书的作者就认为："没有强盛的国民精神，就无法应付可能发生的国际性危机；没有文化含量巨大的商业品牌和向全球辐射的文化传播力量，一个国家在国际社会的活动能力就成了一句空话。"[①]

美国学者约瑟夫·奈将综合国力分为硬实力与软实力两种形态，并在总结前人研究成果的基础上，在于1989年撰写的《注定领导：美国力量的转变》一书中，率先提出了"软力量"的概念。他将硬实力（Hard Power）称为支配性实力，包括基本资源（如土地面积、人口、自然资源）、军事力量、经济力量和科技力量等；而把软实力概括为导向力、吸引力和效仿力，是一种同化式的实力，即一个国家思想的吸引力和政治导向的能力。这是一种左右他人意愿的文化能力、意识形态、社会制度等无形力量，当一个国家和民族的文化具有全球普及性，能主宰国际行为规范，从而建立起有利于自己的准则与制度体系时，这个国家就会获得巨大的软力量。这里应当指出，约瑟夫·奈在谈文化软实力时，并没有泛泛地谈价值观念、国民士气、民族精神，他认为文化软实力是一种国家政权可以运用战略与政策进行有效生产、组织、动员和使用的资源与能力。

[①] 花建等：《文化软实力——全球化背景下的强国之道》，上海人民出版社2013年版，第5页。

在约瑟夫·奈的软实力理论中，一个国家和国家集团的软实力由三大部分组成：一是文化吸引力。一个国家如果具有普适性、大众化的文化系统，具有引领世界消费时尚的著名品牌，具有吸引全球的文化创造能力，就会在潜移默化中影响其他国家与民族的行为规范与思维模式，从而生成国家综合国力的重要因素。电影、电视、报纸、网络、饮食、教育、宗教、语言等都是生成国家软实力的重要载体。二是以价值观为核心的意识形态吸引力。这里实际上指的是一个国家经济、政治制度、发展模式的同化能力，比如欧盟经济一体化的发展模式、东亚经济发展模式、东盟经济发展模式等。一个国家发展所选择的道路、制度、模式反映出这个国家的核心价值观，核心价值观为国家的制度、道路、模式奠定道义基础，决定着国家变革的方向，同时也主导着社会的主流民意，因此，意识形态的吸引力最根本的是核心价值观的影响力与渗透力。"国家文化软实力最根本的就是国家意识形态的渗透力，它的根本是核心价值观。也就是说，国家文化软实力对内是国民对国家制度的认同度，对外是国际对于本国形象和制度的认同度。"[①] 三是国际规则的建构力与政治议题的决定力。第二次世界大战结束以后，为了维护世界和平，促进共同发展，避免战争灾难，大量的国际组织和国际条约应运而生，三万多个国际组织和国际条约基本上都是这一时期在美国、欧洲等发达国家主导下产生的。正是由于发达国家掌握了国际规则的建构权、话语权以及国际议题的设置权，因此，当前的国际秩序就是为发达国家利益服务的工具。美国等发达国家正是通过操纵这些国际规则的制定，广泛地影响着世界的舆论导向，也使美国等发达国家很多自私自利的行为在表面上来看具有了合法性与正当性，从而在无形之中把美国等发达国家的价值观塑造成了全球普世的价值观。因此，约瑟夫·奈指出："如果一个国家可以塑造国际规则并使之与本国的利益和价值观念相一致，其行为在

---

① 侯惠勤：《马克思主义意识形态论》，南京大学出版社2011年版，第54页。

别国的眼中就更具合法性。如果一个国家借助机构和规则来鼓励别的国家按照它喜欢的方式来行事或者自制，那么它就用不着太多代价高昂的胡萝卜与大棒政策。"[1]

从软实力的三大构成要素来看，文化是软实力中最感性的元素，是软实力的基础，也是一个国家进行意识形态渗透、推进外交战略的载体；政治是软实力的核心，其主要功能是通过意识形态表达阶级利益，维护统治秩序，建构社会制度，树立社会愿景，引领发展方向；外交是软实力的拓展，通过建构国际规则，设置政治议题，以符合自身利益的规则与秩序，规范各国的交往方式与行为准则。文化软实力、政治示范力、国际影响力相互依托、相互渗透，从而形成了国家软实力的系统结构。

综上所述，我们可以看到，硬实力一般是指看得见、摸得着的物质力量，比如军事力量、经济力量、科技力量、资源力等；而软实力所指的就是看不见、摸不着但是又客观存在的精神力量。硬实力是软实力的物化载体，而软实力是硬实力的无形延伸。在国家实力的整体构成中，软实力与硬实力相互依托、相互渗透、相互转化。对于这两者之间的关系，我们要把握三个关键点：

第一，软实力与硬实力相互区别。一是来源不同。硬实力主要来源于政权力量，软实力虽然也要依靠政权的战略运作，但是不仅仅来源于政府，也来自民间。在全球化的背景下，民间交流日益频繁，其对于一个国家软实力的影响日益凸显。比如每逢长假中国就会出现出国游、出境游的高峰，中国游客的形象就影响着国家的整体形象，因为别人不会记住每一个中国游客的名字，但是一定会记住你是中国人，你走到哪里，你的形象就是中国形象的代表，别人对你形象的认同就影响着对中国形象的认同。二是内容不同。硬实力主要是有形的物质力量，摩根索的九大国力构成要素中的地理因素、资源因素、工

---

[1] ［美］约瑟夫·奈：《软力量：世界政坛成功之道》，吴晓辉、钱程译，东方出版社2005年版，第10页。

业生产能力等都属于硬实力范畴。一般来讲，军事实力是最重要的硬实力，经济实力、科技实力都是非常重要的硬实力。软实力主要是国家凝聚力、文化影响力、意识形态力、规则制定力、信息获取力等。三是作用方式不同。一般来说，硬实力发挥作用是以一种强制的方式进行的，是让人因恐惧而服，或者说是口服心不服；而软实力发挥作用是以柔性的渗透与同化的方式进行的，让人因感染而服，是心服口服。四是结果不同。硬实力发挥作用的过程常常产生激烈的对抗，甚至战争；而软实力则是潜移默化，润物无声，其发挥作用的结果是产生广泛的文化认同，形成文化共同体，进而形成相似的思维方式、生活方式与行为方式。

第二，硬实力与软实力相互联系。首先，硬实力的增长是软实力提升的基础。一个国家如果硬实力不强，软实力就难以提升。软实力不可能建立在疏松的现实地基之上，离开硬实力来谈软实力无异于缘木求鱼。新中国成立以来，正是随着军事、经济、科技等硬实力的增长，中国软实力的提升也非常显著。比如英国最近准备投资上千万英镑，着手实施汉语教育计划，大力培育懂汉语的人才。此外，中国文化也广泛普及于世界各地。其次，软实力的提升又是硬实力增长的条件。一个国家要实现硬实力的可持续增长，就必须有强大的软实力。比如美国霸权的维护就与其无与伦比的软实力休戚相关，美国在走向繁荣的过程中，以电影、电视、流行音乐、连锁快餐为代表的美国流行文化无孔不入地扩散至全球，向全世界传播着美国的生活方式与价值观念，成为保持美国繁荣的左膀右臂。近年来，中国主导的"一带一路"、亚投行之所以能顺利推进，与中国软实力的提升是密切相关的，如果没有其他国家对中国形象、中国文化的认同，中国打造人类命运共同体的美好愿景必然会大打折扣。

第三，硬实力与软实力相互依托、相互渗透、相互转化。硬实力可以发挥软实力的作用，软实力可以弥补硬实力的不足。冷战结束以后，以美国为首的西方国家凭借其政治、经济、军事和科技等硬实力,大力推行西方的核心价值观,这就是以硬实力为依托扩张软实力的典型。抗美援朝期间,中国人民志愿军以顽强的毅力与高昂的士气击败了武装到牙齿的联合国军,这就是以软实力弥补硬实力不足的模范。20世纪90年代初,美国凭借强大的军事力量发动海湾战争,掀起了新一轮军事革命,在世界范围内产生了巨大影响,为克林顿政府创造美国新经济奇迹奠定了软实力基础。而2003年,布什政府在新保守派的主导下,依靠超强的硬实力,以伊拉克拥有大规模杀伤性武器为借口,通过"先发制人"的打击,推翻了萨达姆政权。但是事实证明,所谓的大规模杀伤性武器只是一个借口,这一事件使美国的软实力受到前所未有的挫伤,甚至连美国的传统盟友都觉得美国"越来越陌生"。法国政治思想家托克维尔在《美国的民主》一书中就指出,昔日的君主只靠物质力量进行压制,而今天的民主共和国则靠精神力量进行压制,连人们的意志它都想征服。因此,软实力与硬实力总是相互依托、相互渗透、相互转化,硬实力如果运用得当,可以生成强大的软实力,反之,就会损害软实力;而软实力运用得当,则会大大增强硬实力。总之,软实力与硬实力不可截然分开,硬实力中包含软实力,硬中有软,软实力中也包含硬实力,软中带硬。就拿经济方面说,经济硬实力是可以量化的,比如总体经济规模、人均GDP数量、基尼系数、人均收入水平、消费指数等;经济硬实力是显性的,是横向的扩张,它的壮大是向经济大国发展的标志。而经济软实力是难以量化的,比如产业的创新水平、经济环境的优化程度、经济理论的科学化等;经济的软实力是隐性的,是纵向的提升,它的提高是向经济强国发展的标志。

3. 文化影响力与文化软实力的关系:根据影响力的释义以及对国家硬实力、软实力及其相互关系的探讨,对于文化影响力与文化软实力的关系,我们可以作三点分析:第一,文化影响力不同于文化软实力,文化软实力是一种主体性力量,它不依赖于主体间的交往而产生,是文化影响力产生的前提与基础,没有实力的文化是难以产生文化影响力的。文化影响力是一种交往性力量，它必须依赖于主体间的交往才能产生，一种文化再有实力，如果不与其他文化主体交往，也就难以产生影响力。第二，文化的表现形式多种多样，比如思维方式、生活样式、生产方式、哲学、宗教、文学、戏剧、歌曲、舞蹈等，但是贯穿各种文化形式的红线和主轴是文化主体的价值观，具体表现为文化主体所追求的价值体系。"价值体系往往就是一种文化区别于另一种文化的最根本的标志，也是这种文化独特魅力之所在。"[①]第三，基于文化软实力而产生的文化影响力虽然包括传播力、吸引力、感染力、同化力（渗透力）、支配力，但是最根本的文化影响力是核心价值观的渗透力。"现在对于国家软实力的理解五花八门，不少人习惯地将其理解为国家的文化渗透力、文化传播力，实际上这是不准确的。国家文化软实力最根本的就是意识形态的渗透力，它的根本是核心价值观。"[②]

正因为核心价值观是文化影响力的根本，又是意识形态的内核，所以建设好一种制度的文化，最重要的就是要打造这种制度的精神主心骨——核心价值观。建设中国特色社会主义文化强国，最根本的就是要锻造社会主义核心价值观，这是社会主义意识形态最根本、最重要的文化聚焦点。邓小平同志曾一针见血地指出："我们之所以走了20年的弯路，根本原因就是在'什么是社会主义，怎样建设社会主义'这个问题上不清楚。"这里最根本的不清楚就是对于社会主义制度的核心价值观不清楚，这个核心价值观就是社会主义制度区别于其他制度的"文化身份证"，弄清楚了这个问题，社会主义制度的调整、完善和发展就有了鲜明的价值指向，全社会就有了统一的指导思想、共同的理想信念、强大的精神动力、基本的道德规范。

近年来还有一个词出现在人们的视野，即"巧实力"。"巧实力"

[①] 张国祚：《中国文化软实力研究要论选》第二卷，社会科学文献出版社2013年版，第69页。

[②] 侯惠勤：《马克思主义意识形态论》，南京大学出版社2011年版，第54页。

的概念最初是由美国学者苏珊尼·诺瑟于2004年在《外交》杂志上提出的，它所强调的是要综合运用硬实力和软实力来实现美国外交目标。2009年1月，基于布什政府新保守主义外交政策片面强调硬实力的侵略性单边主义战略给美国造成了不可思议的自我毁灭，奥巴马政府的新任国务卿希拉里提出要灵巧运用可供美国支配的所有政策工具，包括外交、经济、军事、政治、法律和文化等各种手段，恢复美国的全球领导力。在国际关系的处理中，美国既要团结朋友，又要接触对手；既要巩固原有联盟，也要展开新的合作。简而言之，"巧"就是要变过分依赖硬实力为软硬兼施，这就标志着"巧实力"从一种学术概念转变成了一种外交实践。实际上，"巧实力"与"软实力""硬实力""影响力"等概念不可相提并论，因为"巧"字带有强烈的主观评价色彩，它并不像"软实力""硬实力""影响力"等概念一样客观可测，"巧实力"更多强调的是一种运用实力的方式，其实任何实力的运用都包含着"巧"的因素，哪怕布什政府奉行的单边主义战略，其中就既有硬实力的运用，比如军事入侵伊拉克、推翻萨达姆政权，又有软实力的运用，比如在其他国家推进的颜色革命与政治文化转基因工程等。

从文化影响力、文化软实力与国家硬实力、文化巧实力的概念及其相互关系来看，一个国家主体影响他者的思想与行为，方式不外乎三种：一是强制高压。对内表现为专制统治，对外表现为霸权威胁；二是利益诱惑。对内表现为"以人民为中心"，照顾人民福祉；对外表现出合作共赢；三是文化吸引。对内表现为本国社会成员对本国指导思想、理想信念、道德规范、历史文化、核心价值等文化元素的高度认同与自尊自豪，对外表现为其他国家与民族对本国发展道路、发展模式的崇敬，对本国国家形象的认同，对本国提出的解决全球问题方案的接纳，对本国参与全球治理规则的遵循。

基于人类文化的共享性、人类本性的共通性、人类生命的开放性，世界不同国家和地区创造的文化具有相互之间的影响力。撇开纷繁芜杂的文化影响力表象，从一般的意义上，文化影响力的价值始点是什么？文化发挥作用的双重向度又是什么？在现实中具有哪些面相？其构成要素有哪些？从理论上厘清这些问题是科学研究文化影响力的前提与基础。

二 文化影响力的价值始点：生命需求

亚里士多德在《尼各马可伦理学》中有一个非常重要的方法论思想，即对问题的研究应当从始点开始，亚里士多德把这个始点解释为"是一种在其充分显现后，就不许再问为什么的东西"[①]。对文化影响力的研究来说，回到"始点"就是要回到文化影响力的"价值始点"。笔者在《现代思想政治教育价值论体系完善的着力点》一文中讲道："价值始点包括逻辑价值始点和历史价值始点，前者回答的是思想政治教育价值在逻辑上是从哪里发源的；后者回答的是思想政治教育价值在历史和现实中是从哪里发源的。这一问题表面上不是问题，实际上是最基础最重要的学术前沿。"[②] 根据上述分析，要探讨文化影响力问题，首先就必须回答文化影响力的价值始点问题，既要回答文化影响力的逻辑价值始点，也就是文化影响力生长的价值动力问题，又要回答文化影响力的历史价值始点，也就是文化影响力生长的历史与现实源头。

从逻辑价值始点来看，既然"人"是文化的对象，也是文化影响力的作用对象，因此探索文化影响力的价值始点就必须从"人"的本身去寻找。前文已经谈到，文化影响力是一种文化主体在交往中产生的作用力，因此一种文化影响力的生成至少有两个基础性前提：一是文化传播者有传播文化的需要，如果没有这种需要，他就不会从事文化传播活动，也就不会有文化影响力的产生；二是文化受众有接受

---

① 苗力田：《亚里士多德全集》，中国人民大学出版社1997年版，第6—7页。
② 梁建新：《现代思想政治教育价值论体系完善的着力点》，《理论探讨》2005年第2期。

文化的需要，如果没有接受文化的需要，再精美的文化也只是孤芳自赏，就像一个人没有食欲，再可口的食品也是摆设而变得毫无意义。因此，无论是从文化影响力的作用主体还是作用对象来看，文化影响力的逻辑价值始点就存在于人的需要之中，这种需要从低层次来讲，可能是一种利益与快乐的诱惑，但是如果以单纯的利益算计与快乐诱惑作为文化影响力的逻辑价值始点，"就会在源头上污染了道德意向"①。因此，对文化影响力逻辑价值始点的探讨还应当着眼于人对文化的"敬重感"与追求文化享受的幸福感。文化无高低贵贱之分，它所折射的都是人类的生存样式，敬重文化就是敬重生命。而从人类追求文化的幸福感而言，这种幸福感源于人类生命的有机构成。人的生命不仅包括作为第一生命的自然生命，更包括作为第二生命的文化生命，文化生命包括精神生命、智慧生命、价值生命、超越生命等元素。有自然生命就会有自然物质的满足，而有文化生命就会有文化元素的满足。从文化传播主体来讲，从事文化传播是一种"争取认可的斗争"，有点类似于马斯洛所说的尊重需要与自我实现的需要。从文化受众来看，对某种文化喜爱还是拒斥，取决于这种文化对自身文化生命的满足程度。把人的需要作为文化影响力生成的逻辑价值始点，也就找到了提升文化影响力的切入点与着力点。

　　从历史价值始点来看，就是要探寻人类敬重与追求文化的历史与现实源头，那么这个源头在哪里呢？马克思指出："全部人类历史的第一个前提无疑是有生命的个人的存在。"② 这为我们探究文化影响力的历史价值提供了宝贵的启迪。既然人的生命的存在是创造历史的前提，那么满足生命存在的需要就成了历史发展的首要之义。恩格斯曾经指出，人类只有首先满足了衣食住行等基本生活资料的需要，才能从事政治、经济、宗教、哲学等活动。因此，探寻文化影响力的历史价值始点必须立足于文化主体的现实生活境遇，现实生活不仅是文

---

① ［德］康德：《实践理性批判》，商务印书馆1997年版，第96页。
② 《马克思恩格斯选集》第1卷，人民出版社2012年版，第146页。

化传播与文化接受主体存在的场域,也是其创造、传播、选择、接受文化信息的集散地。它是文化主体最真实、最具体的生命活动,滋养着文化主体成长的各种潜能,为文化主体的思维方式、思想观念、道德品质提供了主要的操练家园。因此,文化主体的现实生活需要就成了文化影响力的历史价值始点。

三 文化影响力的双重向度:思想与行为

不论是哪一种"力"都有其作用的向度,也就是这种"力"主要作用于哪一个方面。既然文化影响的对象是人,那么,文化影响力作用的对象也必然是人,但是并不是说人的所有方面都会受到文化的影响,那么人的哪些方面会受到文化的影响呢?或者说文化影响力的作用向度主要指向人的哪些方面呢?这就必须从分析人的生命存在形态开始。

任何人的生命存在都有三种样态:一是人的自然生命。人的生命首先是一个与其他动植物一样的自然存在,这种自然生命是人的现实性的确证,如果否认人的自然生命,对人的生命的体认就会陷入唯心主义的抽象幻想,把人的生命看作纯粹类似于绝对理念或自我意识的精神实体。因此,恩格斯指出:"人本身是自然界的产物,是在自己所处的环境中并且和这个环境一起发展起来的。"[①] 人的自然生命不是文化影响力的作用对象,但是人的自然生命具有区别于其他动物的鲜明的"属人性"。比如,高度发达的人脑、富有浓厚意义感的食性需要等,而且人的自然生命从产生到终结的整个过程都处于一种"未最终完成的状态",这使文化对人的影响既有必要性,又具有可能性。因为人必须在超越动物本能的意义上实现自身的进化与发展,这为文化影响力作用的发挥打开了大门。"人必须靠自己完成自己,必须决

[①] 《马克思恩格斯选集》第3卷,人民出版社2012年版,第410页。

定自己要成为某种特定的东西，必须力求解决他要靠自己的努力解决自己的问题。他不仅可能，而且必须是创造性的。创造性完全不限于少数人的少数活动，它作为一种必然性，根植于人本身存在的结构中。"①

人的自然生命在成长过程中，在不同文化信息的作用下，不断改变生命的"原生态"而成为"文化态"，从而获得了超越自然生命的文化生命。这种文化生命通过双重向度表现出来：一是人的思想，人成了有思想、有意识、能思维的动物；二是人的行为，人在思想的支配下开始进行自由自觉的认识世界与改变世界的活动。思想与行为是人的文化生命的存在样态，也是文化影响力的作用对象，一种文化对另一种文化的影响，主要表现为对另一种文化的"受众"在思想与行为上的熏陶与改变。人的思想与行为之所以能受到文化的影响，一方面是人的自然生命的"未完成性"，使人类对自我生命的塑造与设计具有无限的可能性；另一方面，也是由于人类自然生命无法改变的、无法逃避的单一结局——死亡，正是人类自然生命的"必死无疑"，驱动着人类不懈追求对生命有限性的超越。这种超越死亡、追求生命不朽与崇高的冲动，是人类不断接受文化影响、推进文化创造的不竭动力。正是在文化影响力的作用下，人的"自然态"变成了"文化态"、"自然人"变成了"文化人"、"自然秩序"变成了"文化秩序"。关于文化对人的思想与行为的影响的理解，必须把握几个关键点：

第一，实践是文化对人的思想与行为的影响得以实现的根本路径。马克思主义认为，人的本质是在人的自由自觉的实践活动中创生的，人是自己本质的创造者。正是在人的实践活动中，文化对人的思想与行为的影响才能成为现实。实践作为一种主观见之于客观的活动，包括主体客体化和客体主体化两个方面，实践既是在一定文化影

---

① ［德］蓝德曼：《哲学人类学》，彭富春译，工人出版社1988年版，第246页。

响下进行的，同时，实践又会创造出新的文化，留下丰富的物质文明与精神文明成果。正是在人的实践活动中，特定的文化不断作用于人的思想、支配人的行为，文化影响力才从可能性转化为现实性。

第二，文化影响力是在思想与行为所构成的错综复杂的关系中得以存在和展现的。一种文化是否具有影响力，关键看它对人的思想与行为是否产生作用。在思想与行为的关系维度上存在几种可能的状况：一是文化影响了思想，但并不改变行为，就是说一个人的思想虽然受到了某种文化的影响，但是要把"知"转化为"行"却还需要突破一些藩篱；二是一种文化影响了行为，但并不改变思想，其行为虽然在某种盲目从众心理的支配下有所改变，但是其思想上并不认同与接纳，前面这两种情况都属于"知行不一"的状态；三是一种文化既影响了思想，又改变了行为，达到"知行合一"的状态，这种文化影响力是最彻底的。比如改革开放以后，我国一部分人在西方文化的影响下，不但遵循西方文化的思维范式与价值信条，也在行为上把西方社会的行为范式奉为圭臬，这就是西方文化对我国社会成员所产生的影响力。

第三，一种文化对人的思想与行为的影响力具有鲜明的个体差异性。毋庸置疑，每一个具体的现实的生命都是宇宙中独一无二的存在，从先天来看，每一个生命的遗传基因和遗传素质各不相同，从后天来看，虽然每个生命都具有超越生命有限性的文化冲动，但是在回答为何要超越、怎样超越、朝什么方向超越等问题时，不同境遇中的人的自主自为的选择各不相同，即使在相同境遇中的人也有不同的选择，这就决定了人的思维方式、行为方式是各有差异的。因此，同一种文化对不同受众的思想与行为的影响、不同文化对相同受众思想与行为的影响都是具有鲜明的个体性差异的，如果不准确把握这种个体性差异，提升文化影响力就只会是隔靴搔痒、不得要领。

四 文化影响力的三副面相：国家、社会与个体

一个国家和民族的文化对其他国家与民族的影响力，主要通过三副面相体现出来：一是在国家层面的影响力，主要体现于对其他国家形象的塑造、社会制度的变革、发展道路的选择所具有的影响力；二是在社会层面的影响力，主要体现于对其他国家社会的主流民意即"民心"以及社会理想、社会心理等方面的影响；三是在个体层面的影响力，主要体现为对个体的思想情感、道德观念、话语体系、价值选择、行为模式等方面所产生的变革与冲击。

首先，文化对国家的影响力集中体现为对国家制度与发展道路的选择。一个国家在国际社会中以什么样的形象出现，选择什么样的制度设计和发展道路，都是在一定文化的影响下进行的。"人类社会一切重大的社会行动，如果仔细观察的话，都有一定的文化背景在起作用。"[①] 正是因为文化对国家发展的制度与道路选择具有重大影响力，所以西方资本主义国家总是不遗余力地对其他社会主义国家与发展中国家进行文化渗透，在全球范围推行颜色革命，曾经发生的茉莉花革命、阿拉伯之春都是以文化颠覆别国政权，左右别国制度与道路选择的典型事例。如果一种文化对一个国家的影响上升到了制度与道路选择的层面，这种文化影响力就已经达到了"深入骨髓""融入血液"的最高层面。

就我国的情况来看，改革开放以来，西方文化对我国发展道路与制度变革的影响始终存在。比如2008年是中国改革开放的"而立之年"，这一年，包裹着西方核心价值观的普世价值论思潮借汶川大地震、北京奥运会之机粉墨登场，普世价值与反普世价值之争的焦点并不在于有没有普世价值，而在于以什么样的价值坐标引领中国进一步

---

① 田学斌：《文化的力量》，新华出版社2015年版，第2页。

的全面深化改革，以什么样的价值坐标来看待改革开放三十年的成绩与问题。中国的崛起给人类带来了哪些正面的贡献？中国模式是否存在并能得以持续？强大起来的中国如何与世界进行沟通与对话？这些问题本身就受到文化的影响，属于重大价值判断而非事实判断的问题。由于西方文化的影响，加之西方在经济、科技以及文化领域的优势地位，我国不少人产生了一种洋奴心态，对以资本主义核心价值观为主导的西方文化缺乏应有的批判力与抵制力，为西方普世价值论摇旗呐喊，自觉不自觉地充当西方对我国实施文化心理战的推手。"以普世价值为坐标实际上就是有意无意地以西方（或美国）的核心价值为坐标，从这一坐标出发，必然否定以不断改进和加强中国共产党的领导为根本的我国社会主义制度。这正是我们今天产生价值混乱的重要根源。"① 正因为文化在国家层面具有巨大的影响力，所以，坚守国家制度与发展道路的文化阵地，保持必要的文化警觉与文化清醒是非常必要的，正是在这个意义上，习近平总书记在提出道路自信、理论自信、制度自信的基础上，又提出了文化自信，并把文化自信定位为最基础、最广泛、最深厚的自信。

其次，文化对社会的影响力集中体现为对社会生态的塑造。以价值观为核心的文化必然传递着人类追求真、善、美、圣的激情与理性，蕴含着特定文化所追求的理想社会的愿景，同时也提供了一个评价社会事务与社会现象的标准与尺度，这种激情与理性、愿景与尺度在无形之中塑造着特定的社会生态。当一种文化所倡导的核心价值观赢得了另一文化群体广泛的社会认同，成为人们日常生活中隐性的价值共识时，这种文化就会对社会生态的塑造产生强大的文化影响力。因为"这种隐性的价值共识，成为人们日常生活准则并由以培育生活方式，成为人们判断善恶、是非、美丑的内在尺度，并在重大关口左右主流民意"②。

---

① 侯惠勤：《马克思主义意识形态论》，南京大学出版社2011年版，第52页。
② 侯惠勤：《马克思主义意识形态论》，南京大学出版社2011年版，第55页。

改革开放以来，我们费尽心思、竭尽智慧解决了物质短缺的问题，但是，在物质丰富、财富激增的时代背景下，不可理喻、莫名其妙的事情却层出不穷，人情冷漠、价值混乱、理想坍塌、信念荒芜的乱象已经凸显为一个普遍性的社会问题，社会生态问题与自然生态问题一样非常突出。究其根源，在于人们的精神世界没有受到足够正能量的文化滋润。人不是一个简单的动物，而是一个有思想、有情感、有灵魂、有精神的生物，如果没有健康的精神食粮，没有积极阳光的文化营养，人的文化世界就会"生病"，当这种"文化病"成为一种社会的普遍现象时就会污染社会生态。因此，要提升中国特色社会主义文化的世界影响力，就必须从中华优秀传统文化、中国独具特色的革命文化、社会主义先进文化中，提取优质健康的文化食粮，当中国特色社会主义的文化食粮像中国的杂交水稻一样受到世界人民的欢迎与喜爱时，其文化影响力就足以影响世界文明的发展进程。因此，党的十九大报告指出："发展社会主义先进文化，不忘本来、吸收外来、面向未来，更好地构筑中国精神、中国价值、中国力量，为人民提供精神指引。"[1]

再次，文化对个体的影响力集中体现为个体生活样法的生成。人们常说，每个人各有各的活法，这里的"活法"就是指的生活样法。梁漱溟先生在《东西文化及其哲学》一书中指出，人类的生活大约不出三种路径样法：第一种是向前面要求，就是遇到问题从前面下手，通过改造局面，奋力取得所要求的东西，这主要以西方文化为代表；第二种是遇到问题不去要求解决或改造局面，而是在这种境地中通过改变自己的意愿求得满足，这主要以中国文化为代表，其追求的是变换、调和、持中；第三种是反身向后要求，即遇到问题就通过根本取消这种问题而获得解决，这主要以印度文化为典型。[2] 人类个体

---

[1] 《党的十九大报告学习辅导百问》，党建读物出版社、学习出版社 2017 年版，第 18—19 页。

[2] 梁漱溟：《东西文化及其哲学》，商务印书馆 1999 年版，第 61 页。

无论选择哪一种生活的样法，都是在特定文化影响下生成的，这并不是说人类生活的样法是由文化所决定，但是文化对人类个体生活样法的选择无疑具有无形的、潜在的极大影响力。在某一种文化系统中的人类个体，即使所处社会发展阶段相同、经济贫富程度相同，如果受到的文化影响不同，其生活样法也是各不相同的。因此，判断一种文化是否对个体具有影响力，主要根据的是这种文化对个体生活样法的影响大小及程度。比如改革开放以后成长起来的80后、90后、00后的年轻一代，在西方文化的影响下所选择的生活样法就与五六十年代出生的中老年一代明显不同，这同时表明，在改革开放的条件下，我们绝对不能对西方文化的渗透与影响等闲视之，必须引起高度重视并加以正确引导。

五　生成文化影响力的八大要素："珍珠链模型"

文化既是抽象的，又是具体的，一种文化影响力的生成和发挥作用，总是通过一些具体的要素得以实现。至今为止，在文化影响力的研究中，"珍珠链模型"是比较有说服力的，《中华文化国际影响力调查研究》一书指出，文化影响力"在国际跨文化传播的语境中，展开来说，就是'珍珠链模型'中的八个要素——文化符号、文化产品、民众与杰出人物、文化团体/企业、大众传媒、价值观、思维方式、信仰，对别人的思想或行为所起作用的大小、方向与作用点"[①]。因为本课题所指的"中国特色社会主义文化影响力"主要是指国际影响力，因此，在本课题关于文化影响力的研究中讲到文化影响力的要素时将采用"珍珠链模型"中的"八要素说"。

第一，文化符号。文化符号实际上就是某一种文化的象征形式系统，每一文化系统都有其独特的文化符号，如果这种文化符号在一定

[①] 关世杰：《中华文化国际影响力调查研究》，北京大学出版社2016年版，第104页。

程度上既体现出人类审美与价值的共享性，又呈现出自身能为人所接受的独特性，它就必然会引起文化受众的共鸣与认同，从而产生影响力。比如中华民族在上下五千年的历史长河中创造和积累了丰富的文化符号，有中国象征文化符号，如龙、长城、故宫等；有中国生活文化符号，如丝绸、瓷器、太极等；有中国艺术文化符号，如中国书画、中国音乐、京剧等；中国思想文化符号，如儒家、道家、易经等；中国人物文化符号，如毛泽东、邓小平等。这些文化符号在提升中华民族文化影响力方面发挥着重要作用。应该指出的是，一种文化符号为世界所知晓，并不等于为世界所接受、所喜欢、所认同，而且同一文化符号在不同的国家和地区即使"知名度"相同，人们的"喜爱度"也不一定相同。因此，要真正发挥文化符号的影响力，还必须做很多有针对性的工作。

第二，文化产品。一个国家和民族的文化产品是影响海外民众的"名片"与媒介，如果一个人非常认同和喜爱某一种文化产品，就表明这种文化产品已经对其产生了巨大的影响力，比如日本的动漫产业、美国的好莱坞电影，在不知不觉中就把本国的文化与价值观输出给其他的国家与民族，从而成为他们本国文化最忠诚的推销员。近年来我国也加大了文化产品的进出口贸易，加强了对外文化交流、对外展览与演出的力度，有效地提升了中国文化的世界影响力。中国的书法、雕塑、表演、电影、电视、电子音像、学术期刊、文化旅游等产品逐渐走上了世界舞台。比如相关调查数据显示，美国在过去五年中，有72%的受访者看过中国电影，他们对中国人和中国文化的评价总体上是比较积极的，认为中国电影具有娱乐性，中国文化很吸引人并很有价值。[①] 在文化产品的对外推广方面，要注意厘清接触度、认知度、好感度这三者之间的关系，这三者之间有时呈现出正相关，有时并不如此，而且还有一些时间与空间的差异，因此，文化产品的

---

① 关世杰：《中华文化国际影响力调查研究》，北京大学出版社2016年版，第249页。

推广一定要针对不同国家的特点、不同人群的特点进行创新开发。

第三，价值观。文化的核心是价值观，文化影响力的核心是价值观的渗透力，如果中国特色社会主义核心价值观能最大程度表达人类价值的共享性，从而为海外其他国家的民众所认同、所尊重、所喜爱，那么我们就获得了影响他国民众思想与行为的关键。当前，提升社会主义核心价值观的文化影响力存在两个问题：一方面，当今世界性事务中所使用的概念体系、话语体系、知识体系基本上由西方所决定，比如自由、民主、公正等决定性话语；另一方面社会主义核心价值观的内容有些是外来的共享价值观，比如自由、民主、平等、法治等。有些是世界各国所共有价值观，比如爱国、敬业、诚信等。但是，真正能体现社会主义特色、体现中华民族特色价值观元素的含量比较低，这就很难使社会主义核心价值观成为中国特色社会主义的文化标识，也难以获得世界范围的广泛认同、理解与接受。我国学者赵汀阳就曾指出："假如中国没有发展出能够在世界上普遍化的概念体系、话语体系和知识体系，就不存在具有普遍意义的中国精神。"[①]

第四，思维方式。思维方式是指人们对于进入大脑的各种信息进行编排处理时反复使用的思维程序。思维方式属于文化中的本体论范畴，一个人的基因会影响人的方方面面，一个国家与民族的思维方式就像文化基因一样，影响着文化的所有领域，也影响人的生存样态。一个国家的制度文化、习俗文化、价值文化、物质文化、生活文化、艺术文化等方面以及生活在这种文化氛围中的人们的生活实践，无不打上思维方式的深刻烙印，东西文化之间的差异归根到底是一种思维方式的差异。比如中华文化的思维方式比较注重整体思维、辩证思维、中庸思维、权威思维，而西方文化却偏好分析思维、机械思维、矛盾思维、个性思维。思维方式不能像文化产品一样进行贸易，但是不同的思维方式之间是可以相互影响的，如果一个国家的国民接受了

[①] 赵汀阳：《美国梦、欧洲梦和中国梦》，载乐黛云《跨文化对话》第十八辑，江苏人民出版社 2006 年版，第 161 页。

另一个国家的思维方式,在某种程度上他就传承了这个国家的文化基因。因此,我们要在跨文化语境中把握异质文化的思维模式,并在我国的文化产品中合理适度地融入中华文化思维方式的元素,从而达到"润物细无声"的效果。

第五,信仰因素。从世界文化来看,信仰是一种核心文化要素,是人们对某一对象从"真知"到"真信"的精神跨越,是人类在知识与理性的边界之外所获得的精神支持,是人类无条件服从并矢志不渝追求的最高价值信念。信仰深刻地影响着人们的思想情感、社会生活、婚姻家庭、人际交往等方面的生存样态,因此,信仰往往成为最敏感最容易触动的精神感应器。从世界各国的历史与现实来看,一般具有相同或相似信仰的国家与地区之间或者在信仰上相互理解和认同的国家与地区之间关系就比较友好,反之就比较紧张,历史上甚至因宗教信仰矛盾而多次发生战争。在中华民族的传统信仰中,儒、释、道占有重要地位,但是儒家思想并非宗教,而是一种主张积极入世的修身、齐家、治国、平天下的学说。由于儒家思想在中国传统文化中具有举足轻重的地位,是中华优秀传统文化的主要来源,特别是儒家思想所坚守的价值观在全球具有一定的共享性,在中华文化对外传播过程中也受到很多国家的认同与欢迎。因此,提升儒家思想的文化影响力,要尽可能不将儒家思想说成是一种中国的传统宗教,以免作茧自缚,强化国外信教群众对儒家思想的反感与抵触情绪,从而减少儒家思想文化影响力的提升障碍。

第六,传播媒介。在网络化、信息化的背景下,社会认知理论认为,人们对于缺乏直接感知的事物的认知,往往主要依赖于大众媒介。从文化传播学的观点来看,大众媒介就是文化传播的载体,它承载着各种文化信息漂洋过海,使世界各国的民众认知、接触、认同、喜爱,如果没有大众媒介,再好的文化资源也只是"藏在深闺人不知"的"实力",而不能形成作用于别国民众思想与行为的"影响力"。当前文化传播的载体中,除了传统的大众媒体、新媒体外,还存在很多非媒体载体,比如文化人物、文化产品、文化实体等。文化传播媒介的选择对于提升文化影响力非常重要。如何选择适当的文化传播媒介,满足文化受众的需要,提高中国文化传播的影响力,有效塑造良好的国家形象与制度形象,是文化影响力研究的一个重要视域。

第七,企业与文化团体。以组织的方式进行文化交流是拓展文化影响力的重要渠道,因此各种文化团体和企业就成了文化影响力的重要元素。在全球化进程中走上世界舞台的中国企业,文化和旅游部组织的各类文化演出、文化交流、文化展览都成为拓展本国文化影响力的重要舞台。近年来,中国在美国、德国、法国、印度、俄罗斯等国家都举办过中国文化节等文化交流项目,从这些文化交流项目演出的类型来看,用非语言形式来表达的文化,其观看率与好感度更高,如杂技、武术、流行音乐等。

第八,中国人物。一个国家和民族的文化影响力既有物的因素,也离不开人的因素,因为文化本来就是人创造的,也是服务于人的需要的。同时,人既是文化传播的主体,也是文化传播的载体,每一个人的一言一行、一举一动都反映出其背后的文化因素。国外民众对中国人物的认同与喜爱,既反映了中国的国际地位与国际形象,同时也反映出他们对中国文化的态度,从这个意义上,中国人物既是传播中国文化的基地,也是国外民众了解中国文化的窗口。这些人物既有历史人物又有现实人物;既有虽处江湖之远,但是其事迹却能反映人间真善美等共享价值的普通民众,也有居庙堂之高的中国领袖人物,还有在各领域具有世界知名度与影响力的中国杰出人物。比如作为中国思想家的孔子、老子,作为体育与影视明星的姚明、成龙,作为科学家的袁隆平,作为政治家的毛泽东、邓小平、习近平等。因此,改善中国民众的海外形象,充分发挥明星的作用,改进中国政治领袖的形象宣传,通过这些中国人物传播社会主义核心价值观,增进国外民众对中国的认知、拉近心理距离,是提升中国特色社会主义文化影响力的重要环节。

第二章 文化影响力系统结构的"合理内核"

从社会心理学层面来看，任何人物、思想、事件、制度、国家和民族之所以具有影响力，从根本上说就是因为其具有一个能影响人们思想与行为的"合理内核"。离开了这一合理内核，任何影响力的产生都会是无源之水、无本之木。黑格尔哲学之所以能成为哲学史上绕不过去的存在，就是因为其创新性的辩证法思想，费尔巴哈哲学之所以能超越黑格尔，就是因为其奠定了唯物主义在哲学中的"合理内核"地位，马克思的唯物史观之所以是哲学史上"最壮丽的日出"，就是因为其开辟了历史唯物主义的整体理论视野。对于一个国家和民族的文化而言，其影响力的大小、强弱、正负都取决于支撑这种文化存在和发展的意识形态。因此，考察文化影响力问题必须以意识形态为主线，透过"意识形态"这一扇"看得见风景的窗户"，才能破解文化影响力的全部奥秘。

一 意识形态的"前史"

马克思无疑是现代意识形态理论的奠基人，但是在马克思恩格斯赋予"意识形态"概念以现代性含义之前，"意识形态"作为概念有一个较为充分的发展"前史"，梳理这一概念的"前史"对于精准理解意识形态的现代性含义是非常有必要的。

笔者在2008年由中国社会科学出版社出版的《穿越意识形态终结幻象》一书中，曾对"意识形态"的前史以及马克思恩格斯的意识形态概念做过详细的挖掘与梳理，现在看来仍然是适用的。

"意识形态"最初是在西方启蒙学者批判传统假相与偏见的燎原之火中作为标志"科学观念"的范畴而降生的。自从人类迈入阶级社会的门槛，意识形态现象就已经客观存在，但作为一个概念而存在，"意识形态"的降生却只有几百年的历史。在希腊世界中我们可以把柏拉图的"理念世界"看作意识形态概念的雏形，而在中世纪，这一高雅的理念世界却变形为全知全能的上帝的王国，人类的灵魂与精神深受谬论与偏见的支配。为了从中世纪神学和经院哲学的桎梏中解放出来，一大批近代哲学家点燃了批判传统谬误与偏见的燎原之火，并努力探索人们认识真实世界的道路。"意识形态"就在批判传统偏见和谬误的基础上，作为"科学的观念"而降生了。

培根（Francis Bacon, 1561—1626）在《新工具》中提出，种族假象、洞穴假象、市场假象、剧场假象是阻碍人们认识真实世界的主要因素，只有真正清除和避免四重假象，才能形成科学的观念。可以说，"意识形态"概念之所以降生，最初的动力就源于人们获得科学观念的追求与希冀。而培根的"四假象说"正是人们破除假象与谬误，从而获得科学观念的尝试与探索，我们可以视之为"意识形态"概念形成的先声。在培根之后，洛克在《人类理解论》中认为，人类的观念是从感觉和反省中获得的，这种观念有"简单的观念"和"复杂的观念"之分，而人们在运用观念作出判断时往往存在四种错误尺度："所谓错误的尺度，有四种。（一）我们所认为原则的各种命题，本身如果不确定，不显然，只是可疑的，虚妄的，则我们的尺度是错误的。（二）第二种错误的尺度就是传统的假设。（三）第三种错误的尺度，就是强烈的情欲或心向。（四）第四种错误的尺度就

第二章 文化影响力系统结构的"合理内核"

是权威。"① 培根、洛克等哲学家从经验主义立场出发,认为要破除人类认识世界中的假象,避免自以为是的偏见,就只能依赖于经验,只有在经验基础上形成的观念才是真正科学的观念。以孔狄亚克、爱尔维修、费尔巴哈为代表的哲学家们,沿着彻底的感觉主义路线,从不同角度猛烈抨击传统的谬误与偏见,从而为"意识形态"概念的问世推波助澜。

以这种彻底的感觉主义立场为基础,法兰西研究院院士特斯杜·德·托拉西第一次把"意识形态"作为标志"科学的观念"的范畴引入了西方哲学史。托拉西认为,宗教神学的一个理论基础就是对观念的起源和本质进行歪曲,造成科学发展的巨大障碍。因此,他试图建立一门观念的科学,揭开观念的真正起源和本质,把神学从颐使一切科学的地位上驱逐出去,建立思想自身的统一性,再进一步虚构政治学、经济学、伦理学,使科学统摄整个精神领域,从简单的感知到崇高的信仰。托拉西给这门科学取名为"Ideologie",它由"Ideo"(观念)和"logie"(学问)构成,即"观念学"之意,这就是"意识形态"这一概念的最初含义,也反映了"意识形态"这一概念创制者的主观动机,即创立一门关于观念的基础性科学,通过"从思想回溯到感觉"的方法,摈弃宗教、形而上学及其他偏见,在感觉的基础上,重新阐发出政治、伦理、法律、经济、教育各门科学的基础观念,这不仅在认识意义上标志着彻底的感觉主义性质的转向与革命,而且在实践上也意味着托拉西在反对和批判种种传统谬误与偏见的同时,也必然将这种批判引向正在维护这种谬误与偏见的政治制度,特别是国家制度,这无疑是具有历史进步意义的。

热月政变之后,拿破仑改变了对意识形态家们的看法,他指责以托拉西为代表的意识形态家只是错误地认识社会和政治现实的空想家,是秩序、宗教和国家的破坏者。这种改变有主观与客观两个方面

---

① [英]洛克:《人类理解论》下册,关文运译,商务印书馆1981年版,第477—478页。

的原因：从主观上来说，托拉西关于意识形态的主观诉求与拿破仑恢复帝制的主观意图南辕北辙；而从客观上来看，托拉西所坚持的简化的彻底的感觉主义立场并不能使人们获得"科学的观念"，没有也不可能解决认识论中基础的问题。在任何一门社会科学的研究中单凭感觉经验不可能总结出正确的结论。这就决定了托拉西从法国唯物主义传统出发阐发的意识形态学说在很大程度上带有空想与谬论的成分，以反传统谬论与偏见为宗旨的"意识形态"概念从源头上就陷入了误区。因此，马克思认为，托拉西的《意识形态的要素》一书虽然在主观上是要批判把观念神秘化的错误，但是其本身并没有揭示出真实的社会关系，而是另一种形式的神秘化。而且，托拉西虽然认为自己是站在全人类的立场提出自己的设想，但实质上他只是代表了资产阶级反对宗教神学、反封建制度的需要，他所要建立的观念体系是适应资本主义社会制度需要的理论探索。"这个理性的王国不过是资产阶级的理想化的王国。"[1] 因而"没有能够超出他们自己的时代使他们受到的限制"[2] 这就使托拉西的观念学即意识形态不可避免地走向虚妄和偏见。可以说，虽然拿破仑和马克思都对意识形态持否定和批判的态度，但拿破仑从恢复帝制出发，批判托拉西"意识形态"概念所蕴含的具有进步意义的主观动机，保留了其具有消极意义的客观结果，而马克思则是站在历史唯物主义立场的，马克思所批判的是托拉西意识形态学说并没有产生"科学观念"的客观效果，但对于托拉西追求科学观念，批判谬论与偏见的主观动机还是持肯定态度的。因此，马克思并没有将意识形态家一律斥之为空想家，而是批评意识形态家们对真实现实关系的神秘化错误。马克思对托拉西意识形态学说的观点内含着他对意识形态概念在本体论与认识论上的双重理解以及描述性和否定性的双重态度。

英法等国家的资产阶级思想家站在感觉主义的立场，继承和发展

---

[1] 《马克思恩格斯选集》第3卷，人民出版社2012年版，第776页。
[2] 《马克思恩格斯选集》第3卷，人民出版社2012年版，第776页。

文艺复兴运动以来的科学精神，表达了使人类观念科学化的主观动机，使"意识形态"一开始就具有"科学的观念"这一主观意图。对于这一点，马克思在后来的意识形态理论中予以了充分肯定。但是，这些感觉主义思想家们建立"科学的观念"这一主观意图并没有产生相应的科学观念，相反成了另一种形式的对真实社会关系的遮蔽，这种遮蔽就成了马克思意识形态理论中所彻底批判的"虚假意识"。这种批判又得益于具有强劲批判理性的德国古典哲学。德国古典哲学家们在批判理性的层面，在对人类精神发展的考察中发现了意识形态作为精神现象所具有的异化特征。德国古典哲学从康德的三大批判到黑格尔和费尔巴哈，批判性地考察了人类精神和观念的历史发展，从不同哲学立场揭示出意识形态的本质及其历史基础。比如黑格尔的《精神现象学》深刻分析了意识在不同社会发展阶段上的具体表现形式，揭示了各种意识形式、异化和教化之间的内在关联。而费尔巴哈从人本主义哲学立场出发，通过对宗教这种具有极端异化特征的意识形式进行淋漓尽致的批判，恢复了唯物主义的权威，神学也还原为了人学。

通过对意识形态的"前史"考察我们可以看到，针对中世纪神学和经院哲学的种种荒谬观念，近代西方思想家们发动了一场广泛而深刻的批判运动，其价值旨趣就是要建立"观念的科学"，而"意识形态"就是作为标志"科学的观念"范畴而产生的。马克思对于感觉主义思想家们反对宗教神学、反对观念神秘化，主张观念科学化的努力是非常认可的。但是，彻底的感觉主义、经验主义无法催生科学的观念，只有在历史唯物主义的地基上才能结出科学观念的硕果。因此，马克思在批判继承前人思想遗产的基础上，在德语语境中创制出"Ideologie"这个德语词，并赋予"Ideologie"这个德语概念以全新的思想内涵。从后来马克思关于意识形态的理论阐释来看，马克思对意识形态并没有完全以"虚假意识"来彻底否定，马克思所指的"虚假意识"在不同的语境中所指对象都是不同的，马克思在一般意义上所指的"意识形态"更多是以中性的态度来对待，其含义就是指立基于特定经济基础之上的"观念上层建筑"。

二 马克思对"意识形态"的科学阐释

1844年前后，马克思阅读了大量英国、法国思想家们的政治学、经济学和哲学著作，其中也包含托拉西的《意识形态的要素》，而且马克思后来在《詹姆士·穆勒（政治经济学原理）一书摘要》《1844年经济学哲学手稿》《德意志意识形态》等著作中都多次提到托拉西，这就表明马克思所创制的"意识形态"概念或多或少受到了托拉西的影响。在托拉西那里，"意识形态"的基本含义是"关于观念的科学"，即"观念学"，其主要任务是要研究和界定认识的起源、界限和可靠性程度等问题，只有解决了人类认识的起源、界限及可靠性问题，人类的认识与观念走向科学化才能有可靠的依据，哲学社会科学的发展才能有一个可靠的理论前提。马克思对于托拉西创立"意识形态"这一思想是肯定的，正是依据托拉西把"意识形态"看作"观念的科学"，马克思才把"意识形态"作为一个基本范畴引入唯物史观。既然德国和法国的思想家们都认为，沿着他们的哲学路线所建立起来的观念体系一定是完全科学的，而在他们完全科学的观念体系的指引下，真正美好的人类社会也一定会建立起来。康德为建立"科学的形而上学"而不懈奋斗一辈子，费希特把自己的学说美化为"科学"的知识学，黑格尔更是将自己的哲学体系号称为"科学之科学"。马克思恩格斯在《德意志意识形态》中所批判的费尔巴哈、鲍威尔、施蒂纳等思想家也都自认为已经建立起能够自圆其说的科学的观念体系，因此，马克思用"意识形态"这一概念就能概括和指称这些思想家们各自所建立的科学的观念体系。

但是，马克思认为，无论是托拉西还是德国哲学家们的思想观念体系，都不是观念的科学，并没有从普遍性的高度界定和揭示认识的

第二章 文化影响力系统结构的"合理内核"

起源、界限及可靠性的程度。它们代表的是资产阶级的利益，反映的是正在经历从封建社会向资本主义社会过渡的西方社会进行观念变革的客观要求。马克思认为，任何社会形态变更交替之际，代表先进生产力的阶级就会根据经济基础的变革而提出一种新的思想观念体系，他将这一体系称为唯一"科学的观念体系"，资产阶级代替封建阶级之后也必然要建立起适应资本主义经济基础的思想观念体系。在《〈政治经济学批判〉序言》中，马克思指出："随着经济基础的变更，全部庞大的上层建筑也或慢或快地发生变革。在考察这些变革时，必须时刻把下面两者区别开来：一种是生产的经济条件方面所发生的物质的、可以用自然科学的精确性指明的变革，一种是人们借以意识到这个冲突并力求把它克服的那些法律的、政治的、宗教的、艺术的或哲学的，简言之，意识形态的形式。"①

因此，当马克思把包括德国思想家在内的一切思想家的思想观念用"意识形态"的概念来泛指的时候，"意识形态"就是指人类对不同社会关系进行反映后而建立起来的一切思想体系，即一定阶级社会结构中与经济基础相适应并耸立于其上的"观念上层建筑"，它是阶级社会结构中不可或缺的部分，这是"意识形态"最基本、最普遍的含义。这种意义上的"意识形态"具有四个最基本的含义：第一，意识形态是包含许多具体的意识形态形式在内的总体性概念，这些具体的意识形态形式包括政治思想、法律思想、道德、艺术、哲学、宗教等。第二，意识形态在内容上是现实生活过程在人脑中的反映与折射，甚至人们头脑中模糊的、错误的观念归根到底也是可以通过经验来确立的与物质前提相联系、物质生活过程的必然升华物。第三，语言是意识形态的载体与外壳，任何意识形态都离不开语言，只有通过语言才能表达自己的立场、价值与利益指向。一个人如果无批判地使用某一种意识形态的话语体系，他在思想上就必然成为这种意识形态

---

① 《马克思恩格斯选集》第2卷，人民出版社2012年版，第3页。

的俘虏。第四，意识形态具有鲜明的社会属性。因为语言是意识形态的载体与外壳，而语言在本质上是一种最具有社会性特征的媒介物，意识形态就是通过语言这种媒介物来反映人们的现实生活过程，因此，意识形态也必然是具有鲜明社会属性的。

上述四层含义只是在最一般意义上揭示出意识形态的要义，如果仅仅止步于此，我们就无法领略马克思意识形态概念的全部精髓。只有进一步厘清马克思是在什么意义、什么语境下将意识形态称之为"虚假意识"，我们才能更加客观地把握马克思对待意识形态的全部态度。

对于被托拉西称为"观念的科学"的"意识形态"，马克思恩格斯却多次把它指称为"虚假的意识"。1873年7月14日，恩格斯在致弗·梅林的信中说："意识形态是由所谓的思想家通过意识、但是通过虚假的意识完成的过程。推动他的真正动力始终是他所不知道的，否则这就不是意识形态的过程了。"[①] 对于马克思恩格斯视野中"意识形态"含义的转换必须和唯物史观的创立紧密联系起来。唯物史观认为，不是人们的思想、意识决定社会存在，而是人们的社会存在决定人们的思想、意识。这是进行意识形态定性分析必须坚持的理论标准，以往一切建立在旧唯物主义和唯心主义基础上的意识形态，都脱离了"社会存在决定社会意识"这一历史唯物主义的本体论基础，而是坚持"观念统治世界""精神决定历史"等唯心主义的路线。这些意识形态不是主张意识来源于物质，而是认为意识的来源和真理性标准都存在于精神自身，因而达不到对社会存在进行正确反映的"真实的意识"，反而成了对社会存在进行颠倒反映的"虚假的意识"。形形色色的德意志意识形态，由于违背了历史唯物主义的本体论前提，因而都不可避免地成了"虚假意识"的代表。因此，我们可以发现，当马克思将意识形态斥之为"虚假意识"时，他是把意

---

① 《马克思恩格斯选集》第4卷，人民出版社2012年版，第642页。

识形态特指为以往一切阶级社会中所有剥削阶级为维护本阶级的利益而编造的蛊惑人心的幻想,是剥削阶级从精神和意识上支配、控制人们的精神、思想与观念的手段和工具。意识形态并不等同于虚假意识。马克思主义坚持从物质实践出发来解释观念,坚守社会存在决定社会意识的本体论基础,认识的来源和内容只能是永恒发展的物质世界的反映,只有这种对社会存在进行正确反映的"真实的意识",才能使观念走向科学。这样,马克思主义作为意识形态就与其他剥削阶级所编造的"虚假意识"有了根本性区别,它是唯一彻底的科学的意识形态。

由此可见,马克思对于意识形态并不是简单否定,关键要看是怎样的意识形态,建立在唯物史观基础上的意识形态才是科学的意识形态,而建立在感觉主义、经验主义、唯心主义地基之上的意识形态就必然会沦为"虚假意识"。第一层次的含义是从本体论意义上来说的,是本体论意义上的意识形态,在这一层次上,马克思始终把意识形态作为阶级社会结构中的一个重要方面,以往剥削阶级的意识形态尽管是对现实生活过程的颠倒反映而具有"虚假性",但并不能因为其"虚假性"而否定其在阶级社会结构中存在的必然性与合理性,正是从这个意义上,马克思恩格斯曾肯定地说,意识形态是人类史的第一个重要方面。第二个层次的含义是在认识论意义上来说的,是认识论意义上的意识形态。在这一层次上,马克思以唯物史观为标准,认为以往剥削阶级的意识形态都颠倒了社会存在与社会意识的辩证关系,都是从意识中的人出发而不是从现实的从事实际活动的人出发的,都主张观念统治世界,精神决定历史,都建立在对客观世界进行错误反映的基础之上,因而不可避免地沦为一种"虚假意识"。对于这一层次上的意识形态,并不能因为它在阶级社会中存在的合理性与必然性而放弃对其进行批判。马克思正是从本体论与认识论两个层面,科学阐释了意识形态的概念,从而为实现观念的科学化奠定了牢固的唯物史观基础。对于本体论与认识论两个层面的理解,我们都不可偏废，如果只从本体论层面来理解意识形态，就会丧失马克思主义的批判性，甚至为形形色色的剥削阶级的"虚假意识"进行辩护。如果只从认识论层面来理解意识形态，就会陷入本末倒置与毫无意义的抽象思辨。

三 "文化"的概念及其与意识形态的关系[①]

"文化"（culture）一词在英文和法文中，其词源意义是指在一块没有耕作过的土地上"耕耘"，从而种出庄稼的意思，后来延伸到人的精神层面，指对人的精神进行"耕耘"，从而陶冶修养。当我们说一个人在精神上没有耕耘（cultivated）好，就是指这个人没有教养，没有品行。因此，从词源的意义来判断精神层面上的"文化"的含义，"文化"就是"化人"，即将尚处于自然状态的人比喻为一块土地，然后运用一切物质的、精神的手段在这块土地上"耕耘"，从而使人实现从自然状态向社会状态的转化，并产生新的物质成果和精神成果。"文化"既可以作为动词使用，指"化人"的活动，也可作名词，指"化人"活动所产生的物质或精神的结果。物质成果被称为物质文明成果，精神成果被称为精神文明成果。"文化"的这一原始意义后来历经嬗变，许多名人都试图为文化下一定义，这些定义归纳起来已有四百多种，我们可以大体将其归为三类：第一类是广义的文化，它是指人类在脱离野蛮和蒙昧状态后在改造自然和社会的过程中所创造的一切物质财富和精神财富的总和，这一类可称之为"成果说"；第二类是中义的文化，它是指人们的生存样式，包括制度框架、行为模式和思维模式，这一类可以称之为"模式说"；第三类是狭义的文化，它是指基本信念或意识形态。而与"文化"相关联的"文明"是指人类文化活动的结果以及人类开化、社会进步所处的状态。

[①] 梁建新：《马克思主义意识形态中国化的现实文化聚焦点》，《理论探索》2015年第5期。

第二章　文化影响力系统结构的"合理内核"

有文化不一定有文明，而有文明却一定有文化。

自从人类迈入阶级社会的门槛以后，意识形态无论是与文化还是文明都结下了不解之缘，呈现出相互交融的态势，它们并不是互不相干、泾渭分明的两个范畴。亨廷顿在《文明的冲突与世界秩序的重建》一书中将"文明"与"文化"误用为同义词，认为文明是一个文化实体，是人类最高的文化集团和最广泛的文化实体，它包括了价值、规则、制度、习惯和思维模式，而且主观臆想地割断了意识形态与文化和文明之间的内在联系。

对于"文化"与"意识形态"的关系，在现实中往往存在两种错误认识：一是对于文化的传播缺乏应有的意识形态敏锐性，仅仅把其看作一种孤立的文化现象；二是对于我国主流意识形态的宣传盲目拒斥，缺乏从文化的视野经营意识形态阵地的技术与思维，导致我国社会主义意识形态的文化影响力提升乏力，而面对西方的文化蚕食与侵略，总是处于被动应对、惨淡经营的境遇。在当前文化影响力的争夺日益凸显的时代背景下，从理论上科学把握意识形态与文化之间的内在关联也就非常必要。

尽管关于"文化"的领悟见仁见智，但是，众多社会科学研究者都认为，文化现象研究是关乎社会科学研究全局的至关重要的问题。其原因正如英国学者约翰·B.汤普森在《意识形态与现代文化》一书中指出的那样："因为社会生活并不仅仅是像发生在自然界里的事物那样的事；它也是关于意义的行动与表述的问题；是关于各种各样言论、信号、文本与制品的问题，以及关于通过这些制品表达自己的主体和设法通过解释他们产生和接受的表述来了解他们自己和他人的问题。从最广泛的意义上说，对文化现象的研究可以视为对作为有意义领域的社会—历史领域的研究。"[1] 从这一论述我们不难得出三点启迪：

---

[1] ［英］约翰·B.汤普森：《意识形态与现代文化》，高銛、文娟、高戈、汐汐译，译林出版社2005年版，第122页。

第一，社会生活之所以区别于自然事物，就在于社会生活是属"人"的生活，而人是有意识、有语言、有思维的动物，人追寻什么样的"意义"以及用来表达"意义"的语言，都是饱含意识形态元素的，不同国家、不同阶级、不同民族、不同社群正是因为意识形态的差异，所以社会生活的表象世界才呈现多元化的社会图景。因此，研究社会生活中的文化现象，必然要研究意识形态，而对意识形态的研究也必然关涉到文化现象的研究。

第二，各种各样的言论、信号、文本与制品作为文化的"象征形式"，必然与特定的主体相关联，而任何主体实际上都是被意识形态化了的主体，人的主体性实际上是意识形态的主体性。"个人主体性的实质是意识形态主体性。个人自以为像希腊神话中的安泰一样，用双脚站立在大地母亲的躯体上。实际上，作为空虚的、单纯形式上的主体性，他只是像浮萍一样漂浮在意识形态的以太中……无论是他所思考的问题，还是他思考问题的方式或者解决问题的方向，甚至连他思考问题的术语和提出问题的句型，都是意识形态在冥冥中提供给他的。"[1] 因而，无论是文化事业还是文化产业的发展，都必然包含一定的意识形态属性。

第三，社会—历史领域是一个受到"人"的"意义"追寻所引领的领域，既然从最广泛的意义上，文化研究属于有意义的社会—历史领域的研究，因此，文化研究也就不可能摆脱"意义"的纠缠，甚至可以说，以"意义"即价值观为核心的意识形态既是文化的重要组成部分，同时也是观察特定时期文化风景的一扇窗，这就决定了文化影响力的研究必然与意识形态之间存在千丝万缕的内在关联。

首先，特定的历史文化传统影响着特定民族、国家意识形态的选择与构建，每一种意识形态都是在一定阶级利益和意志的支配下，对以往文化传统进行吸收和处理的产物，它既离不开一定社会物质生活

---

[1] 俞吾金：《意识形态论》，人民出版社2009年版，第2—3页。

条件的决定作用，也无法超越一定的历史文化基因。意识形态家们似乎在不断地创造着全新的理论体系，实际上他们总是借着历史文化传统中的话语来言说自己的利益与观点。正是在这个意义上，古希腊文化成了整个欧洲千年意识形态的摇篮，春秋战国时期的文化被视为中国十几个世纪意识形态的胚胎。

马克思主义意识形态理论认为：意识形态是耸立于经济基础之上的观念上层建筑，是统治阶级利益与意志的集中表达，因此，统治阶级的性质以及与之相联系的物质生活条件决定着意识形态的根本性质与核心内容。但是，在阶级社会里，意识形态与文化总是相互交融的。一定阶级成为统治阶级之后，就会在原来的文化地基上建构起服务于本阶级利益的制度化的思想观念体系——意识形态，这种意识形态既吸收和传承了某些原来的文化元素，又在实践基础上融入了诸多新的文化元素，创造出新的文化形式。当这种意识形态所代表的阶级继续占有全社会的物质资料与精神资料的生产时，这种意识形态不但在政治上是这个社会的思想上层建筑，而且还会像水泥一般渗入其他领域，影响、操纵和控制社会成员的语言与行为，这时意识形态实际上充当着"主流文化"的角色。当意识形态所代表的阶级退出了历史舞台，这种意识形态虽然失去了在思想上的"主导"地位，但是作为一种精神性遗产，绝不会立即消失在人们的记忆中，相反，它会以"思想文化"的形式，成为构建新型意识形态的必要素材与精神根源。从这个意义上说，文化传统、文化习惯是意识形态建构与创新的深厚土壤，而每一种意识形态都是文化传承与发展的重要形式与环节，意识形态的建构者总是无法避免地要借着死人的话语表达当下的诉求。马克思在《路易·波拿巴的雾月十八日》一文中有一段精彩的论述："一切已死的先辈们的传统，像梦魇一样纠缠着活人的头脑。当人们好像刚好在忙于改造自己和周围的事物并创造出前所未有的事物时，恰好在这种革命危机时代，他们战战兢兢地请出亡灵来为自己效劳，借用它们的名字、战斗口号和衣服，以便穿着这种久受崇敬的服装，用这种借来的语言，演出世界历史的新的一幕。"①

其次，在阶级社会里，意识形态是首要的文化发展形式，也是进行其他一切文化创造的重要路径。任何阶级成为统治阶级之后，都要在文化的名义下，不遗余力地打造自己的意识形态，这是思想文化战线的首要任务。意识形态本身就是文化的重要组成部分，或者说，意识形态本身就是一种文化，文化中就内含着意识形态，意识形态建设实际上是文化建设的一项重要内容，而且意识形态对文化的内容与形式起着规范和制约作用。因为，意识形态是特定阶级价值观的集中体现，而文化的核心正是价值观，在温情脉脉、赏心悦目的文化产品的背后所承载的可能就是这些文化产品创制者所特有的价值观和意识形态。侯惠勤教授在《马克思主义意识形态论》一书中指出："构建、践行社会主义核心价值体系成为主流意识形态建设的战略举措……国家文化软实力最根本的就是国家意识形态的渗透力，它的根本是核心价值观。"②

中国共产党人虽然直到 2007 年党的十七大报告才提出"文化软实力"的概念，但是却一直做着提升文化软实力的工作，比如精神文明建设、马克思主义创新、传统文化挖掘、国家形象塑造等，这些文化软实力建设的实践其实都是意识形态建设的实践。可以说，任何一个时代文化建设的首要任务就是意识形态建设，提升文化影响力首先就是提升意识形态的吸引力、认同力与渗透力。意识形态就像一缕普照之光，为人类社会的物质生产与精神生产提供着难以抗拒、难以回避的文化环境，为文化创造提供着由意识形态内化于心积淀而成的思维方式与思维结构，而意识形态所表达的统治阶级的是非好恶，也成为制约、指导和评价其他文化创造的价值坐标，从这个意义上说，意识形态又是文化传承与创新的重要路径。

再次，意识形态与文化的角色在阶级社会中是相互转化的。意识

---

① 《马克思恩格斯选集》第 1 卷，人民出版社 2012 年版，第 669 页。
② 侯惠勤：《马克思主义意识形态论》，南京大学出版社 2011 年版，第 54 页。

形态是一定社会历史时期的制度化的观念体系，代表着统治阶级的意志和这一时期的主流文化。随着社会物质生活条件的变化，它所代表的阶级失去了统治地位，这种意识形态也将退出历史舞台，其身份也将转化为作为精神性的社会现象而存在的思想文化，从而成为阶级社会人类思想文化发展链条中的一个环节。因此，我们可以这样说，在阶级社会里，特定时代的文化积淀大多是过去意识形态的传承，而当下的意识形态又是将来文化传统中的素材与基因。意识形态不仅是统治阶级的阶级意识，也是阶级社会的主流文化，阶级社会的主流文化都属于或曾经属于一定阶级的意识形态，人类文化正是通过意识形态的形式得以发展，意识形态是阶级社会文化发展的重要形式。周宏教授也曾指出："意识形态既是一定社会历史时期的制度化的观念体系，又是后继意识形态的文化传统和精神根源。"①

最后，意识形态与文化既具有同一性，又具有差异性。从同一性来看，在阶级社会里，意识形态的生产过程是文化生产过程的重要组成部分，而文化生产过程——无论是文化事业还是文化产业都会或浓或淡地染上意识形态色彩。因此，"在文明社会中，文化总是具有一定的意识形态性，而意识形态同样也总是具有一定的文化性"②。从差异性来看，文化在广义上可以泛指人类物质生产与精神生产的一切活动与产物。在狭义上，文化主要是用来指称人类的精神生产活动及其成果。而意识形态在一般意义上是一个政治术语，主要用来指称统治阶级的阶级意识。因此，在外延上，文化比意识形态要宽泛，在内涵上，文化着重强调广泛性、普遍性，其意识形态性往往比较隐蔽；而意识形态着重强调阶级性、特殊性，其客观上存在的文化属性则往往容易忽视。

---

① 周宏：《理解与批判——马克思意识形态理论的文本学研究》，上海三联书店2003年版，第108页。
② 周宏：《理解与批判——马克思意识形态理论的文本学研究》，上海三联书店2003年版，第175页。

正因为文化与意识形态之间存在的这种内在张力，在实践中，人们往往容易走向两个极端：一是基于其同一性而走向泛意识形态化，把所有的文化现象通通贴上意识形态的标签；二是基于差异性而走向意识形态终结论。由于"意识形态"是一个在难产中诞生而又命运多舛的概念，后来甚至成了一个在丹尼尔·贝尔看来是可以与"犯罪"相提并论的词汇。从特拉西催生"意识形态"的概念，到拿破仑对观念学家和观念学的攻击与残害，一度饱含启蒙运动信心与积极精神的"意识形态"，经历了其发展历程中从巅峰到低谷的第一个轮回，后来在其历史嬗变进程中，从诞生之时的"科学"又沦为了在政治斗争中进行相互谩骂与攻击的利器，成为了空洞无物、晦涩诡辩的代名词。因此，二战后以美国的丹尼尔·贝尔为代表的一些学者提出了形形色色的"意识形态终结论"，丹尼尔·贝尔还将意识形态作为犯罪的代名词，他指出："意识形态已经变成了一个堕落到不可救药的地步的词汇。罪恶亦复如此。"[①] 而亨廷顿在他的文明冲突论中试图以"文化"的名义消解和代替意识形态，认为文化是对意识形态的抗拒，意识形态是对文化的反叛。当前一些西方学者热衷于宣扬普世价值，认为普世价值是脱离了阶级偏见的全人类的精神财富。其实，普世价值论本身就是一种用冠冕堂皇的文化外衣所包裹的狭隘与保守的资产阶级意识形态。这两种极端化的认识误区在提升中国特色社会主义文化影响力的进程中都要极力规避。

由于意识形态备受争议，统治阶级在宣扬自身意识形态时总是躲躲闪闪，而文化却相对中性，文化的发展与传播可以大行其道，毫无顾忌，也更具有可接受性，因此，统治阶级在传播意识形态时常常披上文化的外衣。其实，无论是文化还是意识形态，其内核都是一种价值观，中国特色社会主义的文化与意识形态，其根本都是社会主义核心价值观，资本主义文化与意识形态的根本是资本主义的核心价值

[①] ［美］丹尼尔·贝尔：《意识形态的终结》，张国清译，江苏人民出版社2001年版，第519页。

观，因此，随着核心价值观在东西方意识形态较量中从幕后走向台前，提升中国特色社会主义文化影响力，从根本上来说就是要提高社会主义核心价值观的文化影响力。

四　核心价值观：当代东西方文化影响力博弈的焦点

　　一个没有文化影响力的国家绝不能说是一个强盛国家，一种没有文化影响力的制度设计也绝不能成为广受认同的制度。中华民族从站起来、富起来到强起来的伟大飞跃，意味着科学社会主义在21世纪的中国焕发出强大的生机与活力，并昭示着中华民族伟大复兴的光明前景。面对一个日益强大的中国，以美国为首的西方国家在不可能进行直接武装干涉的前提下，不断加大对我国的文化渗透，在光鲜亮丽的文化表象下，包裹着西方意识形态的险恶用心。当前东西方文化影响力的博弈越来越聚焦于核心价值观的比拼。

　　价值观既是文化的核心，也是意识形态的根本。进入21世纪以来，世界范围内文化影响力的争夺日益加剧，核心价值观由幕后走向台前，成为当代资本主义与社会主义两种制度在意识形态领域冲突的焦点。2008年金融危机以来，资本主义世界一方面开始反思资本主义制度的缺陷，另一方面却极力在世界范围内不惜以轰炸机和导弹宣扬和捍卫其核心价值观，并极力贬损在危机中表现最好的中国。美国《福布斯》网站在一篇《中国还不是超级大国》的文章中声言："美国依然代表着全世界民众向往的普世理想——自由和民主。美国人一直在向世界传达着一种清晰的理念。与美国人不同，中国人没有自己明确的价值观，更别提影响世界了。"[1] 党的十八大在社会主义发展史上首次明确提出了二十四字的社会主义核心价值观，即"倡导富

---

[1] 海伦·王：《中国还不是超级大国》，美国《福布斯》杂志网站2010年6月8日，转引自《参考消息》2010年6月10日第16版。

强、民主、文明、和谐，倡导自由、平等、公正、法治，倡导爱国、敬业、诚信、友善，积极培育和践行社会主义核心价值观。"① 社会主义核心价值观是中国特色社会主义文化的内核，它决定着我国社会主义制度的道义基础，决定着我们国家的内外形象，决定着我国社会主义制度调整和变革的方向，是我国价值共识和主流民意的最大公约数。中国特色社会主义文化的影响力很大程度上取决于社会主义核心价值观的影响力，因此，着力提升社会主义核心价值观的影响力也就成为提升中国特色社会主义文化影响力的根本环节。

每一种制度设计，每一个国家民族，每一个阶级阶层都有其核心价值观，都试图按照其核心价值观的构想，预设社会发展的轨道。因此，围绕社会改革与发展进程中一系列重大现实问题，人们总是试图在其核心价值观的支配与指导下争夺话语权，不同阶级、阶层的人们都会站在自身立场，发出自身的声音，表达自身的愿景。当某种声音获得了较为广泛的认同，形成颇具声势的思想潮流时，就产生了通常所说的具有思想倾向性与情感倾向性的思潮。这些思潮大致可以分为四类：一是整体正确，局部错误的思潮；二是整体错误，局部正确的思潮；三是整体局部都错误的思潮；四是整体局部都正确的思潮。

任何思潮都是特定阶级、阶层以及社会集团核心价值观的表达，而思潮总是要通过话语来表达的。话语是"一套在一定的历史时空规限下相互联系的思想，它嵌在文本、言词和各种践行之中，关涉寻找、生产和证实'真理'的各种程序"②，话语是核心价值观的物质外壳，必然反映特定阶级的价值立场与思想观念，因此，捍卫和坚守自身的核心价值观，既要建立起自身的话语体系，又要加强对错误思潮或者思潮错误之处的话语批判，在建构中解构，在解构中建构。2016年5月17日，习近平总书记在哲学社会科学工作座谈会上的讲

---

① 《十八大以来重要文献选编》，中央文献出版社2014年版，第25页。
② [美]麦克洛斯基等：《社会科学的措辞》，许宝强等译，生活·读书·新知三联书店2000年版，第81页。

第二章 文化影响力系统结构的"合理内核"

话中指出,要"不断推进学科体系、学术体系、话语体系建设和创新,努力构建一个全方位、全领域、全要素的哲学社会科学体系"。在建构捍卫自身核心价值观的话语体系的同时,还必须对各种错综复杂的社会思潮话语进行马克思主义的批判与甄别。

历史经验表明,马克思主义作为揭示自然界、人类社会与人类思维发展普遍规律的理论,必然要在批判各种错误思潮的话语中锤炼自身的理论解释力、指导力与生命力,并为自身的发展开辟进路。因此,马克思主义对各种非马克思主义思潮、反马克思主义思潮、伪马克思主义错误思潮的话语进行不妥协的彻底的批判与斗争,牢牢把握马克思主义意识形态的话语权是坚守社会主义核心价值底线,是发展社会主义先进文化的基本经验。从马克思恩格斯对黑格尔、费尔巴哈哲学话语的批判、对蒲鲁东经济学话语的批判、对巴枯宁无政府主义话语的批判到列宁对经验主义话语、民粹主义话语、唯心主义话语的批判,从毛泽东对教条主义话语、机会主义话语的批判到邓小平对资产阶级自由化话语的批判,无不昭示一条基本经验:社会主义核心价值观的坚守,从来没有离开过文化话语权的争夺。当前,我国已经进入全面深化改革的历史新时期,国内外各种矛盾错综复杂,代表不同利益集团、不同社会阶层的社会思潮不断涌现,包含不同意识形态本质的话语相互缠结,因此,提升中国特色社会主义文化影响力,必须要用广大社会成员听得进、听得懂、听得爽的话语,来表达社会主义核心价值观。

从话语批判的角度来看,西方资本主义国家总是善于抓住诸多吸引眼球的现实问题,炮制诸多富有迷惑性的话语,误导我国改革开放的前进方向。比如普世价值论思潮,美国等西方资本主义国家将西方意识形态的核心信条说成是普世价值,试图以西方式的民主自由作为引领全球价值旗帜。普世价值论思潮有两种极具欺骗性的话语:一是鼓吹"全人类利益共同体"的话语。其实,马克思主义认为,只要阶级和国家尚未消亡,"人类利益共同体"就只能存在于云雾弥漫的哲学幻想的太空。黑格尔和费尔巴哈所追求的人类普遍性就永远只能是"虚幻的普遍性领域"。"人类利益共同体"要成为现实，只有在共产主义社会才有可能，这就是"自由个人的联合体"。"代替那存在着阶级和阶级对立的资产阶级旧社会的，将是这样一个联合体，在那里，每个人的自由发展是一切人的自由发展的条件。"① 虽然在现实社会中，也会存在某些属于全人类共有的不具有意识形态性质的物质与精神价值，比如某些重大的自然科学研究成果、某些具有世界意义的艺术作品等，但是这些价值并不具有意识形态性质。而普世价值论所说的普世价值是指西方民主、自由、平等、法治等西方核心价值观的元素，这些"普世价值"显然具有鲜明的意识形态性质。由此看来，普世价值论话语并不是一种简单的学术话语，而是有着深厚的意识形态背景与现实政治动机。

除了鼓吹"全人类利益共同体"话语之外，普世价值论还鼓吹"共同人性"的话语，认为普世价值论之所以存在，是因为人之所以为人，必然具有一些共同的人性。马克思主义认为，人的本质是一个具体的、历史的在实践中生成的范畴，超越时空的、抽象不变的人性是不存在的。马克思批判"真正社会主义"对抽象人性的崇拜时指出，这种人性不能代表真实的要求，不存在于现实世界，不属于任何阶级。普世价值论把我国改革开放所取得的成果归结为释放人性、张扬人性、尊重人性的结果，这就颠倒了原因与结果的关系，因为在历史唯物主义者看来，人性的进步与释放不是历史进步的原因，而是历史进步的结果，不是人性创造历史，而是历史改变人性。

五　马克思主义：文化影响力提升的导航系统

中国作为当今世界最大的社会主义国家，理所当然必须坚持马克

---

① 《马克思恩格斯选集》第 1 卷，人民出版社 2012 年版，第 422 页。

第二章 文化影响力系统结构的"合理内核"

思主义在意识形态领域的指导地位，同时，也是中国特色社会主义文化发展的指导思想，提升中国特色社会主义文化的影响力，从根本上来说就必须一以贯之地坚持马克思主义的指导地位，这一点关系到中国特色社会主义文化影响力的价值旨趣、前进方向、发展道路及精神特质。改革开放以来，当代中国主流意识形态与中国社会现实关系的具体内容已远远超出了"虚假意识"与"颠倒意识"这一传统定义所蕴含的理论空间，在与中国社会现实协调发展的进程中，当代中国主流意识形态既传承着连续性的主导主体、文化积淀和理论前提，又发生了看似断裂的新变化。比如从"共产党的哲学是斗争哲学"到"社会和谐是中国特色社会主义的本质属性"；从对"唯生产力论"的批判到"发展是硬道理""发展是执政兴国的第一要务"以及科学发展观的问世；从"无产阶级对资产阶级的全面专政"到建设"社会主义法治国家"等。关注改革开放条件下中国主流意识形态调整与变化的新内容、新形式无疑是非常必要的，但是，我们更应该看到，中国主流意识形态在内容与形式上的断裂与传承始终没有离开马克思主义的基本视域，而是马克思主义中国化、时代化的现实表征，否定了这一点，就会否认当代中国意识形态的马克思主义性质，中国特色社会主义文化的发展也会迷失方向，普世价值论、意识形态终结论、新自由主义论等错误思潮的泛滥就会大开方便之门。那么，在全面深化改革的历史新时期，坚持马克思主义在中国特色社会主义文化影响力提升进程中的指导地位，根本上来说要坚持三条标准。

第一，是否坚持以唯物史观作为观察和分析意识形态问题的哲学基础。马克思主义哲学诞生之前的西方哲学，往往把某种抽象的"理念""思想""精神"作为最高存在物，把现实实际生活过程看作这一最高存在物的展开，其典型代表就是柏拉图、黑格尔，这种唯心主义的历史观无法对意识形态问题作出科学合理的阐释，他们往往看不到意识形态问题的存在之基，而止步于用观念来说明观念，以理论来批判理论。马克思创立了唯物史观，实现了哲学在人类历史领域的伟大变革。唯物史观认为，意识形态没有自己独立的历史，任何一种意识形态都是人们实际生活过程在思想观念层面的反射与回声。"在思辨终止的地方，在现实生活面前，正是描述人们实践活动和实际发展过程的真正的实证科学开始的地方。"① 马克思指出："我们不是从人们所说的、所设想的、所想象的东西出发，也不是从口头说的、思考出来的、设想出来的、想象出来的人出发，去理解有血有肉的人。我们的出发点是从事实际活动的人，而且从他们的现实生活过程中还可以描绘出这一生活过程在意识形态上的反射和反响的发展。"② 唯物史观为考察意识形态问题提供了一个与以往思辨性思维范式相区别的实践性的思维范式，那就是要从现实的人出发，从现实的人的现实生活过程出发去考察意识形态，人的需要在实践中产生，意识形态在人的现实生活的实践中生成、发展和实现，离开现实的人及其实际生活过程，去抽象谈论意识形态，马克思主义意识形态理论中国化进程就将从根本上背离马克思主义的轨道。历史上形形色色的剥削阶级之所以炮制出种种唯心主义的意识形态论调，就是要让人民群众看不清剥削阶级意识形态的本质，从而心甘情愿接受剥削阶级的愚弄、剥削与压迫。而唯物史观这一哲学史上最壮丽的日出，照亮了人民群众的眼睛，以唯物史观为武器，人民群众才能真实地看到意识形态的原生态式样，从而焕发出创造历史的主体精神。马克思主义之所以具有石破天惊的改变世界的力量，首先就在于唯物史观。无论中国国情是多么富有特色，无论改革开放是多么复杂多变，无论市场化、信息化、全球化的时代场景多么令人目不暇接，唯物史观直到现在依然是我们解释世界和改变世界最强有力的世界观与历史观基础。

第二，是否坚持人民至上的价值情怀。任何一种文化，都有一种具有至上性的价值情怀。这种价值情怀所要回答的问题就是"为了谁"的问题，它代表着这种文化及其所关联的意识形态所具有的社会

---

① 《马克思恩格斯选集》第1卷，人民出版社2012年版，第153页。
② 《马克思恩格斯选集》第1卷，人民出版社2012年版，第152页。

第二章　文化影响力系统结构的"合理内核"

人格。历史上各种纷繁芜杂的意识形态及其所支撑的文化，虽然都宣扬全人类普遍利益的神话，但是，其实质都是统治阶级维护自身利益的说辞。因此，马克思主义认为，观察和分析意识形态，首先就必须弄清楚某种意识形态代表的是哪一个阶级的利益，这种意识形态是在代表哪一种社会人格说话。马克思主义区别于其他任何意识形态理论的价值标志就是：马克思主义始终坚持人民利益至上的价值情怀。因此，马克思主义者以实现人类解放为己任，其始终关注的不仅仅是无产阶级的利益，而是全人类利益，无产阶级只是全人类利益的具体代表者与践行者，全人类利益的话语是通过无产阶级的阶级话语来表达的。无产阶级推翻资产阶级的统治，实际上就是要把资产阶级从资本的奴役状态下解放出来。因为"资本家完全同工人一样地处于资本关系的奴役下，尽管是在另一方面，在对立的一极上"[①]。

中国特色社会主义文化作为"民族的科学的大众的社会主义文化"，只有坚持人民至上的价值情怀，坚持马克思主义意识形态的社会人格标准，才能最大程度地提升自身的文化影响力。具体体现为这种文化要旗帜鲜明地坚持无产阶级的阶级意识与人民群众的利益意识，切实把维护和实现最大多数人民的根本利益作为最高价值使命，始终从人民利益的高度不断创造出表达人民心声、体现人民利益的文化精品，就像习近平总书记所指出的那样，人民群众对幸福生活的追求就是我们共产党人的奋斗目标。正如《共产党宣言》指出："共产党人为工人阶级的最近的目的和利益而斗争，但是他们在当前的运动中同时代表运动的未来。"[②] 新中国成立以来特别是改革开放以来，中国共产党从一个革命党转变为一个执政党，在全方位对外开放和发展市场经济的时代背景下，一些共产党员尤其是一些领导干部模糊了马克思主义者应有的阶级意识与利益意识，忘记了马克思主义意识形态所要求的人民至上的价值情怀，在一些关乎方向、道路与原则的大

[①]《马克思恩格斯全集》第 49 卷，人民出版社 1982 年版，第 49 页。
[②]《马克思恩格斯选集》第 1 卷，人民出版社 2012 年版，第 434 页。

是大非问题上，走向了人民利益至上的对立面，从而沦为党和人民的罪人。因此，是否坚持人民至上的价值情怀是判断马克思主义意识形态的价值标志，也决定着中国特色社会主义文化的整体精神特质。

第三，是否坚持共产主义的社会理想。一种文化不但蕴含着深切的情怀，更是一种社会理想与愿景的表达。无论是革命时期还是建设时期，作为领导力量的阶级总要在思想文化层面表达自身对社会发展的理想追求，总要按照自身的想象，描绘出未来理想社会的图景，这种社会理想实际上就是凝聚人心、锻造队伍、汇集力量的精神旗帜。以往一切统治阶级的意识形态都把自己建立的统治秩序说成是人类社会最良性、最理想的社会秩序。1992年，苏东剧变后，美国著名政治学家弗朗西斯·福山出版了《历史的终结与最后的人》一书，认为西方资本主义的自由民主已经战胜了包括共产主义在内的所有意识形态，西方自由市场与科学技术满足了人们的物质需求，而民主法治满足了人们渴望的精神需求，因此，西方自由民主理念已经战胜了一切非西方的意识形态，西方自由民主社会已经成为全人类迟早要走向的唯一目标，意识形态斗争已经见分晓，历史已经走向终结。但是，也就是这位对西方民主推崇备至的福山，在2015年5月美国的《民主季刊》上发表文章，题目叫作《为何民主表现得如此差劲?》。福山认为，21世纪以来，全球民主国家表现得很差劲是有目共睹的事实。美国、欧盟等陷入了1920年以来最严重的经济危机，从巴西、土耳其到世界最大的民主国家印度，这些第三波民主化浪潮催生的新型民主国家表现得也让人很失望。因此，福山过去所鼓吹的"历史终结论"在近二十年来的世界发展实践中已经被证明只是他一厢情愿的空想而已。

科学社会主义诞生之前，空想社会主义者们对资本主义社会进行了入木三分的批判，对未来社会进行了天才的设想，但是，由于空想社会主义者对未来理想社会的构建不是立基于社会发展规律，而是单纯诉诸道德批判与良心发现，这就决定了这种理想社会的生命力极其脆弱。马克思主义之所以区别于其他意识形态，一个非常重要的标志就在于马克思恩格斯在创立唯物史观的基础上，通过深刻分析和批判资本主义"旧世界"，发现了未来共产主义的"新世界"，这种共产主义的社会理想是根据人类社会发展规律所提出的伟大创见，马克思指出："这种共产主义，作为完成了的自然主义，等于人道主义，而作为完成了的人道主义，等于自然主义，它是任何自然界之间、人和人之间的矛盾的真正解决，是存在和本质、对象化和自我确证、自由和必然、个体和类之间的斗争的真正解决。"[1] 因此，坚持共产主义理想就是坚持马克思主义在意识形态领域指导地位的重要标志。只有坚持共产主义理想，中国特色社会主义文化的发展才不会失去历史的方位，中国特色社会主义文化影响力的科学性与价值性才能实现和谐统一。

---

[1] 《马克思恩格斯文集》第 1 卷，人民出版社 2009 年版，第 185 页。

第三章 文化影响力系统结构的力量构成

文化影响力是一个由多种"力"组成的系统,从系统论的角度来看,文化影响力是在文化主体与主体的交往互动中产生的,因此,主体互动力是文化影响力的条件,在主体互动的条件下,才有可能产生思想同化力、信息传播力、价值渗透力、形象吸引力、行为支配力。这六大力就构成了一个完整的系统结构,其中主体互动力是条件,思想同化力是基础,信息传播力是手段,价值渗透力是内核,形象吸引力是内化,行为支配力是外化。

一 主体互动力:文化影响力的条件

主体互动力是指不同文化主体在交往与互动过程中对彼此的思想与行为所产生的作用力。在多元文化交流与传播的场域里,大众媒介、组织传播、人际交流是文化交流与传播的三大主渠道。但是,无论使用哪一种渠道,文化影响力都离不开不同主体的交往与互动,因此,离开主体互动力来谈文化影响力是不可想象的,离开了主体之间的交往互动,再强大的实力也无法对他者的思想与行为产生现实影响力。打一个比方,就好比一家药品研发公司研发出了一种非常好的药品,要使这些药品实现其价值,就必须建立打通与患者联系互动的通道,让患者理解、认同、接受这种药品,否则这种药品虽然具有治病

第三章　文化影响力系统结构的力量构成

的功能，但是无法对患者产生影响力，也无法实现药品的价值。

一个非常有趣的现象存在于实验心理学中，我们经常被一些商品推销员影响，购买一些自己根本不需要的商品，更有甚者，我们经常受一些以说服为生计的职场老手的影响，产生出一种自动的、无意识顺从的意识，做出不加思考就答应的决定，而且有证据表明，在生活节奏不断加快、信息覆盖愈来愈普遍的背景下，这种无意识的顺从现象已经变得越来越普遍。之所以产生这种现象，归根到底是我们在与那些利用顺从心理的职场老手交往与互动过程中，被他们运用得炉火纯青的影响力武器所支配。

在文化交流与互动的过程中，无论是个人主体还是群体主体，"有生命的个人"始终是不可分割的微观主体。因此，如何从个人心理入手，灵活运用影响力原则就成了增强主体互动力的关键。美国的罗伯特·西奥迪尼号称影响力研究之父，他从个体心理的角度揭示出增强主体互动力进而增强影响力的六大原则[1]。

一是互惠原则。这一原则简单来说就是我们每一个人有义务回报别人的礼物、邀请与善意。在人类文化中有一种十分普遍的现象，那就是我们如果首先接受了别人的好处，就会产生一种随之而来的亏欠还债感。所有的人类社会几乎都有一种成熟的礼尚往来系统，正如考古学家理查德·李基认为，由于我们的祖先学会了在"有债必还"的信誉网里分享食物与技巧，我们才变成了人。在人际交往中，互惠原理堪称最有影响力的武器，毕竟大多数人都讨厌一味索取的揩油鬼和不劳而获的懒汉。违背了互惠原理不但让我们自己心里不舒服，也会让我们成为不受群体欢迎的忘恩负义的小人。

二是承诺与一致。心理学中有一条原理：公开承诺往往具有持久的效力。当一个人选择某种立场时，就会产生一种维持它到底的动机，因为人人都有保持言行一致的愿望，一旦我们做出了某种选择，

---

[1] ［美］罗伯特·西奥迪尼：《先发影响力》，闻佳译，北京联合出版公司2017年版，第193—213页。

就会面临自己内心与外在舆论的双重压力,这种压力会迫使我们按照承诺说的那样去保持一致,这实际上是在想方设法证明自己立场与选择的正确性。言行不一的人就会给人优柔寡断、浮躁多变、极不靠谱的形象,反之,言行一致的人就显得理性自信、最诚实可靠。

三是社会认同原则。该原则告诉我们,在判断何为正确时,我们会根据别人的意见行事。在大多数情况下,判断哪一种行为正确时,我们的观点取决于周围其他人的做法。如果大多数人都在做,就会把这种做法认同为符合社会规范的行为,这是一种没有经过理性拷问的无意识倾向。正是基于这一原则,主体的交往互动要尽量符合大众认同的规范与要求。"别人都在做的事情肯定错不了",这种心态如果能灵活运用到文化交流中就会使文化影响力产生倍增效应。因为,面对纷繁芜杂的文化交流,当主体自己不能判断、不能确定、情况不明、含糊不清时,就会觉得别人的行为是正确的。

四是喜好原则。克拉伦斯·达罗有一句名言:辩护律师的主要任务就是让陪审团喜欢他的客户。这句话揭示出主体交往过程中的一件影响力武器,即喜好原则,简单来说就是大多数人在交往过程中总是容易答应自己认识或喜欢的人所提出的要求。在市场营销中我们可以发现,一些推销员在上门拜访潜在的客户时,就会报出一位客户朋友的名字,甚至说"是你朋友建议我来找你的",如果你把推销员拒之门外,就好像是在拒绝自己的朋友。因此,"打电话或拜访潜在客户时,要是你能说是他的一位朋友建议你来找他,那简直相当于进门之前就成功了一半"[①],就是非常成功运用喜好原则提升主体互动力的典型事例。社会学里面有一种"光环效应"与心理学中的喜好原则非常接近,即一个人在某一方面的正面特征就能主导其他人评价此人的整体倾向与态度。比如我们会自动给颜值高的人添加一些正面特征,然而我们在作这些判断时并没有意识到是"喜好"这一因素在

---

① [美]罗伯特·西奥迪尼:《影响力》,闾佳译,北京联合出版公司2010年版,第175页。

发挥作用。

五是权威因素。权威具有影响我们思想、改变我们行为的强大力量，即使具有强大独立思考能力的人也会不由自主地在权威的影响下采取一些不可理喻的行为。在《圣经》里面，亚当与夏娃因为不服从上帝的权威被逐出伊甸园，这一故事隐喻了人类服从权威、尊重规则的极端重要性。实际上从家庭教育到学校教育，从世俗世界到宗教世界，似乎一直在不断强化一条行为法则：顺从权威是正确的，对抗权威是没有好下场的。在人际交往场域中，一旦我们觉得服从权威在大多数情况下是有好处的，就会产生一种无意识服从的反应，只要有权威开口说话，很多我们能够考虑也应该考虑的事情似乎都变得与自己毫不相干了，这说明在主体交往与互动中权威的影响力是非常大的。

六是稀缺因素。物以稀为贵，这是一条近乎常识的经济学原理，这一原理实际上在人际交往中同样也在发挥作用。在现实生活中，也许我们当下正在进行的谈话、正在做着的事情、正在面对的任务都非常重要，而另一件事并不重要，但是如果不做就可能永远无法再做，另一个人也许并不重要，但如果不见就可能永远无法再见，这时我们就会毫不犹豫地选择另外的事去做、另外的人去见。因为对失去某种东西的恐惧，似乎要比获得某种物品的渴望更能激起人的行动力。这就是稀缺因素在主体互动场域中的体现。在收藏市场有一句名言更好地说明了稀缺因素的强大影响力：倘若瑕疵把一样东西变得稀缺，垃圾也能成为值钱的宝贝。

既然有生命的个体是文化交流与互动的微观基础，那么，上述揭示出来的六大影响力武器同样适用于跨文化影响力的研究，既然不同文化主体之间的互动是文化影响力的前提性因素与条件，那么这六大影响力武器在跨文化语境中就可以用相同或相似的方式加以运作。

二 思想同化力：文化影响力的基础

目前在各类词典中，收录"同化力"一词的非常少，一些收录了该词的词典，如1990年的《中国百科大辞典》、1998年的《农业大辞典》里面，也是取其生物化学意义。然而，从"同化力"一词的使用渊源来看，其更多是在文化层面使用。19世纪末，吉丁斯曾提出"类群意识"，他认为社会集团成员基于对同类的相互承认而具有共同的类群意识，这种意识的凝练与传承就构成了社会生活的基础与原动力。类群意识越强就越合群，其参与群体活动的能力就越强。根据姚淑敏、李德顺等学者的考证，这种"类群意识"可能就是"同化力"最早的源头。[①]"同化力"一词进入中国与梁启超密切相关。1902年，梁启超在《论民族竞争之大势》中，把优等强大民族在文化上吞纳弱小低劣民族"使之同于我"称之为"同化力"。他在《论国民与民族之差别及其关系》等文章中多次使用"同化力"一词。此后，郭沫若、章太炎、梁漱溟等学者都在不同场合使用"同化力"一词。郭沫若在1938年12月发表的《复兴民族的真谛》一文中，将"富于同化力"与"富于创造力""富于反侵略性"相提并论，作为中华民族的三大精神。从"同化力"一词的使用来看，其文化含义是比较一致的，就是指一种文化将其他文化囊括进自身体系或者按照自身文化面貌改造他者文化的力量。

从辩证唯物主义认识论和反映论来看，"思想"是人脑对客观事物的反映，既包括运用概念、判断、推理等形式进行思考，不断地形成理性认识的反映过程，又包括理性思考所产生的反映结果。"思想"不同于简单的认识，认识是人脑对客观世界的反映，既包括感性认识又包括理性认识，而"思想"是认识发展的高阶阶段，是人借

[①] 李德顺：《价值学大词典》，中国人民大学出版社1995年版，第733页。

第三章 文化影响力系统结构的力量构成

助于抽象思维对感性材料进行加工改造形成的关于事物的本质及内在联系的认识,列宁把感性认识到理性认识的转化叫作"从感觉到思想的转化"①。"思想"可以从不同标准进行分类,比如先进思想与落后思想、超前思想与滞后思想、理性思想与非理性思想、成果性思想与过程性思想等。在"思想"的园地里是百花齐放的,人们的思维方式不同、生存环境不同、思想所依据的感性材料不同,所产生的思想结果就不同,因此,思想必然是多元的,这种多元的思想正是人类多元化生活样态的反映。

美国著名认知心理学家戴维·奥苏贝尔在吸收心理学家皮亚杰、布鲁纳等人的认知同化理论和结构论思想基础上,提出认知同化理论。这一理论将学习看作一个同化和发展自身认知结构的过程。这一过程既是新知识习得的心理机制,也是新知识被保持的心理机制。②这一理论为我们考察文化层面的思想同化现象提供了理论支持。多元文化之间的交流实际上是一个不同文化主体不断相互同化和发展原有文化结构的过程。接受了一种文化,就意味着接受了这种文化所蕴含的思想、价值、话语及其所代表的生活样态。

在文化所内含的各种元素中,最基础的是这种文化所蕴含的思想,因此,考察文化影响力首先就必然要判断这种文化对文化受众的思想同化力。从文化交流的实践效果来看,这种同化力表现为三个层面:一是冷漠与拒斥。它表现为文化受众对他者文化所蕴含的思想不理解、不认同、不接受甚至敌视的状态,在这种情况下的文化影响力接近于零。二是理解与尊重。它表现为文化受众对他者文化所蕴含的思想能有尊重差异、包容多样的平等心态,虽然不接受、不认同,但是并不反感,在这种情况下文化交流所产生的影响力可能更多表现为增进相互理解的层面。三是接纳与喜爱。任何一种文化都是反映人类

---

① 《列宁全集》第38卷,人民出版社1959年版,第314页。
② 明洁:《奥苏贝尔认知同化理论对基础教育概念教学的启示》,《中国教育技术装备》2011年第27期。

本身多样性的一面镜子，如果在文化交流中文化受众对另一种文化所蕴含的思想表现出高度接纳，并从心理上非常喜欢，同时把这种思想用以指导自己的行为，这时的思想同化力就达到了最佳效果。当然，一种代表人类共享性的先进"思想"作为一种理性认识并不能通过一次传播与表达就达到"同化"的效果，而必须通过持之以恒的强化与有艺术、有策略的"灌输"。正如列宁所指出的那样："工人本来也不可能有社会民主主义的意识。这种意识只能从外面灌输进去，各国的历史都证明：工人阶级单靠自己本身的力量，只能形成工联主义的意识。"[1]

三　信息传播力：文化影响力的手段

"酒香不怕巷子深"曾经是中国传统文化彰显自信的至理名言，但是，在全球化、市场化、信息化的条件下，一种文化如果不借助于丰富的现实载体与强大的传播技术手段进行广泛传播，就只会沦为孤芳自赏的文化孤岛，绝不可能挺拔于世界多元文化的巅峰，其文化影响力也就无从谈起。因此，信息传播力文化影响力的重要指标，也是提升文化影响力的手段。

信息传播力是指针对目标受众精准、快速进行信息传播，实现传播主体意图的能力与效力。因此，信息传播力实际上是信息传播能力与传播效力的有机统一。传播能力是包括支撑信息传播的硬件设备、平台建设、技术支持、话语体系等要素，而传播效力是指目标受众对所传播的信息进行理解、接受、认同的实际效果，这是判断信息传播力强弱大小的根本标准。增强信息传播力，从传播学与心理学的角度来看，需要抓住几个关键。

第一，确保信息内容的可信度。信息内容的可信度来源于两个方

---

[1] 《列宁选集》第1卷，人民出版社2012年版，第317页。

面：一是信息源是否可信。信息源是受众在判断信息可信度时必然要考虑的因素，如果信息源的公信力不够，信息内容的真实性就会遭到质疑。二是信息内容的本身是否能做到逻辑自洽与理论自洽，是否违背专业知识与目标受众的常识性经验，一些自相矛盾的、违背常识与科学的信息是不会得到受众信任的。只有信息源可靠、信息内容自洽度高、符合科学知识与经验常识的信息，才能对目标受众的认知、情感、行为产生强大的影响力。一般来说，信息内容的可信度越高、真实性越强，传播力和影响力就越强大，反之，传播力与影响力就越弱小。

第二，提高信息传播对目标受众需要的满足度。从信息接收的角度来看，所有受众都是从自我需要的角度对自己接收的信息进行筛选和转发的。要提高信息传播对目标受众需要的满足度，必须从内容和形式两个层面下功夫。

在内容上，必须贴近受众的利益、情感与兴趣。受众对于和自身利益密切相关的信息往往非关注，利益相关性越大，传播力就越强。此外，任何受众都是有情感需求的，情绪唤起在一定程度上可以促进人们的信息分享行为。[1] 如果能激发目标受众的情感共鸣、唤起受众的情绪，传播效果就会更佳。这种与受众利益密切相关，能激发受众情感共鸣的信息，如果还能符合目标受众的兴趣爱好，满足受众的猎奇心理，信息传播力就将更加强大。

信息传播除了要在内容上满足受众的需要，在形式上也必须能够赢得受众的芳心。一个客户端、一个微信公众号、一个门户网站所传播的信息如果其话语风格清新明快、很对受众口味，信息传播渠道也与受众信息接受习惯高度吻合，就会大大增强信息的表层吸引力，在短时间内抓住受众的注意力与兴趣点。通常来讲，信息传播的表层吸引力对于提高信息传播力非常重要，如果缺乏这种表层吸引力，信息

---

[1] Berger, J. & Milkman, K., "What makes online contentviral?", *Journal of Marketing Research*, Vol. 49, No. 2, 2012, pp. 192–205.

的内容根本不会引起受众的关注,从而就销声匿迹,根本不会产生任何影响力。

第三,增强信息传播与时代热点的关联度。在网络化、信息化时代的信息传播中,一些偶发的事件常常成为舆论场的热点,一些别具一格的个性化新词也常常成为网络热词。这些热点、热词就像潮起潮落一样,不断产生又不断淡出,但是不可否认,每一个热点、热词的出现都会对受众的文化心理与思想观念产生不同程度的影响。如果信息传播离开了这些受众所关注的热点与热词,就永远只会成为受人冷落的岸边花草,永远只会成为徘徊于人们思想壁垒之外的信息幽灵。反之,当热点和热词强势进入受众视野时,如果我们能把所要传播的信息与这些热点议题、流行热词勾连起来,就很容易吸引受众眼球,激发受众的心理与情感共鸣,甚至引发受众的二次传播,信息的传播力就会大大提高。

四 价值渗透力:文化影响力的内核

在人类产生之前的自然界只是一个客观存在的自在世界,无所谓价值。自从人类诞生后,人类不但开始用"意义"的眼光审视宇宙万物,开始思考宇宙万物与自身的意义关系,而且开始按照自身的需要与想象创造和改变世界,于是在自然宇宙的基础上创造出一个以"人"为中心的价值世界。在这个价值世界里,一切自然物及其关系站在人类的立场、用人类的眼光来看就有了"好坏"之分,比如真假、美丑、善恶等。因此,价值世界是一个以人为中心、以人的需要为尺度、通过人的实践建构起来的"人化"的和"为人"的世界。"'好坏'就是口语中的'价值';'价值'就是学术化的'好坏'。"[①]既然价值是一个"属人"的世界,每一个人都根据自己的需要对周

[①] 李德顺:《新价值论》,云南人民出版社 2004 年版,第 19 页。

围的人、事、物、现象与关系作出好坏判断，而每一个人的需要不同，关于好坏的判断就不同，其中既有表面的、自发的、零碎的好坏判断，又有自觉的、系统化、理论化的好坏判断，在差异化、多元化的好坏判断中，人们关于价值问题的总的看法与根本观点，即系统化、理论化的好坏判断就是价值观。正如马克思所指出的那样："'价值'这个普遍的概念是从人们对待满足他们需要的外界物的关系中产生。"[①] 它是"人在把成为满足他的需要的资料的外界物……进行估价，赋予它们以价值或使它们具有'价值'属性"[②]。

价值观是人类行为的指挥棒。因为人类总是根据好坏的标准，在价值观的驱动下设计自身的形象，进行自由自觉的认识世界和改造世界的活动。人类历史的发展过程在某种程度上就是人类追求价值实现的过程，人类在追求真、善、美、圣等价值的历史进程中，创造出丰富多彩的、体现价值观要求的物质文明成果和精神文明成果，形成了色彩斑斓、多姿多彩的人类文化。正因为价值观是人类行为的指挥棒，所有的文化都是在价值观的驱动下创造的，换言之，所有的人类文化都是不同价值观的外化，因此，价值观是人类文化的核心，能否具有科学的、适时的、进步的价值观既关系到个体生命的圆融与精彩，又关系到整个社会的发展样态与文化世界的整体图景。

随着交通信息技术的发展特别是互联网的兴起，人类开始从鸡犬之声相闻、老死不相往来的"独白"时代走向不同文明之间开始"对话"的时代。在这个对话时代，不同文化之间的交流日益频繁，不同文化所蕴含的价值观也开始碰撞与融合。这就造就了"人以类聚、物以群分"的文明景观，一般来说，价值观相同或相近的国家与民族彼此之间就容易理解与沟通，也容易抱团成为国家集团，在冷战岁月里，价值观甚至成为区分敌我的分水岭。而价值观不同甚至根本对立的国家和民族在"非我族类、其心必异"心理的驱使下就很难

[①] 《马克思恩格斯全集》第 19 卷，人民出版社 1963 年版，第 406 页。
[②] 《马克思恩格斯全集》第 19 卷，人民出版社 1963 年版，第 409 页。

走近，即使有某些利益层面的合作，也只是暂时的。国家与国家之间是如此，人与人之间也是一样，马克思与恩格斯之所以能创造出超越一切友谊的传奇，从根上来说就是因为两人的价值观高度一致。而马克思与青年黑格尔派的科本、鲍威尔等人最终分道扬镳，最根本的也是因为青年黑格尔派"仅仅反对这个世界的词句"，而"绝对不是反对现实的现存世界"，"青年黑格尔派的意识形态家们尽管满口讲的都是所谓'震撼世界的'词句，却是最大的保守派"①，这与马克思所主张的"哲学家们只是用不同的方式解释世界，而问题在于改变世界"②在价值观上是根本冲突的。因此，当青年黑格尔派满足于自我陶醉的抽象思辨时，而马克思却主张促进现存世界不断革命化，其分道扬镳的结局就在所难免。

既然价值观是文化的核心，是人类一切文化活动与文化创造的指挥棒，那么一种文化对其目标受众思想与行为的影响力最核心的就是价值渗透力，即这种文化所蕴含的价值观在多大程度上能够对其他文化受众的价值观产生影响、改造甚至置换的力量，价值渗透力也就成为文化影响力的核心指标。自从社会主义成为资本主义的替代性制度设计以后，社会主义与资本主义在意识形态领域的博弈与争斗从来就没有停止过，贯穿这种争斗的主线就是社会主义与资本主义两种核心价值观的渗透与反渗透斗争。尤其是苏东剧变之后，在文化外衣包裹下的核心价值观的较量更加激烈。正如侯惠勤教授所指出："当代意识形态冲突有很多的新变化，但最大的变化是核心价值观由深藏幕后走向前台，成为当代意识形态冲突的焦点。这是迄今我们所经历的意识形态斗争的又一新形式。"③

2008年是中国改革开放的而立之年，无与伦比的北京奥运会充分展现出改革开放后中国的魅力与实力，同时，这一年汶川大地震、

---

① 《马克思恩格斯选集》第1卷，人民出版社2012年版，第145页。
② 《马克思恩格斯选集》第1卷，人民出版社2012年版，第140页。
③ 侯惠勤等：《马克思主义意识形态论》，南京大学出版社2011年版，第52页。

南方雪灾以及席卷全球的金融危机也极大地考验着中华民族的智慧与意志。而以反思这些正反两面的重大事件为契机，西方抛出了"普世价值"的论调，把中国奥运会的成功举办、抗震救灾的伟大胜利归结为中国共产党在改革开放进程中践行西方普世价值的结果，而把中国特色社会主义发展所面临的困难与问题都归结为因为背离了西方普世价值所导致的恶果，这就暴露了普世价值论试图以西方式的民主、自由、人权等价值理念对我国社会主义意识形态进行价值渗透的本质。长期以来，西方资产阶级一直以"自由、民主、人权"等价值理念的捍卫者自居，将资本主义看作这些价值理念的唯一制度载体。其实，普世价值论者所关注的并不是存不存在普世价值这样的问题，而是试图以西方资本主义核心价值观来取代我们所坚持的马克思主义、取代我们的社会主义核心价值体系，从而引领我国后改革开放时代社会发展的进程与方向。其实普世价值论的理论误区与实践陷阱是显而易见的。在理论上，普世价值论将西方特定的民主自由形式等同于民主自由的价值理念本身；将西方资本主义所追求的特定价值信条等同于全人类的价值追求，这是在制造一种新的抽象化神话。在实践上，如果听任这一论调对我国社会主义核心价值体系的渗透，就会为亡我之心不死的帝国主义国家在捍卫普世价值的幌子下干涉我国内政打开缺口，为强者侵犯弱者的利益提供合法性论证。其实，我们只要看看在普世价值神话驱动下进行过颜色革命的乌克兰、中东和北非等地的现实状况，就会清晰看到普世价值论的虚伪性。

总之，在多元文化激烈碰撞与交融的网络化、全球化时代，如果一种文化所蕴含的价值观能够被其他文化受众欣然接受和认同，那么这种文化的影响力就会润物细无声影响文化受众的思想与行为。因此，在中国特色社会主义文化辐射全球的进程中，要培育和锻造体现社会主义制度属性与中华民族地域属性的核心价值观，中国特色社会主义文化能否走向世界，关键在于社会主义核心价值观对其他文化系统是否具有价值渗透力与影响力。

五 形象吸引力：文化影响力的内化

一种文化对其他文化受众的影响力具有一个最基本的内涵，那就是这种文化所代表的主体必须对其他文化受众要产生强大的吸引力。一个国家、一种制度、一个民族乃至一个人的形象都是通过文化传播塑造的。当一个文化主体的形象深深吸引着文化受众时，这种文化的影响力就内化于文化受众的心理与灵魂，美国的好莱坞电影、日本的动漫就是通过塑造一个个具有强大吸引力的文化形象，不断扩展和提升其文化影响力。因此，塑造好新时代的中国形象既是提升中国特色社会主义文化影响力的必然要求，也是其重要内涵。

改革开放初期，面对"文化大革命"背离实事求是思想路线对党和国家形象所造成的严重破坏，邓小平指出："这条思想路线，有一段时间被抛开了，给党的事业带来很大的危害，使国家遭到很大的灾难，使党和国家的形象受到很大的损害。"[1] 因此，邓小平呼吁广大文艺工作者要围绕改革开放新时期党和国家工作重心的转移，努力塑造当代中国的新形象。"要塑造四个现代化建设的创业者，表现他们那种有革命理想和科学态度、有高尚情操和创造能力、有宽阔眼界和求实精神的崭新面貌。"[2]

随着中国特色社会主义进入新时代，我们要以社会主义核心价值观为核心，全面、客观、真实地树立中国形象，增强中国特色社会主义的形象吸引力，要着重树立三种形象：一是全面深化改革、坚定对外开放的形象。改革开放是当代中国最鲜明的特征，只有改革开放才能发展中国，只有改革开放才能建设强大中国，"改革开放是当代中

---

[1] 《邓小平文选》第2卷，人民出版社1994年版，第278页。
[2] 《邓小平文选》第2卷，人民出版社1994年版，第210页。

国的第一形象,无论在何种情况下,都不能丢弃这一形象"①。党的十八大以来,以习近平同志为核心的党中央牢牢抓住"改革"与"开放"两个牛鼻子,多点发力,纵深推进,成功树立了一个强大、自信、开放、包容的中国新形象。二是强而不霸、务实合作的形象。中国是当今世界最大的社会主义国家、最大的发展中国家,也是最大的世界公认的正在崛起的世界性大国。这种独特的现实境遇决定了中国树立强而不霸、务实合作的国家形象至关重要。因为作为最大的社会主义国家,中国无疑会成为西方冷战思维的主要攻击目标,而作为最大的发展中国家,又必然面临不发达所带来的诸多困难与问题,也会给西方国家提供攻击的借口;而中国综合国力的增强又会引起其他国家的不安与警惕,这些国家会基于自身利益想方设法给中国的发展设置障碍,不失时机地散布形形色色的"中国威胁论"。为了避免"修昔底德陷阱",树立强而不霸的国家形象,习近平总书记提出了亲、诚、容、惠的处理周边关系的方针,同时提出"一带一路"倡议,让中国的发展给沿线国家带来了实实在在的好处。党的十九大报告指出:"中国发展不对任何国家构成威胁。中国无论发展到什么程度,永远不称霸,永远不搞扩张。"② 三是坚守底线、敢于亮剑的形象。在新时代迈向社会主义现代化强国的征途中,必然会遭到众多牛鬼蛇神的干扰、遏制、破坏甚至侵犯,对此应该有充分的心理准备。对于一些不触犯底线、不伤及核心利益的问题,可以坚持以谈判协商的方式解决,对于一些肆意侵犯核心利益、突破底线的行为,要毫不犹豫地敢于亮剑,不信邪、不怕鬼、敢于打鬼,这种坚定信念、坚决反击的亮剑,不但不会使我国的形象受损,相反还会树立坚持正义、敢于担当的正能量形象。因此,习近平总书记指出:"中国决不会以牺牲别国利益为代价来发展自己,也绝不放弃自己的正当权益,任何

---

① 侯惠勤:《马克思的意识形态批判与当代中国》,中国社会科学出版社2010年版,第652页。

② 《党的十九大报告学习辅导百问》,党建读物出版社、学习出版社2017年版,第47页。

人不要幻想让中国吞下损害自身利益的苦果。"①

六　行为支配力：文化影响力的外化

人类行为是一种在一定目的、意图与理性支配下进行的对象化活动，从广义上看，它包括"人类的理性主体有意去做的"任何事。② 而驱使人类行为的理性、意图、目的，在很大程度上是受文化影响的。因此，行为支配力是指特定文化通过影响特定受众的思想、目的与意图，从而改变、规范、约束与引导其行为作用的力量。判断一个人的德行、信仰与态度，不但要"听其言"，而且要"观其行"。要判断一种文化对其他文化受众是否具有影响力，归根到底是要看这种文化对受众的行为是否产生了作用力，换言之就是要看一种文化在多大程度上能够支配和改变受众的行为。"行为是确定一个人自身信仰、价值观和态度的主要信息源。"③ 同时，文化影响力价值的实现归根到底也依赖于主体的行为。

那么，人的行为又受到什么力量支配呢？抛开唯心主义所宣扬的"神灵启示说"，从唯物主义的角度来看，支配人的行为的力量主要有三种：一是人的身体本能；二是人的思想与理性；三是人所处的社会认同环境。当这三种力量保持同向同行、和谐共处状态时，就会出现孔子所说的"从心所欲，不逾矩"的情形，其行为既与身体本能需要相吻合，也与自己的主观认识与思想理性相一致，同时也不会触犯社会的共同规则。然而，这三种力量在大多数情况下并不一致，有时甚至具有激烈的矛盾冲突，本能与思想、思想与规则、本能与规则

---

① 《党的十九大报告学习辅导百问》，党建读物出版社、学习出版社 2017 年版，第 47 页。

② ［英］尼古拉斯·布宁、余纪元：《西方哲学英汉对照辞典》，人民出版社 2001 年版，第 19 页。

③ ［美］罗伯特·西奥迪尼：《影响力》，闾佳译，北京联合出版公司 2010 年版，第 85 页。

的矛盾比比皆是。就像在寒冷的冬天，身体的本能想赖在被窝里，但是理性的工作要求与责任感却要求人们按时起床，这时就会出现本能与理性的顽强对抗。当前在后现代主义思潮的喧嚣与骚动中，一些人信奉"娱乐至死"，灵魂在漂泊、肉身在放纵，这就是典型的本能战胜理性与规则的写照，也是一个人成为废物的危险信号。

在支配人的行为的三大力量中，文化影响力的使命在于以积极健康、文明向上的文化力量规范、引导人的行为，通过文化的影响，使人的思想走向成熟、理性趋于稳定，同时形成整个社会的价值导向与认同体系，正是通过文化的影响，理性、思想与社会环境才能遏制人的身体本能中"恶"的因素，使充满正能量的思想观念与社会环境对人的行为产生强大的支配力。当前我国文化建设着重强调培育和践行社会主义核心价值观，就是因为社会主义核心价值观回答了我们要建立一个什么样的国家、建设什么样的社会、塑造什么样的个人的问题，从而为全社会提供了统一的指导思想、共同的理想信念、强大的精神动力、基本的道德规范，对广大社会成员及文化受众产生强大的行为支配力与价值导向力。党的十九大报告指出："发挥社会主义核心价值观对国民教育、精神文明创建、精神文化产品创作生产传播的引领作用，把社会主义核心价值观融入社会发展各方面，转化为人们的情感认同和行为习惯。"①

文化的行为支配力在个体与群体的行为模式中都可以得到确证。比如，某一个青少年存在某种攻击性行为偏好，对此我们可以从教育学、心理学、社会学等学科视角予以分析，但是，Susan Blackmore 的"谜米"观点，为我们提供了一种文化解释。② 他认为文化在传递过程中会引发模仿从而导致人的行为发生变化。人类的一切行为包括异常的攻击

---

① 《党的十九大报告学习辅导百问》，党建读物出版社、学习出版社 2017 年版，第 33—34 页。

② Andrew M. Colman, *Oxford Dictionary of Psychology*, Shanghai: Shanghai Foreign Language EducationPress, 2007, p. 450.

性行为都是正在传递和复制的文化所驱动的结果,在这一过程中,各种"谜米"都为了最大化扩大自己的地盘而无休止地进行自我复制与扩张,当这种扩张的"谜米"与原来的旧"谜米"发生排异反应时,就会出现文化层面的反常心理,从而引发行为方式与行为姿态的改变。

文化对行为的支配力与影响力还可以从影响政府行为的文化因素中得到解释与说明。一个国家的政府行为模式,自然会受到多种因素的影响,但是文化因素的影响是确定无疑的。文化对于政府目标的定位、政府行为边界的明晰、政府行为方式的选择都会产生重要影响。比如美国是一个个人主义文化根基非常深厚的国家,其政府只是起到保护私有财产不受侵犯的"守夜人"作用,虽然20世纪30年代经济危机后,美国政府的权力边界有所拓展,但是绝对不会远离个人主义的文化地基。因此,个人主义的文化背景是理解美国政府行为的一把钥匙。

综合上述分析我们不难发现,文化影响力就是一个以意识形态为核心,由主体互动力、思想同化力、价值渗透力、信息传播力、形象吸引力、行为支配力所组成的一个系统结构。如下图所示:

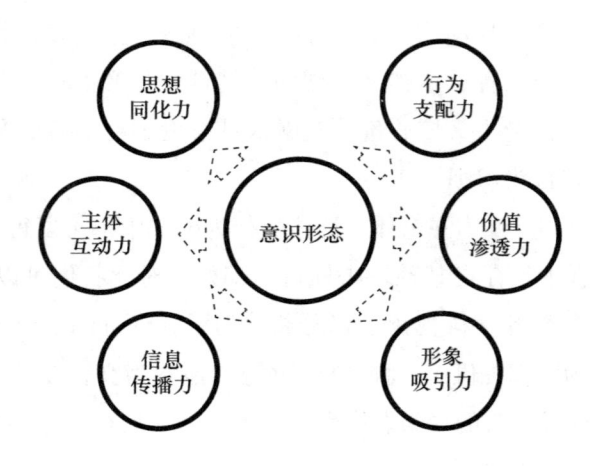

图1　文化影响力系统结构示意图

第四章　改革开放以来我国文化影响力系统结构的历史演进

1978年召开的十一届三中全会，拉开了新时期中国改革开放与社会主义现代化建设的序幕。要按照"三步走"的战略部署，顺利实现改革开放和社会主义现代化建设的伟大目标，不但需要有"摸着石头过河"的闯劲、干劲，更需要有中国特色社会主义的文化引领与精神激励，同时，面对"文化大革命"所留下的创伤与后遗症，也需要在社会主义文化建设中改善党和国家的内外形象。中国共产党人坚持从唯物史观的整体理论视野来把握社会主义文化建设的主旋律，在中国特色社会主义建设的伟大实践中，以推进社会主义意识形态建设为主线，不断进行文化创新，不断提升中国特色社会主义的文化影响力，为塑造党和国家的内外形象、加强中国与世界的交流与沟通提供了清晰的方向引领与精神支持。经过40多年的历史演进，中国特色社会主义文化影响力逐渐形成了以社会主义意识形态为核心，以中华优秀传统文化为底蕴，以中国革命文化为底色，以社会主义先进文化为前进方向，包括主体互动力、思想同化力、信息传播力、价值渗透力、形象吸引力、行为支配力在内的系统结构。

一　拨乱反正塑造党和国家内外形象力

从1978年到1982年的五年，是中国共产党和中国人民从"文革"噩梦中惊醒的五年，是以邓小平为核心的第二代共产党人在反思历史、坚持社会主义制度基础上开辟中国特色社会主义发展新道路的五年。如果从意识形态与文化影响力的角度来看，这是既要坚持社会主义意识形态的价值导向与理论阵地，又要实现中国特色社会主义文化正本清源与拨乱反正，实事求是地塑造党和国家内外形象的五年。《解放思想，实事求是，团结一致向前看》《实践是检验真理的唯一标准》《坚持四项基本原则》《关于建国以来党的若干历史问题的决议》《党和国家领导制度的改革》《全面开创社会主义现代化建设的新局面》等经典文献，清晰记录着这一时期中国特色社会主义文化的历史轨迹。

1. 恢复实践作为检验真理唯一标准的权威地位。在中国的编年史上，1978年是一个当之无愧的转折之年。1978年3月，全国科学技术大会召开，昔日的"臭老九"迈进了庄严的人民大会堂，邓小平雄心勃勃地提出了实现科学技术现代化的目标，全场知识分子用经久不息的掌声与夺眶而出的泪水表达了他们对过去的伤感与遗憾，对未来的激动与希望。与此同时，中国科技大学迎来了恢复高考制度后的第一批少年大学生。清明节，党中央迈出了大规模平反冤假错案的第一步，决定为"右派分子""摘帽"，全国上下拉开了拨乱反正的序幕。同年，还有两部具有时代标志性的文学作品值得一提，一是复旦大学中文系学生卢新华在《文汇报》上发表的《伤痕》一文，对于过去"左倾"错误造成的人生悲剧进行强烈控诉，从而带动了中国控诉"文革"摧残人性、践踏人的尊严、剥夺人的权利的"伤痕文学"的兴起，打破了过去大陆文学作品充满阶级斗争、坚持政治至上的樊笼。这预示着"改革"的大潮即将到来。二是日本电影《望乡》《追捕》《狐狸的故事》陆续与中国观众见面，这些电影也预示着"对外开放"将成为未来中国不可逆转的时代潮流。同时，中国人服装的颜色也不再是单调的蓝灰两种颜色，"高跟鞋""喇叭裤"作为时尚的标签横扫大江南北，人民开始推倒原来的"理想殿堂"，

第四章　改革开放以来我国文化影响力系统结构的历史演进

开始新的"价值重建"之旅。然而，在当时的中国，要启动改革开放的历史车轮，必须克服迫在眉睫的两大意识形态难题：一是如何破除"两个凡是"，以实践作为检验真理的标准，完整准确地理解毛泽东思想；二是如何冲破"左倾"错误，既不走过去以阶级斗争为纲建设社会主义的老路，又避免走资本主义邪路，而是独立自主探索一条中国社会主义建设的新路。

在个人崇拜氛围依然非常浓厚的时代背景下，要破除"两个凡是"，首先就必须恢复"实践是检验真理的唯一标准"这一马克思主义认识论的基本观点。因此，1978年5月，《光明日报》等报刊杂志发表了《实践是检验真理的唯一标准》一文，从而在全国范围内掀起了一场具有划时代意义的真理标准大讨论，点燃了全党全国人民打破盲目迷信、打破个人崇拜、打破僵化呆板、打破"两个凡是"的火药桶。这一场真理标准问题的大讨论，把一切思想、观念、理论都推向了实践的审判台，传承和体现着社会主义意识形态实践性的特征，为新时期中国特色社会主义文化的发展与创新铺就了第一块奠基石；为全党和全国人民正确反思党的历史、正确理解毛泽东思想、正确思考中国的发展道路奠定了马克思主义的意识形态基础；为党的思想路线、政治路线、组织路线的全面拨乱反正做好了思想准备。

2. 重新确立解放思想、实事求是的思想路线。既然实践是检验真理的唯一标准，那么就必须以实践为最高判断标准，在思想上确立一条指导我们去正确反思历史、开辟未来的基本路线，即思想路线。马克思指出：任何时代的思想都是统治阶级的思想，而统治阶级思想的集中体现就是其思想路线。因为各种思想文化与意识形态冲突的焦点往往集中于思想路线的冲突。围绕真理标准大讨论展开的激烈思想交锋与分歧，实质上就是两条思想路线的斗争。因此，如果不确立一条马克思主义的思想路线，新时期中国特色社会主义现代化建设就会失去中轴线与指向标。因此，在1978年11月、12月相继召开的中央工作会议和十一届三中全会上，首先解决的就是思想路线问题。这个问题没有解决，就无法实现党和国家工作重点的转移，就无法推进改革开放，就无法开辟一条既区别于封闭僵化的老路又避免走改旗易帜邪路的中国特色社会主义新路。1978年12月13日，邓小平同志在中央工作会议即将结束时，高屋建瓴地发表了《解放思想，实事求是，团结一致向前看》这一重要讲话，邓小平指出："首先是解放思想。只有思想解放了，我们才能正确地以马列主义、毛泽东思想为指导，解决过去遗留的问题，解决新出现的一系列问题"，"不打破思想僵化，不大大解放干部和群众的思想，四个现代化就没有希望"。"一个党，一个国家，一个民族，如果一切从本本出发，思想僵化，迷信盛行，那它就不能前进，它的生机就停止了，就要亡党亡国。"① 这样，邓小平在毛泽东提出"实事求是"的思想路线基础上，结合当时的时代实际，加上了"解放思想"，使"解放思想，实事求是"相结合成为我国改革开放和现代化建设进程中始终坚持的思想路线。邓小平指出："我们讲解放思想，是指在马克思主义指导下打破习惯势力和主观偏见的束缚，研究新情况，解决新问题。"②

根据这一判断，在思想路线问题上要把握三重基本内涵：第一，解放思想就是要破除陈旧观念，把我们的思想从一些习惯势力、主观偏见、陈旧过时的做法以及对马克思主义的形形色色的错误理解中解放出来，以实践为判断标准，研究新情况，解决新问题；第二，解放思想不能仅仅停留在思想的"排污"层面，还必须旗帜鲜明地坚守马克思主义的理论阵地，决不能脱离马克思主义的理论指导，马克思主义是我们解放思想必须遵循的思想轨道，但是过去附加在马克思主义名义下的教条式错误观念，又是解放思想所必须突破的"思想禁区"，因为这些观念与实践标准是背道而驰的；第三，必须从解放思想与实事求是高度统一的角度来理解思想路线，离开了实事求是的解放思想是"胡思乱想"，离开了解放思想，实事求是就是一句空话。

---

① 《邓小平文选》第2卷，人民出版社1994年版，第141、143页。
② 《邓小平文选》第2卷，人民出版社1994年版，第279页。

邓小平同志在这篇讲话中提出的"解放思想，实事求是"，在随后召开的十一届三中全会上作为党在新时期的思想路线得以确立，标志着党在思想路线上拨乱反正的实现。正是由于这一条思想路线的确立，才能废除"以阶级斗争为纲"、实现全党工作重心的战略转移，实现政治路线的拨乱反正；才能恢复民主集中制的组织路线，形成以邓小平为核心的党的第二代中央领导集体；才能实施改革开放的新决策，踏上中国社会主义现代化建设的新征程，开辟社会主义发展的新道路。因此，"解放思想，实事求是"思想路线的确立，在中国特色社会主义现代化建设进程中具有里程碑式的意义。

3. 严格区分两种不同性质的改革开放观。由于实践标准的定位，解放思想、实事求是思想路线的确立，全国上下开始呈现出与"文革"时期的惶恐与窒息进行诀别的整体态势。一方面，全党和全国人民体验着历久失语之后重获新生的兴奋与激情，但是另一方面，也表现出理想重建初期的迷惘与无助。1978 年底十一届三中全会的召开，思想、政治、组织路线的拨乱反正，预示着中国在意识形态领域将发生广泛而深刻的变化，面临复杂而多变的局面。虽然实践标准、思想路线已经明确了，转移工作重心、实行改革开放的战略决策已经做出了，但是，在具体实施的层面还面临许多问题，比如改革开放的性质是什么？怎样改革？怎样开放？改革开放的目标是什么？等等。1979年，共和国带着历史的重压与未来的憧憬，迈开了探索的脚步，踏上了摸着石头过河的历史征程。1979 年 1 月 28 日，正值农历正月初一，《解放日报》刊登了两版广告，推广当时上海的拳头产品——舞台刀枪和幸福可乐。这是"文革"结束后国内第一份刊登广告的报纸，直觉灵敏的中国人立即从中读出了不同寻常的意味，因为，那时的老百姓习惯于凭票生活，缺乏选择产品的意识、权力与空间，广告是一个非常陌生的新事物。这则广告所蕴含的信号很快在中国政治、经济、文化、社会生活中得以验证，并释放出广泛而深刻的影响力。正是从这一年开始，可口可乐、交谊舞进入了人们的生活，外商投资的广州白天鹅宾馆得以兴建，人们似乎有太多的东西要学，太多的话要说，太多的事要做，太多的情要表达，泪水伴随着欢笑拉开了中国改革开放的历史序幕。

改革开放一开始就面临着错综复杂的思想文化与意识形态环境，从国际环境来看，一些社会主义的敌对势力抓住中国工作重心转移的时机，提出要社会主义中国从内部培育"民主势力"，依靠内部力量实现"和平演变"，为此，他们通过文化交流、技术合作、思想渗透、经济贸易等渠道，进行西方价值观的渗透，加紧"培植自由民主势力"和"寻找可靠力量"。从国内环境来看，当时出现了两种意识形态的错误思潮，一种是党内一些同志受"左倾"思想的影响很深，他们认为十一届三中全会以来的路线与政策完全违背了马克思主义、毛泽东思想，是向资本主义的"倒退"与"复辟"，这是从"左"的方面对改革开放的干扰与阻碍。另一种干扰改革开放的意识形态错误倾向来自"右倾"，他们认为改革开放就是要"全盘西化"，全面认同西方资本主义的价值，全面照搬西方资本主义的制度，全面复制西方资本主义的道路，他们恶毒地攻击马克思主义、毛泽东思想，反对社会主义道路，提出要"坚决彻底批判中国共产党"，鼓吹无产阶级专政是"万恶之源"。这两种错误的意识形态思潮，对人们的思想造成了严重的混乱，如果任其发展，其结果要么扼杀改革开放于摇篮之中，要么把中国的改革开放引入西方资本主义的邪路，这都是与中国人民的根本利益背道而驰的。因此，改革开放之初，我国在意识形态战线上既要反对"左倾"错误的思想禁锢，又要防止资产阶级自由化思潮的干扰，这两大任务将贯穿于改革开放进程的始终。为了扫除改革开放进程中的意识形态障碍，准确把握中国改革开放的正确航向，科学回答"中国的社会主义道路怎么走""中国的改革开放向何处去"等一系列现实的意识形态问题，1979年3月30日，邓小平在党的理论工作务虚会上作了《坚持四项基本原则》的重要讲话，指出"我们要在中国实现四个现代化，必须在思想政治上坚持四项基本原则。这是实现四个现代化的根本前提。"① 邓小平在以后的多次讲话中都旗帜鲜明地提出，要在坚持四项基本原则的前提下推进改革开放，即坚持四项基本原则的改革开放观，反对否定四项基本原则、实行资产阶级自由化的改革开放观。

4. 完整准确地理解毛泽东思想。要破除改革开放面临的思想障碍，意识形态战线面临的一项紧迫的任务就是既要认真清理和纠正"左"倾错误、否定作为"文化大革命"指导思想的"无产阶级专政下继续革命"的理论，又要科学评价毛泽东同志，完整准确地理解毛泽东思想。同时，对新中国成立以来党的若干历史问题达成一致的认识，在思想理论上对改革开放时期我国社会的主要矛盾和主要任务作出新的判断。正是基于这一需要，邓小平亲自主持起草了《关于建国以来党的若干历史问题的决议》，并在1981年党的十一届六中全会上通过。从意识形态的视角来看，《关于建国以来党的若干历史问题的决议》的理论贡献有三点：第一，统一了全党对新中国成立以来一些重大历史问题的是非功过的认识。《关于建国以来党的若干历史问题的决议》分阶段总结了新中国成立32年的历史，肯定了从新中国成立到基本完成社会主义改造的七年所取得的成绩，对全面建设社会主义的十年党在指导思想上的严重失误进行了客观分析，对"文化大革命"的性质进行了考察和界定，指出"文化大革命"是一场由领导者错误发动、被反革命集团利用，给党、国家和各族人民带来严重灾难的内乱。第二，确立了毛泽东同志的历史地位和毛泽东思想的指导地位。毛泽东同志是伟大的无产阶级革命家、战略家、理论家，中华人民共和国的缔造者，当然，毛泽东同志晚年犯有严重错误，因此，如何评价毛泽东同志的历史地位，如何在指出毛泽东晚年错误的同时，又毫不动摇地坚持毛泽东思想的指导地位，是一个考验以邓小平为核心的党的第二代中央领导集体政治智慧的问题。当时，党内一些

---

① 《邓小平文选》第2卷，人民出版社1994年版，第164页。

人不同意在决议中写毛泽东思想，肯定毛泽东的历史地位，对此，邓小平指出：对毛泽东同志的功过要实事求是，一方面，毛泽东思想是一面旗帜，这个旗帜丢不得，这是一个在国内外具有重大影响的政治问题，不坚持毛泽东思想，就会犯历史性错误；另一方面，对于毛泽东晚年的错误要毫不含糊地批评，但是不能过头，要恰如其分。按照这一精神，《决议》实事求是地评价了毛泽东在中国革命与建设中的伟大功绩，肯定了毛泽东思想是被实践证明了的关于中国革命与建设的正确的理论原则与经验总结，是中国共产党集体智慧的结晶与宝贵的精神财富；同时，《决议》又旗帜鲜明地指出了毛泽东晚年的错误，彻底否定了"文化大革命"。第三，彻底否定了"无产阶级专政下继续革命"的理论，明确指出：消灭剥削阶级之后，阶级矛盾虽然在一定程度和一定范围内还将长期存在，但已经不再是我国社会的主要矛盾，我国所面临的主要矛盾是人们日益增长的物质文化生活需要与落后的社会生产之间的矛盾，因此，解放和发展社会生产力就成了社会主义建设阶段的根本任务。《决议》的通过，标志着全党和全国人民解开了重大历史是非问题上的纠结，也标志着党在指导思想上胜利完成了拨乱反正的任务，从而为顺利推进改革开放进程、全面开创社会主义现代化建设的新局面做好了意识形态的准备。

  5. 高举"建设有中国特色的社会主义"的鲜明旗帜。十一届三中全会以后，改革开放的各项决策逐步付诸实施。中国共产党领导中国人民迈开探索的脚步，叩问新的春天。安徽凤阳包产到户的实践、广东蛇口工业区的开发，就像两支鲜明的风向标，折射着中国改革开放的整体态势。从1978年到1982年，经济上，我国开始在农村逐步推行家庭联产承包责任制，在城市进行扩大企业自主权试点，在沿海创建经济特区；政治上，迈开了党和国家领导制度改革的步伐，建立健全党的民主集中制与集体领导原则，启动政治体制改革进程；对外关系上，实行独立自主的和平外交政策，重塑国家形象。

  改革开放的初步实践，从微观层面来说，中国人的思想观念开始

第四章　改革开放以来我国文化影响力系统结构的历史演进

摆脱"文革"的思想羁绊，颠覆旧有的人生观念，体验人性释放的快感与人间温情的柔美，呼唤着自我价值的尊重与实现，当然也夹杂着一些浮躁的盲从与狂热的仿效。1980年，《中国青年》杂志发表了一封署名"潘晓"的读者来信——《人生的路啊，怎么越走越窄》，这一封来信就像一颗不加任何粉饰的信号弹，引发了一场全国范围的关于人生观问题的大讨论，这一场大讨论真实地记录了当时中国人的心路历程。从宏观层面来看，改革开放的初步实践既使党中央逐步意识到，走过去"以阶级斗争为纲"的社会主义建设老路是没有出路的，重复西方资本主义的邪路是没有活路的，只有在改革开放的实践中杀开一条既坚持社会主义，又体现中国国情的新路，中国的社会主义事业才有无限的希望。同时，在中国国门向世界打开一条门缝的时候，中国共产党人陡然意识到中国与世界的巨大差距，难免有所失落和彷徨。但是，改革开放立竿见影的成效又使中国共产党人找到了带领中国崛起的信心与力量。从1978年到1982年，我国经济的发展和人民生活的改善速度超过了以往任何时期，工农业总产值年平均增长7.3%，1982年全国农民人均纯收入达到270元，比1978年增加1倍，城市职工家庭人均收入为535元，比1978年增长38.3%，城乡居民储蓄余额达到675亿元，比1978年增长2.2倍。[①]

拨乱反正任务基本完成，改革开放初见成效，要更加全面深入推进改革开放进程，就必须有一面凝聚人心、指引方向的精神旗帜，科学地回答中国社会主义发展道路的问题，并着手部署我国社会主义发展的战略步骤。在这一背景下，党的十二大胜利召开，这是一次继往开来的大会，其历史使命是科学总结拨乱反正的历史性胜利，确定继续前进的正确道路、战略步骤、方针政策，制定出全面开创社会主义现代化建设新局面的纲领。邓小平在开幕词中指出："我们的现代化建设，必须从中国的实际出发。无论是革命还是建设，都要学习和借

---

① 《中国统计年鉴》（1983年），第16、454、492、499页。

鉴外国经验。但是，照抄照搬别国经验、别国模式，从来不能得到成功。这方面我们有过不少教训。把马克思主义的普遍真理同我国的具体实际结合起来，走自己的道路，建设有中国特色的社会主义，这就是我们总结长期历史经验得出的基本结论。"[①] 此后，"建设有中国特色的社会主义"就像一面鲜明的旗帜，指引着我国改革开放前进的方向。

著名哲学家雅斯贝尔斯曾经指出，人类历史有一个轴心期，支配人类行为的许多原则与理念都在轴心期得以确立。如果将改革开放40年作为一个分析单位，那么这40年的轴心期应该是从1978年到1982年的五年，这五年不但是批判旧世界的五年，也是探索新道路、建设新世界的五年，古老而又多难的中华民族在思想文化领域也呈现出新的图景：实践权威地位的恢复及其对理论创新的呼唤，解放思想、实事求是思想路线的定位，坚持四项基本原则的改革开放观的提出，"无产阶级专政下继续革命理论"的否定，"建设有中国特色的社会主义"旗帜的树立，为改革开放实践奠定了坚实的意识形态基础，从思想理论上保证了改革开放沿着正确的轨道前进。

二　吐故纳新增强思想理论同化力

马克思主义认为，意识形态没有独立的历史，它是对人们现实生活过程的反映。从1982年至1992年的十年，改革开放全面推进的实践，为中国特色社会主义意识形态与思想文化的创造提供了丰厚的现实土壤。在这十年中，中国共产党人围绕"什么是社会主义，怎样建设社会主义"这一中心命题，不断研究改革开放实践中的新问题，产生新的理论成果。党的十二大以后，随着国门的打开，一方面西方各种思潮接踵而至，从"右"的方面干扰着人们对社会主义的认识；

[①] 《邓小平文选》第3卷，人民出版社1993年版，第2—3页。

第四章 改革开放以来我国文化影响力系统结构的历史演进

另一方面,"左倾"错误根深蒂固,对社会主义存在许多教条化的理解。这种思想状况导致人们在改革开放实践中迈不开步子,要么怕被戴上资本主义的帽子,要么怕被指责为"左倾"错误的残余。因此,改革开放的实践要求中国共产党人在"什么是社会主义,怎样建设社会主义"这一首要的基本理论问题上进行开创性破题,实现社会主义建设理论的创新,从而提升科学社会主义的吸引力与影响力。

1. 从"合规律性"与"合目的性"统一的高度提出社会主义本质论。马克思恩格斯曾经在《共产党宣言》《德意志意识形态》《哥达纲领批判》《社会主义从空想到科学的发展》等著作中,对未来的社会主义进行了原则性的预测,比如生产力高度发达是社会主义产生和发展的前提;为了避免生产的无政府状态,必须实行生产资料公有制和对消费品实行按劳分配。但是,新中国成立以后,马克思主义经典作家描绘社会主义特征的某些观点与具体论断却成了我们在实践中不敢突破的思想禁锢,结果把"特征"等同于"本质",在社会主义建设实践中往往忽视我国具体国情,忽视生产力的决定作用,忽视时代主题转换背景下党和国家工作重心转移的重要性与必要性,过分强调生产关系的变革,过分强调计划经济,过分强调阶级斗争,过分强调纯而又纯的公有制,把我们主观认识的诸多社会主义观念贴上了马克思主义的标签而盲目固守,不敢越雷池半步。另外,由于社会主义建设只有苏联模式可以借鉴,结果我们把苏联模式作为社会主义建设的统一模式加以照搬,严重忽视社会主义建设模式的差异性。更严重的问题在于,当我们发动"大跃进"、人民公社化、阶级斗争扩大化等运动,力图通过生产关系的超常规变革去建设社会主义时,仍然认为我们在沿着社会主义的正确道路奔向未来的共产主义。对此,党的十三大报告指出:"从五十年代后期开始,由于'左'倾错误的影响,我们曾经急于求成,盲目求纯,以为单凭主观愿望,依靠群众运动,就可以使生产力急剧提高,以为社会主义所有制形式越大越公越好。我们还曾经长期把发展生产力的任务推到次要地位,在社会主义改造基本完成后还'以阶级斗争为纲'。许多束缚生产力发展的、并不具有社会主义本质属性的东西，或者只适合于某种特殊历史条件的东西，被当作'社会主义原则'加以固守；许多在社会主义条件下有利于生产力发展和生产商品化、社会化、现代化的东西，被当作'资本主义复辟'加以反对。由此而形成的过分单一的所有制结构和僵化的经济体制，以及同这种经济体制相联系的权力过分集中的政治体制，严重束缚了生产力和社会主义商品经济的发展。"[1]

针对过去教条式地引用马克思主义经典作家的只言片语来认识社会主义、通过盲目照搬苏联模式来建设社会主义的错误，邓小平从生产力与生产关系辩证统一的规律性高度，从社会主义的价值目标的角度，既合规律又合目的地提出了科学的社会主义本质观。1992年，邓小平通过长期的思考和经验总结，提出"社会主义的本质是解放生产力，发展生产力，消灭剥削，消除两极分化，最终达到共同富裕"[2]。这样，我们对于"什么是社会主义"的认识就摆脱了过去拘泥于具体模式与特征的错误倾向，科学揭示了社会主义的本质，把我们对社会主义的认识提高到了一个新水平，这是马克思主义意识形态理论中国化的重大理论创新。围绕着社会主义本质的定位，邓小平又提出了贫穷不是社会主义、发展太慢不是社会主义、平均主义不是社会主义、两极分化不是社会主义、封闭僵化不能发展社会主义、照搬外国不能发展社会主义、没有民主就没有社会主义、没有法制也没有社会主义、不重视物质文明搞不好社会主义、不重视精神文明也搞不好社会主义，坚持"三个有利于"的判断标准等一系列的新思想、新观点、新论断，为我国社会主义现代化建设提供了有力的思想保障。

2. 打破社会主义与市场经济水火不容的意识形态壁垒，提出社会主义市场经济理论。

20世纪80年代到90年代的改革开放面临的一个重大问题就是

---

[1] 《十三大以来重要文献选编》（上），人民出版社1991年版，第11—12页。
[2] 《邓小平文选》第3卷，人民出版社1993年版，第373页。

第四章 改革开放以来我国文化影响力系统结构的历史演进

如何认识计划与市场的关系。长期以来,西方主流经济学派总是把私有制、个人主义价值观、多党制作为发展市场经济的三个前提,而这三个前提与社会主义是水火不容的,因此,社会主义制度下也就不存在发展市场经济的可能性。在社会主义制度下要将计划经济成功地转变为市场经济,就像让被阉割的种马恢复其生殖功能一样困难。而传统的社会主义经济理论也固守着一条难以逾越的思想教条,即市场经济等于资本主义,计划经济就等于社会主义,市场经济与社会主义是风马牛不相及的。这种观点直到20世纪80年代初都是牢不可破的信条。但是,要推进改革开放,解放和发展社会生产力,就必须改革计划经济体制因为到了20世纪80年代,新中国成立初期建立起来的高度集中的计划经济体制已经难以适应变化的实际需要,越来越呈现出显而易见的弊端:条块分割、政企不分;忽视商品市场、价值规律与市场的作用;分配中的"大锅饭"严重;经济形式、经营方式过于单一等,这种僵化的体制压抑了社会主义发展的活力、扼杀了社会主义经济发展的内在动力。改革高度集中的计划经济体制已经势在必行。

然而这一改革面临着来自"左""右"两个方面的理论障碍:"左倾"主义者认为计划经济是社会主义优越性的体现,搞市场经济就是取消公有制,向资本主义投降。他们甚至认为,建立经济特区、发展个体经济与私营经济、引进外资都是在复活资本主义,会产生被西方"和平演变"的危险。"右倾"主义者认为,改革计划经济体制,就必须实行私有化,放松政府管制,崇尚自由放任。

以邓小平为核心的党的第二代中央领导集体坚持解放思想,打破"左""右"两种对市场经济的僵化认识,创造性地把市场经济与社会主义制度相结合,指明了中国经济体制改革的方向。1984年,《中共中央关于经济体制改革的决定》提出:"要突破把计划经济同商品经济对立起来的传统观念,明确认识社会主义计划经济必须自觉依据和运用价值规律,是在公有制基础上的有计划的商品经济。商品经济的充分发展，是社会经济发展的不可逾越的阶段，是实现我国经济现代化的必要条件。"①《中共中央关于经济体制改革的决定》突破了把计划经济同商品经济对立起来的传统观念，为社会主义市场经济体制的建立奠定了基础。因此，邓小平认为："这次经济体制改革的文件好，就是解释了什么是社会主义，有些是我们老祖宗没有说过话，有些新话。"②

1987年10月，党的十三大报告进一步强调了计划与市场的内在统一性，确认了市场机制在资源配置中的基础性作用，提出了"国家调节市场，市场引导企业"的新的经济运行机制。这些论述虽然解决了计划与市场"可以结合"的问题，但是并没有解决"如何结合"的问题，当时流行的"主辅论""板块论""渗透论""层次论"等观点都没有没有突破计划经济这个坚硬的外壳，并在潜意识中仍然认为计划高于市场。到了20世纪80年代末90年代初，国际经济体制发生巨大变革，发展中的民族主义国家、剧变后的社会主义国家都开始了以市场经济为目标的体制转型。而在我国，多年积累的深层次问题不断显露：经济结构不合理、经济总量不平衡、比例关系失调、经济秩序混乱。现实表明，实行以市场为导向的经济体制改革已经迫在眉睫。1992年，邓小平在南方谈话中旗帜鲜明地指出："计划多一点还是市场多一点，不是社会主义与资本主义的本质区别。计划经济不等于社会主义，资本主义也有计划；市场经济不等于资本主义，社会主义也有市场。计划和市场都是经济手段。"③

因此，实行计划经济还是市场经济并不能作为判断姓"资"姓"社"的标准，判断的标准主要看"是否有利于发展社会主义社会的生产力，是否有利于增强社会主义国家的综合国力，是否有利于提高

---

① 《十二大以来重要文献选编》，人民出版社1986年版，第568页。
② 《邓小平文选》第3卷，人民出版社1993年版，第91页。
③ 《邓小平文选》第3卷，人民出版社1993年版，第373页。

人民的生活水平"①。以邓小平南方谈话为基础，1992年10月党的十四大正式宣布我国经济体制改革的目标是建立社会主义市场经济体制。邓小平关于计划与市场关系的精辟论述、"三个有利于"标准的提出、社会主义市场经济体制目标的定位，使全党和全国人民摆脱了姓"资"姓"社"的观念羁绊，进一步解放了人们的思想，扫除了改革开放道路上的思想障碍，消除了笼罩在人们心头的顾忌与疑虑，为改革开放的中国进行意识形态的解构与重建确定了最基本的体制基础，标志着我国社会主义的认识有了新的飞跃。

3. 按照生产力标准强化"发展才是硬道理"意识，使社会主义制度的优越性从抽象走向具体。按照马克思主义的基本原理，社会主义制度是在否定资本主义制度基础上产生的，它必然具有以往一切制度所无法比拟的优越性。但是，社会主义制度的优越性到底体现在哪里？怎样体现？对这些问题的认识以往并不清晰而科学。新中国成立后的近30年里，我们在社会主义优越性的问题上存在一个严重的意识形态错误，那就是把社会主义制度的优越性归结为社会主义生产关系的纯粹性、分配制度的公平性、阶级关系的纯洁性，把社会主义在理想上"应然"的优越性当作"实然"的优越性，忽视了生产力在社会发展中的决定性作用，将人民群众的革命热情看作推动社会发展与变革的决定力量。由于离开了生产力标准来谈社会主义制度的优越性，社会主义制度的优越性不但在内容上走向抽象，在实现途径上也走向虚幻，从而导致了"文革"期间"四人帮"荒谬地提出"宁要社会主义的草，不要资本主义的苗"，对此，邓小平指出："国家这么大，这么穷，不努力发展生产，日子怎么过？我们人民的生活如此困难，怎么体现出社会主义的优越性？'四人帮'叫嚷要搞'穷社会主义'、'穷共产主义'，胡说共产主义主要是精神方面的，简直是荒谬之极！"②

---

① 《邓小平文选》第3卷，人民出版社1993年版，第372页。
② 《邓小平文选》第3卷，人民出版社1993年版，第10页。

这种抽象的社会主义优越论具有严重危害，主要体现在三个方面：第一，由于把社会主义制度的优越性定位于生产关系的纯粹性、分配制度的公平性、阶级关系的纯洁性这些抽象的精神内容，而这些内容只是一种价值理想，并非社会现实，所以难免显得遥远而虚幻，容易让人丧失对社会主义的信心；第二，在抽象的社会主义优越性的虚妄中，容易导致对人的现实利益需求的压制，似乎连正当的利益追求也成了不健康的资产阶级思想的尾巴要加以割掉，社会主义制度下的人民似乎只能做苦行僧、清教徒；第三，离开生产力的根基，抽象谈论社会主义的优越性，催生出一大批社会主义的空谈家，而不是实干家。而且，虚幻的社会主义优越性光环蒙蔽了人们的双眼，阻塞了吸收人类一切优秀文明成果的通道。

针对这种抽象的社会主义优越论，邓小平明确提出了生产力标准，认为社会主义之所以优越于资本主义，主要体现在社会主义能够创造出比资本主义更高更快的生产力。邓小平指出："我们是社会主义国家，社会主义制度优越性的根本表现，就是能够允许社会生产力以旧社会所没有的速度迅速发展……生产力发展的速度比资本主义慢，那就没有优越性，这是最大的政治，这是社会主义和资本主义谁战胜谁的问题。"① 1984年《中共中央关于经济体制改革的决定》指出："社会主义的根本任务就是发展社会生产力，就是要使社会财富越来越多地涌现出来，不断地满足人民日益增长的物质和文化需要。社会主义要消灭贫穷，不能把贫穷当作社会主义。"②

由于生产力标准的确立，社会主义的优越性就从抽象与虚幻走向了具体与实在。这种实实在在的优越性的实现与发挥，必然需要一些实实在在的途径。对此，邓小平着重强调了三点：第一，要不断解放思想。"发展生产力，不解放思想是不行的。"③ 第二，要强

---

① 《邓小平年谱》，中央文献出版社2004年版，第379—380页。
② 《十二大以来重要文献选编》，人民出版社1986年版，第563—564页。
③ 《邓小平年谱》，中央文献出版社2004年版，第544页。

化"发展才是硬道理"的意识,要坚持用发展的方法解决前进中的问题,中国一切问题的解决都要靠发展。第三,要通过改革,破除生产关系和上层建筑中不适合生产力发展的某些环节和方面。党领导的第一次革命主要是为了解决束缚生产力发展的旧的社会制度问题,改革是为了从根本上改变束缚生产力发展的旧体制问题,革命和改革的最终目的都是为了解放和发展生产力。从这个意义上,改革"是中国的第二次革命"①。

4. 破除在封闭环境中建设社会主义的旧模式,坚定不移地推进对外开放。在对外开放过程中,既要以"借鉴式思维"代替"取代式"思维,广泛吸收资本主义的文明成果,又要旗帜鲜明地反对资产阶级自由化,清除精神污染,建设社会主义精神文明。

由于社会主义革命是在资本主义链条最薄弱的环节首先取得胜利,所以"马克思主义经典作家所预测的关于社会主义革命'中心引导'的实现方式转变为'外围突破'。这意味着社会主义和资本主义长期共存将成为绕不开的时代特征"②。

因为社会主义革命在经济文化比较落后的地区取得胜利后,对于资本主义的核心地区不会产生"多米诺骨牌"式的连锁反应,不可能通过一系列的暴力革命推翻资本主义,社会主义只有在与资本主义共存的环境里不断积累力量来超越资本主义,这必然是一个漫长的历史过程。尤其是,第二次世界大战后,西方资本主义为了延缓自身的灭亡,开始主动在自身的社会肌体内植入了某些社会主义因素,比如加强国家对经济的调控,建立社会保障制度,提高工人的福利水平与生活水平等。西方一些左翼人士认为,马克思在《共产党宣言》中所规定的十项措施中有一半以上在西方发达国家变成了现实,如果不渗透一些社会主义因素,资本主义很难想象能继续存在。德鲁克在

---

① 《邓小平文选》第 3 卷,人民出版社 1993 年版,第 113 页。
② 侯惠勤:《马克思主义中国化理论创新 30 年(1978—2008)》,中国社会科学出版社 2008 年版,第 264—265 页。

《后资本主义社会》一书中指出："如果按照马克思下的定义，社会主义被界定为生产手段雇员所有制，那么美国已成为最'社会主义'的国家——同时仍然也是最'资本主义'的国家。"① 既然两种制度的长期共存是一种必然性的事实，新建立起来的社会主义国家就必须以正确的方式来处理与资本主义的关系。由于社会主义在很长一段时间经济技术文化等方面都落后于资本主义，不可能主导世界经济的发展，只有打开国门，进入资本主义主导的世界市场，才能获得充分的发展空间。因此，邓小平认为，社会主义不可能在封闭的环境里发展，"关起门来无法搞社会主义"②，"切不要把中国搞成一个关闭性的国家。"③

但是，自社会主义从理想变成现实的很长时期内，资本主义与社会主义一直处于你死我活的矛盾、紧张与冲突之中，东西方都是以一种斗争式、取代式、压倒式的思维方式来处理关系，各自都是在封闭的环境里寻找出路，两大阶级、两条道路、两大阵营的尖锐对垒构成了世界的基础性生态图景。中国的社会主义建设也长期在封闭的环境里进行，尤其是中苏关系恶化以后，中国的发展环境更加封闭。"文革"时期，"四人帮"将自力更生与对外开放完全对立起来，"搞什么都是崇洋媚外、卖国主义，把我们同世界隔绝了。"④ 邓小平指出："三十几年的经验教训告诉我们，关起门来搞建设是不行的，发展不起来。"⑤ "总结历史经验，中国长期处于停滞和落后状态的一个重要原因是闭关自守。经验证明，关起门来搞建设是不能成功的，中国的发展离不开世界。"⑥

正是基于两制并存的客观现实和新中国成立后封闭式发展留下的

---

① [美] 彼得·德鲁克：《后资本主义社会》，上海译文出版社1988年版，第6页。
② 《邓小平年谱》，中央文献出版社2004年版，第975页。
③ 《邓小平文选》第3卷，人民出版社1993年版，第306页。
④ 《邓小平文选》第2卷，人民出版社1994年版，第127页。
⑤ 《邓小平文选》第3卷，人民出版社1993年版，第64页。
⑥ 《邓小平文选》第3卷，人民出版社1993年版，第78页。

第四章 改革开放以来我国文化影响力系统结构的历史演进

历史教训,邓小平认为中国要实现现代化,就必须坚定不移地推进对外开放。但是,邓小平清醒地认识到,"开放政策是有风险的,会带来一些资本主义的腐朽东西"①,"开放、搞活,必然带来一些不好的东西,不对付它,就会走到邪路上去"②。那么怎样实行对外开放呢?从意识形态的角度来看,邓小平着重强调了三点:

第一,要大胆吸收和借鉴人类社会,包括资本主义社会创造的一切文明成果。社会主义制度虽然从理论和理想层面上优越于资本主义,但是由于起点低、起步晚,还是一种低水平的社会主义,而资本主义就自身制度的合理性而言处于总体劣势,但是在几百年的历程发展中,也诞生了很多先进的科学技术、丰富的管理经验,这些东西本身并不具有制度属性,属于全人类的文明成果,是我们可以大胆加以借鉴的"工具性可为",如果我们盲目加以拒斥和否定,社会主义建设就会走很多弯路,难以发挥后发优势。学习资本主义是为了最终超越资本主义。当然,这种学习和借鉴不是认同资本主义的基本价值,不是照搬资本主义的基本制度,不是重复资本主义的基本道路,因为资本主义的基本价值、基本制度、基本道路是具有鲜明阶级性的,如果认同资本主义的基本价值,照搬资本主义的基本制度,重复资本主义的基本道路,那就是向资本主义全面投降,而不是学习借鉴。邓小平指出:"社会主义要赢得与资本主义相比较的优势,就必须大胆吸收和借鉴人类社会创造的一切文明成果,吸收和借鉴当今世界各国包括资本主义发达国家的一切反映现代社会化生产规律的先进经营方式、管理方法。"③ 这是因为"我们学习先进的技术、先进的科学、先进的管理来为社会主义服务,而这些东西本身并没有阶级性"④。这就明确了实行对外开放的目的是学习西方先进的科学技术、经营方

---

① 《邓小平文选》第 3 卷,人民出版社 1993 年版,第 139 页。
② 《邓小平文选》第 3 卷,人民出版社 1993 年版,第 164 页。
③ 《邓小平文选》第 3 卷,人民出版社 1993 年版,第 373 页。
④ 《邓小平文选》第 2 卷,人民出版社 1994 年版,第 351 页。

式和管理方法，而不是学习西方的价值观，照搬西方的社会制度，重复西方的发展道路。

第二，对外开放要始终坚持把四项基本原则作为立国之本，深刻认识反对资产阶级自由化的必要性、长期性与艰巨性。改革开放伊始，邓小平就敏锐觉察到资产阶级自由化的危险，如果说反对"左倾"错误是为了避免中国社会主义建设重复过去封闭僵化的老路，反资产阶级自由化思潮就是避免中国特色社会主义建设走上西方资本主义的邪路。如果说在改革开放起步阶段，思想战线主要面临反对"左倾"教条主义的禁锢，那么，在改革开放全面展开并向纵深发展时，资产阶级自由化思潮就成了最主要的危险。历史清楚地表明，如果不坚定不移地反对资产阶级自由化、坚持四项基本原则，共和国就会变天、人民政权就会变色。只有在反对"左倾"错误的同时，积极开展反对资产阶级自由化的斗争，才能确保改革开放事业的正确方向。对于反对资产阶级自由化思潮的必要性和中国走资本主义道路的危害性，邓小平指出："对于我们党的十一届三中全会提出改革开放，当时国际舆论特别是西方世界的舆论，以为我们是搞资本主义，或者以为我们这样搞最终要走到资本主义……如果十亿人的中国走资本主义道路，对世界是个灾难，是把历史拉向后退，要倒退好多年。"[①] 资产阶级自由化思潮这种"右"的倾向不是真正拥护改革、开放政策，是要改变我们社会的性质。一旦中国全盘西化，搞资本主义，四个现代化肯定实现不了。中国要解决十亿人的贫困问题、十亿人的发展问题。如果搞资本主义，可能有少数人富裕起来，但大多数的人会长期处于贫困状态，中国就会发生闹革命的问题。中国搞现代化，只能靠社会主义，不能靠资本主义。历史上有人想在中国搞资本主义，总是行不通。[②] 当然，坚持四项基本原则，反对资产阶级自由化是一项长期而艰巨的任务，邓小平在十二届六中全会上指出："反对自由化，

[①] 《邓小平文选》第3卷，人民出版社1993年版，第157—158页。
[②] 《邓小平文选》第3卷，人民出版社1993年版，第229页。

不仅这次要讲,还要讲十年二十年。"① 在 1992 年的南方谈话中他又进一步强调:"在整个改革开放的过程中,必须始终注意四项基本原则。十二届六中全会我提出反对资产阶级自由化还要搞二十年,现在看起来还不止二十年。资产阶级自由化泛滥,后果极其严重。"②

第三,清除精神污染,建设社会主义精神文明。20 世纪 80 年代初期,随着国门打开,中国传统的思想观念、文化形态面临着前所未有的冲击。变性人,杂志的美女封面,追求商品化的电影、电视,宣传鬼魂、色情、侠义、奇案的图书不断冲击着人们传统的思想体系与价值观念,人们在寻找新的精神偶像与道德力量,不少人担心,我们社会主义国家纯洁的思想战线正在被污染,社会主义现代化建设的美好前景有断送的危险。"精神污染"一时间成了最时髦的词语。对此,邓小平在 1982 年十二届二中全会上指出,精神污染危害很大,祸国殃民,思想战线不能搞精神污染。针对思想界、文艺界、新闻界不断出现的盲目崇拜西方资本主义的思潮,邓小平尖锐指出:理论界、文艺界"还存在相当严重的混乱,特别是存在精神污染的现象"。"精神污染的实质是散布形形色色的资产阶级和其他剥削阶级腐朽没落的思想,散布对于社会主义、共产主义事业和对于共产党领导的不信任情绪"③。随后,中国共产党发动了清除精神污染的斗争,但是应当指出,当时的"清污运动"存在扩大化的倾向,采取了一些不恰当的措施。针对这些现象,党中央提出了在清除精神污染过程中的 8 条注意事项,对于改革开放进程中出现的新的思想观念和社会现象进行了科学的分析和把握,提出了具体的应对方法,显示了进一步推进改革开放的信心和决心。

在开展"清污运动"的同时,党中央及时提出了加强社会主义精神文明建设的战略思想。改革开放以后,中国共产党人继承了马克思

---

① 《邓小平文选》第 3 卷,人民出版社 1993 年版,第 182 页。
② 《邓小平文选》第 3 卷,人民出版社 1993 年版,第 379 页。
③ 《邓小平文选》第 3 卷,人民出版社 1993 年版,第 39、40 页。

主义经典作家关于社会主义精神文明建设的丰富思想，创造性地提出了"社会主义精神文明"的科学概念，形成了社会主义精神文明建设的理论体系。1980年，邓小平在《贯彻调整方针，保证安定团结》的讲话中指出："我们要建设的社会主义国家，不但要有高度的物质文明，而且要有高度的精神文明。所谓精神文明，不但是指教育、科学、文化（这是完全必要的），而且是指共产主义的思想、理想、信念、道德、纪律、革命的立场和原则、人与人的同志式关系等等。""没有这种精神文明，没有共产主义理想，没有共产主义道德，怎么能建设社会主义？"[①] 党的十二大报告把精神文明看作社会主义的特征与优越性的重要表现，并明确提出精神文明建设的内容包括思想建设与文化建设两大方面。1984年，党的十二届三中全会又把在全社会形成文明的、健康的、科学的生活方式，振奋起积极向上的、开拓进取的精神状态作为社会主义精神文明建设的重要内容。1986年，十二届六中全会通过了《中共中央关于社会主义精神文明建设指导方针的决议》，这是我党第一个关于精神文明建设的纲领性文件。《中共中央关于社会主义精神文明建设指导方针的决议》认为社会主义精神文明建设的根本任务是：适应社会主义现代化建设的需要，培养有理想、有道德、有文化、有纪律的社会主义公民，提高整个中华民族的思想道德素质与科学文化素质。应当指出，"社会主义精神文明"的提法是在改革开放实践基础上对马克思主义意识形态理论的继承和发展，它既涵盖了意识形态建设的内容，又具有鲜明的中国特色。当然，在当时的历史条件下，我们党对于精神文明建设的一些具体做法缺乏可供借鉴的经验与模式，相对来说，可操作性不强。

三　与时俱进锤炼价值渗透力

党的十四大以后，中国特色社会主义建设与发展进入了一个新时

[①]《邓小平文选》第2卷，人民出版社1994年版，第367页。

期，一方面，从国际大局来看，苏东剧变对世界政治版图的改写造成了巨大冲击。一些在社会主义国家长期执政的老党、大党纷纷垮台，一些非执政的共产党也受到前所未有的冲击，有的解散，有的易帜，有的转型，有的转变为与社会主义或共产主义"无甚关联"的其他类型的政党或团体。西方发达国家主导的全球化进程突破意识形态与社会制度的壁垒而强势推进。[①]"社会主义国家的土地面积损失70%，人口损失21%。除中国外，世界各国的共产党和工人党，从原来180个左右，减少为130个左右；党员由原来的9100万减少了2600万，原本可以与西方资本主义阵营抗衡的社会主义阵营基本瓦解，世界历史的钟摆，暂时向右发生了一定倾斜，社会主义国家处于战略防御态势。"[②] 在这种形势下，人们对于"马克思主义还灵不灵？""社会主义道路还通不通？""共产党的领导还行不行？"等问题存在诸多疑问，这些问题不但要求人们在实践中予以证明，也必然要求在思想文化层面作出与时俱进的回答。另一方面，从国内大局来看，党的十四大将经济体制改革的目标确定为建立市场经济体制，与此相适应，政治、经济、科技、教育领域的改革开放也必须配套跟进。新旧体制的转换必然引发意识形态领域的深刻变革。因此，从1992年到2002年，中国特色社会主义在思想文化领域面临着四大尖锐问题：一是在世界社会主义运动的低潮期如何解决中国共产党长期执政的合法性；二是在市场经济条件下如何重塑正确的世界观、人生观、价值观；三是在全球化强势推进的背景下如何加强爱国主义教育，培育民族精神；四是如何摆脱市场经济条件下物欲化困境，重塑理想信念。

1. 创造性地回答"建设一个什么样的党，怎样建设党"的问题，提出"三个代表"重要思想，阐明和论证中国共产党执政的当代合法性问题。

---

① 姜辉：《欧洲发达国家的共产党的变革》，学习出版社2004年版，第15页。
② 侯惠勤：《马克思主义中国化理论创新30年（1978—2008）》，中国社会科学出版社2008年版，279页。

冷战结束以后，虽然和平与发展两大时代主题没有改变，但是中国共产党所面临的内外环境、所处的历史方位发生了新的变化。首先，苏东剧变以后，世界范围内出现了社会主义的低潮综合征，西方学者断言，社会主义在东方轰然倾覆，在西方则在无声的啜泣中消失。[①] 这一事件给中国共产党敲响了警钟，如何以苏共为鉴，防止重蹈覆辙，不断巩固党的执政地位，从理论和实践层面科学解答人们对中国共产党执政合法性的质疑，就成了中国共产党人无法回避的刻不容缓的任务。其次，冷战虽然结束，但是西方国家对中国变本加厉地推行和平演变战略。由于中国成为冷战后最大的社会主义国家，中国特色社会主义显示出来的勃勃生机在世界范围内产生了巨大的影响力与吸引力。因此，以美国为首的西方国家把中国视为其推进霸权主义与强权政治的最大障碍，将和平演变的战略指向集中对准中国，其分化、西化、矮化、丑化、妖魔化中国的策略手段不断翻新，一是扶持和操纵中国境内外的自由化分子，指使他们制定跨世纪和平演变中国的总体计划；二是推行人权外交，诱压兼施，以压促变，企图软化中国立场；三是支持形形色色的"台独""疆独""藏独"等分裂势力，企图肢解和分化中国；四是加紧经济渗透，抢占中国市场，捞取经济实惠，抑制中国崛起；五是挑拨中国与周边关系，企图孤立中国；六是引诱共产党员和领导干部腐化变质，企图促成共产党内部演变。[②] 在这种情况下，中国共产党必须创新执政理论、巩固执政基础，应对新的挑战。最后，从国内来看，市场经济的发展导致了新旧体制转换时期的道德真空与思想混乱，面对世界范围的社会主义挫折，一些党员干部对社会主义道路产生了怀疑，对共产主义信念产生了动摇，一些资产阶级自由化的鼓吹者与"动乱精英"直接挑衅着中国共产党执政的合法性。与此同时，市场经济条件下经济过热、分配不公、官

[①] Christopher Pierson, Socialism after Communism, Polity Press, 1995, p. 2.
[②] 李崇富：《较量——关于社会主义历史命运的战略沉思》，方志出版社 2007 年版，第 239—250 页。

第四章　改革开放以来我国文化影响力系统结构的历史演进

员腐败的现象也日益显露,尤其是一些领导干部形式主义、官僚主义的作风,弄虚作假、铺张浪费的现象引起了人民群众的反感。因此,在国内外形势发生深刻变化的背景下,如何创造性地回答"建设一个什么样的党,怎样建设党"这一时代问题,科学阐明和论证中国共产党的执政合法性,成为一个关系党和国家前途与命运的现实问题。

以江泽民为核心的第三代中国共产党人科学总结历史经验,准确判断历史方位,对共产党执政规律进行科学探索,对共产党的执政理论进行重大理论创新,最终以"三个代表"重要思想科学回答了"建设一个什么样的党,怎样建设党"这一时代问题。2000年2月24日,江泽民首次提出"三个代表"重要思想,25日,江泽民在《在新的历史条件下,我们党如何做到"三个代表"》的讲话中对"三个代表"进行了明确的阐述:"总结我们党七十多年的历史,可以得出一个重要的结论,这就是:我们党所以赢得人民的拥护,是因为我们党在革命、建设、改革的各个历史时期,总是代表着中国先进生产力的发展要求,代表着中国先进文化的前进方向,代表着中国最广大人民的根本利益,并通过制定正确的路线方针政策,为实现国家和人民的根本利益而不懈奋斗。"[①] 2002年11月党的十六大将"三个代表"重要思想确立为我党的指导思想,而践行"三个代表"重要思想就成为中国共产党的立党之本、执政之基、力量之源。

2. 建构与市场经济条件相适应的世界观、人生观、价值观的教育。社会主义市场经济体制开启了财富增长的魔方,也带来了思想观念的激荡与碰撞。首先,经济体制的新旧转换,改变着中国社会传统的阶级阶层结构,非公有制经济的发展又催生了一个新的社会阶层。以职业为基础的社会阶层分化机制取代了以政治身份、户口身份、行政身份为依据的分化机制。各阶层之间的生活样式、价值观念、文化理念、利益取向具有诸多差异,形成了我国改革开放历史上多元价值

[①] 《江泽民论加强和改进执政党建设(专题摘登)》,中央文献出版社、研究出版社2004年版,第2页。

观并存的生态图景，如何在尊重差异、包容多样的前提下，汇聚强大的思想力量，服务于中国特色社会主义建设，是一个新的文化难题。其次，市场经济的发展，催生了人们的竞争意识、效率意识、民主意识、法治意识，人们思想的独立性、选择性、多变性、差异性明显增强，这为统一人们的思想增加了难度。最后，承载着西方意识形态与价值观念的商品文化随着现代化的传播技术进入了中国大众的视野，自由主义、拜金主义、享乐主义、利己主义等西方腐朽思想也乘虚而入，冲击着中国传统的价值坐标，在一定程度上填补了新旧体制转换时期的价值真空。如何塑造一种既能保持中华文化独特性、自立性，又与世界和时代文明发展相融合的世界观、人生观、价值观也就成为思想文化领域必须面对的重大课题。针对这种状况，1995年1月，江泽民在中央纪委第五次全体会议上强调指出，树立正确的世界观、人生观，无论过去、现在和将来，对于每一个干部和党员来说，都是一个首要的问题。1995年7月，胡锦涛在全国青联八届一次会议上指出，要树立正确的世界观、人生观、价值观，自觉抵制拜金主义、享乐主义和极端个人主义等腐朽思想侵蚀。自1992年党的十四大以后，"三观"教育在党中央领导下取得了显著成绩，也积累了宝贵经验，主要有：第一，明确思想政治工作的根本目标是引导人们树立正确的世界观、人生观、价值观。第二，坚持以科学的理论武装人，以正确的舆论引导人，以高尚的精神塑造人，以优秀的作品鼓舞人。弘扬集体主义、社会主义的价值观。加强以为人民服务为核心、以集体主义为原则、以"五爱"为基本要求的社会主义道德建设。第三，发挥先进典型的示范作用与反面教材的警示作用。这一时期的世界观、人生观、价值观教育有效化解了市场经济条件下社会主义面临的思想挑战与道德风险，为后来社会主义核心价值体系的形成奠定了基础。

  3. 在全球化背景下加强爱国主义教育，培育民族精神，建设精神文明。20世纪80年代，中国青年的总体社会意识与社会心理充满着对国家过去历史的批判,对富裕陌生的西方的憧憬。然而,进入90年代以后,台海危机、中国驻南斯拉夫大使馆被炸以及21世纪初发生的中美撞机事件等从反面刺激着中国人民的民族情感。而中国经济的软着陆、综合国力的增强,成功应对亚洲金融危机、取得抗洪抢险的伟大胜利、香港澳门的如期回归等具有历史里程碑意义的大事又从正面复苏了中国人民尤其是青年一代的爱国主义情结和民族自尊心与自豪感。1996年,一批少壮派中国作家撰写了一本《中国可以说不》,并迅速占据畅销书榜的前列。该书虽然不是中国新民族主义者强势崛起的战斗檄文,但是可以视为中国青年民族自尊心长期压抑之后的集中喷发,也标志着随着国家的强大在中国青年中滋长的民族主义思想开始与80年代独领风骚的西方自由主义思想分庭抗礼。而在尽情发泄民族自尊心的同时,青年一代又坦然接受多元化的外来文化与时尚元素,这看似矛盾的文化心态正是日益成熟而自信的中国青年既尊重多元文化交流,又注重民族自立意识的心态反映,而这正是发展中的中国开始以自信而博大的胸怀审视自我、走向世界的一个缩影。对于中国青年所表现出来的这种文化心态,如果进行理性的引导,其将迅速转换成对内走出迷惘、对外走向自强的强大精神动力。因为"'民族主义'本身并不是罪过,它既可能走向自强与自立,也有可能导致极端与沙文,关键是需要主流文化界给予理性的引导,而非感情用事般的'骂娘'"[1]。更何况,在冷战后的世界,中国能否抓住机遇,成功占有多极化世界中的一极,虽然需要国家硬实力的支撑,但也离不开迅速觉醒的民族意识与坚定的民族意志。因此,从1992年到2002年,爱国主义教育成了社会主义精神文明建设的基础工程。1994年,中共中央颁布了《爱国主义教育实施纲要》,1996年,党的十四届六中全会通过了《中共中央关于加强社会主义精神文明建设若干重要问题的决议》,提出要在全民族牢固树立建设有中国

---

[1] 尚伟主编:《文化记忆1978—2008》,中央文献出版社2009年版,第197页。

特色社会主义的共同理想，把我国建设成为富强、民主、文明的社会主义现代化国家。历史经验表明，通过爱国主义教育，培育强大的民族精神，是一个国家和民族生存、发展、崛起的必由之路。江泽民在党的十六大报告中指出："民族精神是一个民族赖以生存和发展的精神支撑。一个民族，没有振奋的精神和高尚的品格，不可能自立于世界民族之林。在五千多年的发展中，中华民族形成了以爱国主义为核心的团结统一、爱好和平、勤劳勇敢、自强不息的伟大民族精神。我们党领导人民在长期实践中不断结合时代和社会的发展要求，丰富着这个民族精神。"① 当然，这种民族精神在不同时期具有不同的载体，人物、事件、地点、时间等都可以成为民族精神的载体。比如民主革命时期的井冈山精神、长征精神、延安精神、抗战精神、西柏坡精神以及新中国成立后的抗美援朝精神、大庆精神、女排精神等。从20世纪90年代到21世纪初，是中华民族进行伟大创业、实现伟大复兴的时期，中国共产党人结合改革开放与发展市场经济的新形势、新要求，精心培育并倡导了"64字创业精神"，孔繁森精神、抗洪精神、"两弹一星"精神，为实现民族的伟大复兴不断提供强大的精神支撑。党的十六大指出："面对世界范围内各种思想文化的相互激荡，必须把弘扬和培育民族精神作为文化建设极为重要的任务，纳入国民教育全过程，纳入精神文明建设全过程，使全体人民始终保持昂扬向上的精神状态。"②

4. 旗帜鲜明开展反对"法轮功"邪教的斗争，倡导科学的理想信仰。在世纪之交，"法轮功"从一股自发的社会势力迅速发展成为一个组织严密、人数众多的非法组织，实在令人深思。著名哲学家侯惠勤教授指出："一些共产党员、领导干部、马克思主义理论工作者、自然科

---

① 江泽民：《全面建设小康社会，开创中国特色社会主义事业新局面》，人民出版社2002年版，第39页。

② 江泽民：《全面建设小康社会，开创中国特色社会主义事业新局面》，人民出版社2002年版，第39页。

学家也在这类歪理邪说面前缴械投降,甚至助纣为虐,真是令人难以置信。震惊之余,每一个有良知的哲学工作者不能不感到莫大的耻辱,不能不反躬自问:作为人类精神文明的捍卫者,守土有责,我尽责了吗?作为人类精神生产的创造者,重任在肩,我尽心了吗?"① 其实这种邪教的出现泛滥,正是人们思想阵地空虚、理想信念失落的现实表现。这一时期理想信念的失落,有着深刻的历史、现实与文化根源。

首先,市场经济的发展、物欲的膨胀,驱动着人们内心对功利近乎痴迷的追求,拜金主义、享乐主义、个人主义盛行,"躲避崇高、告别理想"成了一部分人所谓"与时俱进"的代名词,一些人用个人致富取代民族解放,用市场经济否定社会主义,这就动摇了人们共同奋斗的思想信念。

其次,从中国主流文化传统来看,儒家文化是排斥宗教信仰的,但不是没有信仰,而是一种有别于宗教的、追求生命不朽的信仰,"永生"是信仰存在的前提。但是何以不朽呢?儒家提出了"三不朽说",即"立德的不朽,立功的不朽,立言的不朽",这三个不朽都必须以强烈的"入世"感为前提,因此,追求名垂青史和现实幸福,就成为精神超越的基本方式。这种具有强烈入世感的信仰形成了国民文化心理中强烈的实用化倾向,即根据自己实用的需要去选择信仰。因此,"中国社会极易'刮风'。凡与福禄寿相关的风尚,总是一哄而起,一哄而散,来也匆匆,去也匆匆。正是在这一波接一波赶浪潮的转换中,邪门歪道乘机肆虐"②。这一段论述为"法轮功"的出现与泛滥做了一个很中肯的注脚。

最后,20 世纪 90 年代,苏东剧变后,美国的福山抛出了"历史终结论",认为人类意识形态的进化已经走到了终点,西方的自由民

---

① 侯惠勤:《马克思的意识形态批判与当代中国》,中国社会科学出版社 2010 年版,第 498—499 页。

② 侯惠勤:《马克思的意识形态批判与当代中国》,中国社会科学出版社 2010 年版,第 498—499 页。

主制度已经成为人类前进的灯塔。与此相呼应，形形色色的意识形态终结论也粉墨登场。而与此同时，各种屈从于功利性、个体性、有限性的西方思潮也不断表达出对理性的绝望、对革命的贬损、对本能的恣肆。在这些西方思潮看来，理想、信念、不朽都是自欺欺人的幻想，没有信仰的物欲世界才是世界的本然图景。这些思想对我国思想界产生了极为恶劣的影响。

针对"法轮功"邪教组织对党和国家的危害，党中央高度重视，1999年7月19日，中共中央发出了《关于共产党员不准修炼"法轮大法"的通知》，号召共产党员坚决同"法轮功"作斗争，并针对"法轮功"问题，在全党开展深入持久的唯物论和无神论教育，大力弘扬科学精神。中央文明办与中国科协联合主办了"崇尚科学文明，反对封建愚昧"大型图片展览，引导广大人民群众树立科学信仰。

四　攻坚深入强化行为支配力

党的十六大以后，我国改革开放进程站在了一个新的战略起点，历史经验表明，人均国内生产总值超过1000美元之后，经济社会的发展将进入一个关键期。从国内大局来看，我国既处于前所未有的战略机遇期，也是一个矛盾凸显期。许多从未遇到过的、没有现成经验可以借鉴的新矛盾，许多具有敏感性、尖锐性、攻坚性的深层次矛盾，许多历史上积压的老矛盾相互交织，错综复杂。这就要求这一时期的改革开放必须在和谐稳定的局面中稳步推进。从国际大局来看，随着中国逐渐成为"世界工厂"，"中国模式"的世界影响日益显现，世界经济政治中的"中国元素"日益增多，但是，西方国家对于在改革开放中迅速崛起的中国显然缺乏心理准备和与中国打交道的正确心态，始终对中国抱着"非我族类，其心必异"的冷战心态，千方百计阻挠中国的发展，矛盾和摩擦不断出现。因此，要继续推进改革开放进程、化解改革开放进程中的矛盾和风险，就必须以和谐合作的理念处理发展中的矛盾和问题。因此，这一时期改革开放的诸多重大举措都是在讲求和谐的过程中实施的。

　　改革开放的这一实践要求必然在思想文化层面得以反映。这一时期，我国意识形态领域也就出现了很多杂音与噪音，比如意识形态淡漠化、意识形态多元化、马克思主义意识形态边缘化、意识形态选择的实用化以及社会主义意识形态内容的抽象化、悬空化等。这就要求我国社会主义意识形态建设既要体现科学的真理性，又要坚持人民利益的价值导向性；既要坚持马克思主义意识形态的连贯性，又要具有与时俱进的创新性；既要反对泛意识形态化，又要反对去意识形态化。对于新的时代要求，中国特色社会主义在思想文化建设领域主要做出了四个方面的积极回应：一是创立科学发展观，破解发展难题；二是提出和谐社会理念，切实关注民生问题；三是弘扬民族精神，强化理想信念；四是推进社会主义核心价值体系建设，推动社会主义文化的大发展大繁荣。

　　1. 创立科学发展观，破解发展难题。改革开放以来，我国经济发展成绩虽然令世人瞩目，但是经济发展所付出的资源消耗代价与环境污染代价也是非常巨大的。随着经济体制的深刻变革、社会结构的深刻变动、利益格局的深刻调整、思想观念的深刻变化，我国经济社会发展所面临的问题更加复杂和突出。2003年，一场突如其来的非典灾难，既严峻考验着人民群众的健康与生命安全，又深刻拷问着我们以往的经济增长方式。"实现什么样的发展、怎样实现发展"这一现实而尖锐的问题要求新的中央领导集体做出科学的回答。以胡锦涛为总书记的中央领导集体以处理突发事件为切入点，深刻总结了以往发展观的缺陷，强调并深化了全面发展、协调发展、可持续发展的理念。2003年7月，在全国防治非典会议上，胡锦涛指出："我们要更好地坚持全面发展、协调发展、可持续发展的发展观，更加自觉地坚持推动社会主义物质文明、政治文明和精神文明协调发展，坚持在经济社会发展的基础上促进人的全面发展,坚持促进人与自然的和谐。"① 2003 年 8 月,胡锦涛在江西考察时第一次明确使用了"科学发展观"的概念。2003 年 10 月,科学发展观的概念第一次正式出现在党的全会上,《关于完善社会主义市场经济体制若干问题的决定》第一次提出了"以人为本"的概念,这是对马克思主义发展理论的重大创新,同时,也第一次提出了"五个统筹"的思想,即"统筹城乡发展、统筹区域发展、统筹经济社会发展、统筹人与自然和谐发展、统筹国内发展和对外开放的要求"②。这一思想对于发挥社会主义制度的优势,规避和化解市场风险具有非常重要的意义。2007 年 10 月 15 日,党的十七大报告第一次系统阐发了科学发展观,第一要义是发展,核心是以人为本,基本要求是全面协调可持续,根本方法是统筹兼顾。这标志着科学发展观的初步完善,并作为重大战略思想的地位得以确立。

科学发展观不但在经济维度上对于完善市场经济体制,转变经济增长方式,建设创新型国家,走新型工业化道路,实现又好又快的发展具有重大战略意义。而且具有深刻的文化蕴含:

第一,科学发展观是"什么是社会主义,怎样建设社会主义"这一问题在发展观上的时代表达,体现了社会主义本质规定。社会革命是一种社会制度与道路的选择,发展同样是社会制度与道路的坚持,不同的发展观必然体现不同社会制度的性质。科学发展观将"以人为本"置于核心地位,就充分体现了我国发展过程中对社会主义道路与制度的坚持。③

首先,坚持了"以人为本",就是坚持了马克思主义的根本价值追求。我国是一个以马克思主义作为根本指导思想的社会主义国家,

---

① 《十六大以来重要文献选编》(上),中央文献出版社 2005 年版,第 396—397 页。
② 《十六大以来重要文献选编》(上),中央文献出版社 2005 年版,第 465 页。
③ 梁建新:《论"以人为本"作为科学发展观核心的存在论之维》,《马克思主义研究》2010 年第 3 期。

如果在发展过程中离开了"以人为本"这个根本,就等于从根本上放弃了马克思主义。"社会主义现代化与资本主义现代化的本质区别不在于是否注重发展生产力,二者的最本质的区别在于是否以牺牲人本身的发展为代价来发展生产,以及是否会导致和加剧两极分化。而这也正是科学发展观与资产阶级发展观的根本区别。"①

其次,坚持了"以人为本",就体现了中国共产党的核心执政理念。中国共产党是一个用马克思主义武装起来的无产阶级政党,始终代表、维护、实现中国最广大人民的根本利益既是中国共产党的生命之源,也是其长期执政的合法性基础,中国共产党领导全国各族人民进行的一切革命、建设与改革事业,归根到底是为了增进中国人民的幸福。因此,"以人为本"最集中地体现了中国共产党"为人民而执政"的核心理念,毛泽东同志提出的为人民服务,邓小平同志提出的要以人民群众拥不拥护、赞不赞成、高不高兴、反不反对作为制定政策的出发点,江泽民同志提出的立党为公、执政为民,胡锦涛同志提出的以人为本,都是中国共产党核心执政理念薪火相续的演绎与表达。离开了"以人为本"这一核心执政理念,中国共产党既无夺取政权的可能,更将丧失长期执政的资格!

最后,坚持了"以人为本",就彰显了公有制经济主体地位的价值使命。在资本主义私有制条件下,资本吞噬人本,资本家对剩余价值和利润的贪婪追求淹没了对人的全面发展的关注,人沦为了物的奴隶,"以资本为本""以物为本"取代了资产阶级"以人为本"的意识形态说辞。正因为如此,马克思在《共产党宣言》中指出:"共产党人可以把自己的理论概括为一句话:消灭私有制。"② 以人的全面自由发展作为根本价值追求的社会主义制度从诞生之日起就牢牢确立了公有制的主体地位。公有制主体地位的价值就在于它把广大人民群

---

① 刘奔:《科学发展观是马克思主义真理观价值观历史观的高度统一》,《求是》2006年第11期。
② 《马克思恩格斯选集》第1卷,人民出版社2012年版,第414页。

众从资本关系的奴役状态下解放出来,为实现和维护最广大人民的根本利益、体现社会主义集中力量办大事的优势奠定坚实的物质基础。在社会主义发展的过程中,如果放弃"以人为本",就会使公有制的价值荡然无存、徒有虚名,甚至成为少数特权人物谋取私利的工具。只有坚持以人为本,才能真正体现公有制主体地位的价值使命,进而发挥社会主义的优越性,增强广大人民群众对社会主义的认同。

第二,科学发展观是对"建设一个什么样的党,怎样建设党"这一问题的深化,进一步回答了中国共产党为谁执政、靠谁执政、怎样执政等重大课题,是形成正确政绩观的思想前提。科学发展观要求纠正发展过程中各种错位、越位的政府行为,改变"重投入轻产出""重局部轻全局""重数字轻实际"的畸形政绩观,切实增强为人民治国理政的理念。党的十六届四中全会通过了《中共中央关于加强党的执政能力建设的决定》,强调要科学执政、民主执政、依法执政,为人民执好政、用好权,不断改革和完善党的领导方式与执政方式,不断提高党的执政能力和领导水平。"科学发展观作为意识形态的一种存在形式,内化于各级地方干部的认识、信仰和价值观之中,从而形成正确的政绩观,能够有效地克服外部性和'搭便车'现象,大大节省制度安排所需的成本,能够有效约束广大地方政府官员的机会主义行为,从而提高其执政能力和执政水平。"[1]

第三,科学发展观为我国市场经济的健康发展提供了正确的价值导向。我国社会主义事业的发展面临着三个"绕不开"的问题,即绕不开和资本主义长期共存的问题、绕不开发展市场经济的问题、绕不开进行改革开放的问题。正确处理这三个问题,都必须有正确的价值导向,否则将误入歧途。我国的改革开放、市场经济的发展,从整体上来说方向是正确的,因而推动了中国经济社会以前所未有的速度快速发展。但是与此同时,由于西方社会思潮的影响,社会成员思想

---

[1] 侯惠勤:《马克思主义中国化理论创新30年(1978—2008)》,中国社会科学出版社2008年版,第322—323页。

第四章　改革开放以来我国文化影响力系统结构的历史演进

观念的独立性、选择性、差异性、趋利性不断增强，因而又滋生了诸多思想观念、价值取向的矛盾、冲突与困惑。比如马克思曾经严厉批判过的市场经济条件下的"物化"现象日益突出，盲目追求 GDP，只见物不见人，重物质驱动、轻精神激励的行为一定程度上存在，新自由主义思潮、历史虚无主义思潮、非意识形态化思潮仍然存在，冲击着传统的价值支柱与社会主义主流意识形态。在这样一个世界里，理想、信念、真诚、友谊几乎成了古老文明的遗迹，衡量个人成功的标准不是辉煌的事业，而是冷冰冰的物质标准，社会对人的尊重不是根据仁慈善良的心地、友善待人的态度、对事物的敏锐、智慧与爱心，而是根据私车的档次、权力的大小、住房的面积等。这些缺乏人性的成功标准把正常人变成了工作狂、精神病患者与抑郁症患者，把人变成了物的奴隶。因此，"从表面上看，这些年来的文明与科技的确有所发展。但 20 世纪的后 50 年在人们的记忆中更多留下的是耻辱。这段历史将被后人认为是爱心的失落、信任的危机和自私自利的开端"[1]。这种现象所影响的还不仅仅是个别社会成员，作为执政党的一些领导干部也受到这种精神的污染。2008 年 9 月 19 日，胡锦涛在全党深入学习实践科学发展观活动动员大会的讲话中指出："一些地方发生重大安全生产事故和食品安全事故，给人民群众生命财产造成重大损失。从这些事件中反映出，一些干部缺乏宗旨意识、大局意识、忧患意识、责任意识，作风漂浮、管理松弛、工作不扎实，有的甚至对群众呼声和疾苦置若罔闻，对关系群众生命安全这样的重大问题麻木不仁。我们对这些事件及其后果的严重性必须充分估计，对其中的惨痛教训必须牢牢记取。这些事件再一次告诫我们，只有抓紧解决党员干部队伍中存在的突出问题，使全党同志始终坚持立党为公、执政为民，始终坚持以人为本，始终把人民群众安危冷暖放在心上，我们党才能更好地带领广大人民群众为夺取全面建设小康社会新胜利

---

[1] ［英］弗农·科尔曼：《精神的力量》，朱毅译，安徽人民出版社 2004 年版，前言第 2、3 页。

而奋斗。"这就表明，在改革开放和发展市场经济条件下，党内产生了背弃党的宗旨和社会主义原则的思想作风问题，这些问题不解决，终将影响到国家的颜色、政权的稳定以及全国各族人民的前途与命运。

现实表明，只有坚持科学发展观，才能从根本上保证我国改革开放与市场经济的健康发展。为此，需要确立三种意识：一是人的"全面发展"意识。人是物质存在、精神存在、社会存在的统一体，因而必然有相应的物质需要、精神需要与社会需要，物质财富的增长只能满足人的物质需要，人的全面发展还要求不断满足其精神需要与社会需要，如果只关注于人的物质利益，忽视其精神与社会需要，其结果只能造就马尔库塞所说的"单向度的人"。二是人格平等意识。改革开放是一场利益关系的调整，市场经济更是一种利益的角逐，这一过程必然分化出利益的既得者和失去者、穷人和富人、生活困难者与舒适者，一定程度的利益差别是必然存在的。但是，这种差别是基于劳动能力的差别而形成的客观上的不平等，其作为人而存在的人格尊严与生存权利是平等的。如果对困难群众漠不关心、对弱势群体视而不见，甚至蔑视其人格尊严、践踏其生存权利，就违背了社会主义共同富裕的本质要求，就忘记了中国共产党谋求"人类解放"的历史责任。因此，对待困难群众、弱势群体的生产生活问题的态度，就是对待人民群众的根本态度问题，就是执政党的根本立场问题。在这个问题上，关键是要正确处理好部分当权者的特权利益、不法分子的不当利益、广大人民群众的正当利益的关系。三是重在实践的意识。要使广大人民群众真正从科学发展观的"普照之光"中得到实惠，还必须依赖于政策选择、具体行政、制度安排、机制构建等方面的实践，离开了实践，科学发展观就会成为苍白无力的空头政治支票。

2. 提出和谐社会理念，切实关注民生问题。

改革开放的历史是中国社会财富高速增长的历史，也是中国社会结构不断分化与变迁的历史，但是，也是社会矛盾不断积聚的历史。

第四章 改革开放以来我国文化影响力系统结构的历史演进

由于利益分配的不公、资源占有的不对称、城乡差距的拉大,不同社会阶层与社会群体、利益集团的矛盾也与日俱增,市场经济条件下的无序互动所导致的破坏性能量随时有可能从社会结构最薄弱的环节释放。尤其是一些地方政府打着"改革开放"的旗号,不断损害人民群众的利益,重复上访、集体上访的事件不断发生。2004年,中国正好人均产值跨入800—1000美元大关,这是一个社会发展的高风险区域,也是矛盾凸显的多事之秋。因此,就在这一年,党的十六届四中全会第一次提出了构建和谐社会的战略构想,2006年党的十六届六中全会通过的《中共中央关于构建社会主义和谐社会若干重大问题的决定》系统阐发了和谐社会构建的若干重大问题。

"和而不同,求同存异"是中国传统文化的精髓,和谐社会是社会系统的各个组成部分与要素之间处于相互依存、相互促进、协调发展、良性运行的状态。中国共产党人提出的和谐社会伟大构想,是中国传统文化与21世纪改革开放实践需要相结合的新成果,对于新世纪新阶段的社会建设具有风向标的意义。"和谐社会"是科学发展观在社会发展维度上的具体体现。没有科学发展就没有社会和谐,没有社会和谐,科学发展也将是一句空话。构建和谐社会,就必须打破经济增长与经济发展相脱节的倾向,妥善处理文化教育、卫生体育、医疗保障、环境保护等重大民生问题,最大程度满足人民群众的要求,真正做到"权为民所用,情为民所系,利为民所谋"。和谐社会理念的提出,也反映了党对社会主义本质认识的进一步深化。中国共产党人并没有陶醉于经济建设的成就,而是对于经济社会发展过程中的深层次矛盾有着深刻而清醒的认识。没有社会和谐,经济体制改革就无法深入,政治体制改革就缺乏社会基础,文化体制改革就会迷失方向,因此,和谐社会建设的理念把我国社会主义现代化建设的目标由原来的"三位一体"扩展为政治、经济、文化、社会的"四位一体",标志着中国共产党人对于社会主义建设规律的认识达到一个新的境界。

3. 弘扬民族精神，强化理想信念。

一方面，进入21世纪以来，中华民族的民族精神在多次突发事件和伟大的历史事件中得到集中展现与丰富发展。2003年非典期间，中华民族以自强不息的民族精神支撑起坚强的民族脊梁，全国人民共同谱写了"万众一心、众志成城、团结互助、和衷共济、迎难而上、敢于胜利"的伟大精神，为中华民族精神赋予了新的内涵。2008年百年一遇的南方冰雪灾害，丧心病狂的"藏独"势力的叫嚣，山河含泪、举国同悲的汶川大地震，唤醒了那些在市场经济中扭曲沉睡的灵魂，中华民族再次以坚强、自信与智慧，在激情与感慨、感动与悲痛中奏响了中华民族精神的感人乐章。另一方面，中华民族精神在21世纪初一系列伟大的历史事件中不断得到释放与升华。从2003年神舟五号到2012年神舟九号与天宫对接的成功，从"嫦娥奔月"、北斗导航到"蛟龙入海"，中华民族成功挑战一系列尖端课题，实现中华民族的伟大复兴已经成为强烈的国家意志。2005年，是世界反法西斯战争暨中国人民抗日战争胜利60周年，中国人民在《黄河大合唱》《义勇军进行曲》的嘹亮歌声中再次经受一次民族精神的洗礼。2008年的北京奥运，神七问天，民族凝聚力在爱国主义精神的高扬中空前高涨。大喜大悲的历史事件锤炼出中国民众的集体道德感、现代公民意识、空前团结的民族意识，并最终积酿成社会主义核心价值体系的重要组成部分——以爱国主义为核心的民族精神。

然而，在一系列历史事件刺激着民族精神高涨的同时，伴随着我国物质文明的高歌猛进，崇高的理想信仰在许多人心头悄然逝去。充盈的物质生活、缺乏理想的心理生态、流动的生活环境交织成一种极其浮躁的文化心理。网络化的调侃、游戏性的享乐弥漫于大众文化，后现代的解构使物质发达的现代人找不到精神的家园，在工作、家庭、生活方面存在的烦恼、迷惘与苦闷，为快餐式的"心灵鸡汤"提供了广阔市场。在这种浮躁的文化背景下，很多人对神圣的理想、信仰持一种嘲弄的立场，以搞笑的方式掩盖着对这些问题的深刻思

第四章 改革开放以来我国文化影响力系统结构的历史演进

考,从而导致在当代中国,理想信念的失落已经成为意识形态领域中最为突出的问题。即使在党内,个别党员、干部忽视理论学习、学用脱节,理想信念动摇,对马克思主义信仰不坚定,对中国特色社会主义缺乏信心。理想信念的危机主要是源于三个艰难而尖锐的问题:

第一,作为个体生命,是应该追求世俗的享乐还是应该追求生命的永恒。古往今来,追求生命的永恒、不朽与崇高,本来是生命存在的应有之义,绝大多数的哲学家都肯定了人的生命实现自我超越的必要性与可能性。人是先天本能最匮乏的生物,人必须超越这种先天性匮乏的现实才能生存和发展。这种超越既包括人按照自身的价值追求去创造一个"属人"的世界,不断改变世界的"原生态",又包括人在意识与精神等层面不断更新和创生自己的内在世界。可以说,追求生命的不朽、永恒与崇高,是人类精神生命的本然之义。但是,当市场经济的趋利动机掩盖了人类对自身超越性的追求,人类的价值取向呈现出不可理喻的混乱,人类文明的发展陷入前所未有的迷惘之时,"谁能不朽?谁能永恒?谁能无限?谁能超越自身?没人能。""人的肉体的毁灭注定了精神也将毁灭"。[1] 这种对肉身享乐的放纵超过了对生命不朽与永恒的憧憬,理想信念危机的发生就成为必然。

第二,人应该为个人生活目标的实现而活还是应该为社会共同理想的实现而活。这个问题在马克思主义的理论视野里本来不是一个问题,因为马克思主义认为社会性是人的本质,人是社会的细胞,社会是"属人"的社会,个人的生活目标与理想只有符合社会发展的大方向、大趋势才能实现,而社会理想的确立应该是尊重和体现社会绝大多数人需要的,也会为每个人理想的实现创造条件。但是,在市场经济条件下,有人却别有用心地制造理论混乱,人为地将个人理想与社会理想对立起来,他们把共同理想说成是一些人对另一些人的统治与控制,社会理想对于个体而言是一种异化的外在压迫性存在。如果

---

[1] 刘晓波:《形而上学的迷雾》,上海人民出版社1989年版,第6、33页。

接受了共同理想就意味着放弃自我。他们宣称人生的最高目的就是每个人的自己统治自己，每个人都不必接受任何外在力量的统治与控制。他们把"告别理想""躲避崇高"当作与时俱进的"思想解放"，而倡导共产主义远大理想和中国特色社会主义共同理想就是不合时宜的愚蠢与虚妄，人活着不需要崇高的远大理想与共同理想，其唯一和最重要的目的就是"个人利益最大化"。

第三，人应该是相信"眼见为实"还是相信"耳听为实"。马克思主义认识论认为，人的认识来源从根本上来说是实践，但是获得认识的途径有两条，即直接认识与间接认识。一种理想信念的确立，必须有一定的认知基础，因而也离不开这两条途径。为此，党和国家一方面强调要加强实践，让广大社会成员在实践中树立起中国特色社会主义的共同理想；另一方面，又不断加大教育投入，强调加强世界观、人生观、价值观的教育。但是，在改革开放的过程中，我国出现了一系列新的社会问题，比如领导干部的贪污腐化问题，教育不公、司法不公、分配不公的问题。这些问题就发生在人们的现实生活中，消解着人们对马克思主义指导地位的认同、对社会主义道路的认同、对中国共产党执政合法性的认同。虽然广大马克思主义理论课教师在理想信念教育方面付出了艰辛的努力，但是效果并不尽如人意。很多高校学生认为，思想政治理论课教师所教的与社会现实严重脱节，他们宁愿相信那些亲眼见到的片面的、狭隘的、个别的所谓"事实"，也不会相信老师所教的，因为在他们看来，"眼见为实，耳听为虚"。

加强理想信念教育，化解理想信念的危机，需要抓住三个着力点：

第一，不断夯实理想信念的科学支撑。理想信念的坚定与强化，有赖于人类对自身生存境遇及其与世界关系的科学认知，如果理想信念的知性基础是科学的，所信的对象就能反复得到证明。反之，一切建立在伪科学、反科学基础上的理想信念经不住现实的拷问，就像见不得空气与阳光的木乃伊，随时都会有坍塌与解体的危险。相关调查

第四章　改革开放以来我国文化影响力系统结构的历史演进

研究表明，一个人的科学素质越高，理想信念就越坚定，而那些理想信念出现迷惘、动摇与混乱的人，往往与不能科学认识世界有密切关系。可以说，理想信念虽然不是完全靠科学来确立，但是科学显然是不可或缺的支撑因素。在现阶段解决理想信念问题，必须抓住两个最基本的方面：一是要巩固和夯实共产主义信仰的科学基础。共产主义作为一种促进现存世界不断革命化的运动，作为一种为绝大多数人谋利益的运动，作为一种在批判旧世界中发现新世界的运动，具有阶段性与长期性相统一的特征。只有在马克思主义的科学理论基础上，才能深刻认识共产主义的历史必然性，空想社会主义、粗糙社会主义、平均社会主义等非科学的理论是支撑不了共产主义的信仰大厦的。马克思主义科学揭示了自然界、人类社会与思维发展的最一般规律，具有与时俱进的理论品质，只有坚持和发展马克思主义，才能毫不动摇地坚持共产主义的伟大信仰。二是要着力提升我国公民的科学素质，形成科学的生活方式与思维方式。崇高的理想信念离不开广大社会成员科学素质的提升，科学的生活方式与科学的思维方式是公民科学素质的集中体现，只有具备科学的思维方式、形成科学的生活方式，我们才能为理想信念的坚定提供科学的思维方法与实践逻辑，才能不断增强透过现象看本质的能力，才能不断增强明辨是非、区别真伪的本领。

第二，在历史反思中拨开历史迷雾。理想信念的坚定，不但需要强大的科学支持，而且总是与重大历史问题相关联。因此，"认真地对待历史，总结经验，吸取教训，是每一个负责任的民族和政党应有的立场"[①]。西方资本主义国家对我国青年一代进行意识形态渗透，制造理想信念混乱的一个重要手段就是借助于历史问题大做文章。在慷慨激昂地捍卫所谓抽象人性的幌子下，以反思历史、追寻真相为名，含沙射影地攻击中国共产党、攻击党的领袖、攻击社会主义制

---

① 侯惠勤：《马克思的意识形态批判与当代中国》，中国社会科学出版社2010年版，第479页。

度，将社会主义建设史上的曲折与失误加以扩大化，甚至与法西斯暴行和野蛮同日而语。这种论调表面上是在谈历史，实际上是在谈现实，表面上是在追寻真相，实际上是在掩盖真相。对于这种借历史问题而制造的迷雾，我们必须始终注意弄清楚两个问题：

一是反思历史的使命并非是对历史人物进行道德拷问，而是要把握政治原则，分析历史问题产生的根源，并从中汲取指导现实的养料。如果我们以某些抽象的道德信条为标准去剪裁历史，以某些自以为是的人性尺度去评价历史，我们就会在历史反思中偏离正确的航向。邓小平同志指出："实际上，不少问题用个人品质是解释不了的。即使是品质很好的人，在有些情况下，也不能避免错误。"[①]

二是反思历史必须警惕别有用心的现实影射与攻击。当前很多貌似反思历史者，表面上摆出公共知识分子的面孔，一副超党派、超民族、超国家的姿态，实际上却包藏祸心地攻击现实中的社会主义国家。比如："近一个世纪以来，人类遭受了若干巨大的灾难——奥斯威辛的烟囱、南京大屠杀、苏联的格拉古群岛、红色高棉屠刀下的白骨以及文化大革命中的鲜血……这些惨绝人寰的悲剧的诞生，正是因为人不承认自身的有限性，人开始不择手段地追求人的完美无缺、人的无限性和人对神的取代。"[②] 在这一人类灾难的清单上，将每一个毛孔都充满着肮脏与残暴，双手沾满人民鲜血的英美资本主义国家忽略在清单之外。这并不是在客观反思历史。二是在进行赤裸裸的制度攻击。侯惠勤教授一针见血地指出："我们在反思'左'的失误的时候，就必须牢牢地把握相应的政治界限：'左'能够危害革命、甚至断送革命，但革命绝不容否定；'左'能假马克思主义整人、唬人甚至杀人，但马克思主义本身绝不容玷污；'左'能使理想信念失去人性光辉而变得冷酷，但理想信念本身绝不容拒斥！如果不是这样，那

---

　　① 《邓小平文选》第 2 卷，人民出版社 1994 年版，第 300—301 页。
　　② 转引自侯惠勤《马克思的意识形态批判与当代中国》，中国社会科学出版社 2010 年版，第 480—481 页。

第四章　改革开放以来我国文化影响力系统结构的历史演进

么对'左'的批判就必然变味、变质，走到反共反马克思主义的邪路上，除了制造混乱，别无裨益。事实正是如此。现在有些对'文革'的反思和批判，导致的结果不是坚定而是动摇了对于马克思主义的信仰，不是坚定而是动摇了对于中国特色社会主义的信念，实际上，是换一种方式鼓吹资本主义道路。我们对此不能不保持应有的警觉。"①

第三，加强对现实问题的马克思主义分析。理想信念的坚定往往是理论与现实进行无数次撞击的结果，面对现实中层出不穷的新情况、新问题，如果不能运用马克思主义进行科学而深刻的分析，就会得出一些似是而非的结论，而在这些错误结论的支配下，人就会在实践中陷入迷惘与盲目。因此，不断提高人们运用马克思主义分析现实问题的能力，对于坚定理想信念具有基础性作用。目前很多人理想信念出现荒芜、空场现象的一个重要原因就在于忽视理论素养的提高，拒绝对现实进行深入的理论分析，思想的懒汉越来越多，有些人甚至把"懒得思考"作为时髦的标志，满足于跟着感觉走。还有些人囫囵吞枣地读过几本西方著作，就用半生不熟的西方理论来支配自己的行为，结果误读社会现实，误导社会成员，甚至在一些大是大非的问题上都丧失了敏锐性与方位感。严峻的现实表明，如果面对错综复杂的社会现实缺乏马克思主义的分析能力，理想信念就会像无根的浮萍。

第四，推进社会主义核心价值体系建设，推动社会主义文化的大发展大繁荣。改革开放以来，意识形态领域杂音与噪音不断，马克思主义过时论、意识形态淡化论、道德相对论、理想虚无论不时沉渣泛起，冲击着社会主义主流意识形态。面对市场经济的负面效应，面对西方资本主义意识形态霸权话语咄咄逼人的攻势，社会主义意识形态必须做出积极回应。2006年，党的十六届六中全会提出必须建设社

---

① 侯惠勤：《马克思的意识形态批判与当代中国》，中国社会科学出版社2010年版，第483页。

会主义核心价值体系。2007年，党的十七大报告强调要建设社会主义核心价值体系，增强社会主义意识形态的吸引力与凝聚力。"社会主义核心价值体系是社会主义意识形态的本质表现。要巩固马克思主义指导地位，坚持不懈地用马克思主义中国化最新成果武装全党、教育人们，用中国特色社会主义共同理想凝聚力量，用以爱国主义为核心的民族精神和以改革创新为核心的时代精神鼓舞斗志，用社会主义荣辱观引领风尚，巩固全党全国各族人民团结奋斗的共同思想基础。"[1] 这样，就从理论、理想、精神、道德四个层面提出了社会主义核心价值体系，并要求"积极探索用社会主义核心价值体系引领社会思潮的有效途径，主动做好意识形态工作，既尊重差异、包容多样，又有力抵制各种错误和腐朽思想的影响"[2]。

2008年，以回眸和反思我国改革开放三十年的历史进程为契机，我国思想理论界爆发了一场关于"普世价值"的争论，这场争论既可以看作从意识形态的视角对改革开放三十年历史进行的深度解读，也可以视为对中国特色社会主义未来走向进行价值定位的论争。这场论争不但在理论层面展开，而且涉及全球的金融危机、北京奥运会、汶川大地震、西藏事件、南方雪灾等诸多现实的重大事件，从而在中国改革开放的"而立之年"绘就了错综复杂的意识形态图景。尽管金融危机使资本主义制度的缺陷暴露无遗，但是西方仍然坚守其核心价值观的底线，以"自由、民主、平等"为核心价值的西方文化在"普世价值"的外衣掩盖下在全球范围内扩张。西方国家策划的"颜色革命""大中东计划""阿拉伯之春"等一系列事件表明，以美国为首的西方国家在文化外衣的掩盖下在全球范围内推行"文化殖民"，文化影响力的争夺越来越成为资本主义与社会主义两种制度较

---

[1] 胡锦涛：《高举中国特色社会主义伟大旗帜 为夺取全面建设小康社会新胜利而奋斗》，转引自《十七大报告辅导读本》，人民出版社2007年版，第33页。

[2] 胡锦涛：《高举中国特色社会主义伟大旗帜 为夺取全面建设小康社会新胜利而奋斗》，转引自《十七大报告辅导读本》，人民出版社2007年版，第33页。

量的聚焦点，核心价值观的比拼越来越成为各种意识形态斗争的主战场。强力推进社会主义核心价值体系建设，切实提高社会主义先进文化的影响力，已经成为当代中国面向世界、走向世界、影响世界的必然选择。在这一背景下，党的十七届六中全会强调，要提高社会主义先进文化的辐射力与影响力，就必须推进社会主义核心价值体系建设，因为社会主义核心价值体系是兴国之魂，是社会主义先进文化的精髓，决定着中国特色社会主义的发展方向，贯穿于我国国民教育、精神文明建设和党的建设的全过程，渗透于改革开放和社会主义现代化建设的各个领域，体现在精神文化产品创作与传播的各个方面。提炼社会主义核心价值观，推进社会主义核心价值体系建设，已经成为今天中国特色社会主义文化建设面临的最重要任务和最根本挑战。

五　改革创新全面提升文化影响力

党的十八大以来，我国改革开放进入了全面深化的历史新阶段，难蹚的深水区必须要过，难啃的硬骨头必须要啃，这就必须具有强大的思想保证与精神支持。因此，党的十八大指出：要建设社会主义文化强国，"建设面向现代化、面向世界、面向未来的，民族的科学的大众的社会主义文化"[①]。党的十八大以来，以习近平同志为核心的党中央高度重视中国特色社会主义文化建设，以中华优秀传统文化为底蕴、以革命文化为底色、以社会主义为方向的中国特色社会主义文化影响力不断提升。围绕建设社会主义文化强国、增强中华民族的文化软实力、提升中华文化影响力，党的十八大以来，以习近平同志为核心的党中央，除了继承以往文化建设思想的精华，还创造性地提出了一系列创新性的思路与思想"亮点"，集中体现为：高度强调坚定文化自信；实现中华优秀传统文化的创造性转化与创新性发展；牢牢

[①]《十八大以来重要文献选编》（上），中央文献出版社2014年版，第24页。

掌握意识形态工作领导权、管理权、话语权；加快构建中国特色哲学社会科学；培育和践行社会主义核心价值观；讲好中国故事，贡献中国智慧等。

1. 高度强调文化自信。"自信"简单来说就是一种肯定与信任自己的心理状态。一个拥有高度文化自信的民族，必然能清醒认识自身的优势，并接受不完美的自我；不会因为自我有缺陷而妄自菲薄，绝不盲目崇拜具有某种优势的"他者"，因而不会以"他者"之长来量自己之短；同时，能与其他主体建立起良性互动的主体间性关系，绝不会盲目拒斥"他者"，在故步自封中苦心经营夜郎自大的虚幻王国，在自信的表象下掩盖深层的自卑。党的十八大报告指出："我们一定要坚持社会主义先进文化前进方向，树立高度的文化自觉和文化自信。"① 这是我党首次提出"文化自信"。2016 年 6 月 29 日，习近平总书记在中共中央政治局第三十三次集体学习时，第一次把"文化自信"与道路自信、理论自信、制度自信相提并论，而且进一步指出，"文化自信"是更基础、更广泛、更深厚的自信。2016 年 9 月 3 日，习近平主席在二十国集团工商峰会开幕式主旨演讲中进一步指出，文化自信是民族自信的总源头。党的十九大报告指出："没有高度的文化自信，没有文化的繁荣兴盛，就没有中华民族伟大复兴。"② 文化自信既是我国改革开放与现代化建设实践符合逻辑发展的必然结果，也是当前全面深化改革、实现"两个一百年"奋斗目标的必然要求，没有文化自信，制度自信、道路自信、理论自信就会成为无源之水、无本之木；没有文化自信，崛起的中国就缺乏精神标配，也就会成为有缺失的崛起，实际上也不可能真正崛起。

2. 实现中华优秀传统文化的创造性转化与创新性发展。习近平总书记是中华优秀传统文化的践行者、宣传者、创新者，在多个场合都提到了弘扬中华优秀传统文化的问题。2014 年 2 月 24 日，习近平

---

① 《十八大以来重要文献选编》（上），中央文献出版社 2014 年版，第 26 页。
② 《党的十九大报告学习辅导百问》，党建读物出版社、学习出版社 2017 年版，第 32 页。

第四章 改革开放以来我国文化影响力系统结构的历史演进

总书记提出,弘扬中华优秀传统文化,"要处理好继承和创造性发展的关系,重点做好创造性转化和创新性发展"①。"双创"也就成了新时代我们对待中华优秀传统文化的基本方针。创造性转化包括两个层面:一是在内容上要结合新时代中国特色社会主义实践的需要,充分挖掘中华优秀传统文化中依然具有借鉴价值的内涵,激活传统文化在新时代的生命力,实现传统文化的时代化;二是在形式上要充分运用现代传播技术与传播手段,赋予传统文化以新的形式、新的话语、新的传播平台。所谓创新性发展,就是要在尊重中华传统文化本色的基础上,结合新时代新实践的需要,不断完善、拓展、补充中华优秀传统文化的内涵,不断提升其吸引力、影响力和凝聚力。2017年1月,中共中央办公厅、国务院办公厅印发的《关于实施中华优秀传统文化传承发展工程的意见》指出:"坚持创造性转化和创新性发展。坚持辩证唯物主义和历史唯物主义,秉持客观、科学、礼敬的态度,取其精华、去其糟粕,扬弃继承、转化创新,不复古泥古,不简单否定,不断赋予新的时代内涵和现代表达形式,不断补充、拓展、完善,使中华民族最基本的文化基因与当代文化相适应、与现代社会相协调。"

3. 牢牢掌握意识形态工作领导权、管理权、话语权。意识形态工作是意识形态建构、发展、宣传、教育、践行和批判等一系列工作的总称。意识形态工作领导权是指特定领导人员或领导集团所掌握的,设立意识形态工作机构、配备意识形态工作人员、建立意识形态工作制度,贯彻和执行党和国家意识形态意图的权力。意识形态工作管理权是指综合运用计划、组织、指挥、控制与协调手段,对意识形态资源进行开发整合、对意识形态秩序进行协调控制以实现意识形态工作目的和任务的权力。意识形态工作话语权是指设置意识形态议题、主导意识形态舆论、创新意识形态话语的权力。这三权中领导权是核心,管理权是保障,话语权是手段。

---

① 《习近平谈治国理政》,外文出版社2014年版,第164页。

在阶级社会里，任何试图夺取政权和巩固政权的阶级，都会竭尽全力、牢牢掌握意识形态的领导权、管理权与话语权。从某种意义上来说，人类社会形态的演进史，就是意识形态领导权、管理权与话语权的更迭史。马克思在《德意志意识形态》中指出："每一个企图取代旧统治阶级的新阶级，为了达到自己的目的不得不把自己的利益说成是社会全体成员的共同利益。"① 这就是说，要推翻旧的统治秩序，新阶级就必须在行动上把自己描述成为全体非统治阶级利益的代表，在思想上把自己的思想说成是唯一合乎理性的、具有普遍真理性的思想。可以说，没有夺取意识形态的领导权、管理权与话语权，就不可能夺取政权，即使夺取了政权，也无法巩固政权，因此，习近平总书记指出："要把意识形态工作、领导权和话语权牢牢掌握在手中。"② 如果意识形态工作的领导权、管理权和话语权旁落，将会犯无可挽回的历史性错误。

4. 加快构建中国特色哲学社会科学。哲学社会科学是对整个世界以及人类社会本身科学认识的结晶，一个国家和民族哲学社会科学的发展状况与成熟程度往往对社会发展与历史进步产生跨越时空的影响力。然而在一个较长时期内，哲学社会科学领域的问题意识与学术标准都是"由西方说了算"，我国哲学社会科学无论是从学术体系、学科体系还是话语体系都还没有达到与西方思想进行正面交锋的水平。随着中国特色社会主义进入新时代，建设社会主义文化强国的时代使命，迫切要求哲学社会科学发挥重要作用。然而，正如习近平总书记在 2016 年 5 月 17 日全国哲学社会科学工作座谈会上的讲话中所指出："面对新形势新要求，我国哲学社会科学领域还存在一些亟待解决的问题。比如，哲学社会科学发展战略还不十分明确，学科体系、学术体系、话语体系建设水平总体不高，学术原创能力还不强。"

---

① 《马克思恩格斯选集》第 1 卷，人民出版社 2012 年版，第 180 页。
② 中共中央宣传部：《习近平总书记系列重要讲话读本》，学习出版社、人民出版社 2016 年版，第 193 页。

因此，如何立足中国、借鉴国外，挖掘历史、把握当代，关怀人类、面向未来，着力构建中国特色哲学社会科学，在指导思想、学科体系、学术体系、话语体系等方面充分体现中国特色、中国风格、中国气派，就成为建设中国特色文化强国、提高中华文化影响力的重大理论与实践课题。党的十九大报告指出：要"深化马克思主义理论研究和建设，加快构建中国特色哲学社会科学，加强中国特色新型智库建设"①。

5. 培育和践行社会主义核心价值观。一个国家、一个民族乃至一个单位和行业都有其核心价值观，没有核心价值观的主体就会没有灵魂，也没有清晰的自我镜像。马克思在《共产党宣言》中，把社会主义作为一种优越于资本主义的理想制度设计，提出了"两个必然"的伟大论断。但是社会主义到底要追求什么样的国家？社会主义社会到底是一个什么样的社会？社会主义制度下的个人又是什么样的个人？对于这些问题长期以来并没有一个清晰的回答，换言之，社会主义的核心价值观在科学社会主义发展史上一直不是非常清楚。

党的十八大首次明确提出了二十四字的社会主义核心价值观，即"倡导富强、民主、文明、和谐，倡导自由、平等、公正、法治，倡导爱国、敬业、诚信、友善，积极培育和践行社会主义核心价值观"②。这一社会主义核心价值观就是14亿人口、56个民族在价值观问题上的最大公约数，是我国社会主义制度的道义高地，也是我国社会主义制度不断完善和发展的价值指针，也是中国特色社会主义的"文化身份证"。中国特色社会主义文化影响力很大程度上取决于社会主义核心价值观的影响力。

社会主义核心价值观是塑造我们国家、社会、公民形象的精神指

---

① 《党的十九大报告学习辅导百问》，党建读物出版社、学习出版社2017年版，第33页。

② 《十八大以来重要文献选编（上）》，中央文献出版社2014年版，第25页。

南针，社会主义核心价值观的培育和践行过程就是我们的国家形象、社会形象、公民形象的塑造与形成过程。结合新时代中国特色社会主义建设与发展实际，如何以培养担当民族复兴大任的时代新人为目标，如何使社会主义核心价值观像空气一样无孔不入地渗透到国家与社会治理、公民的培养与塑造的全过程，直接关系到民族伟大复兴目标的实现。党的十九大报告指出："要以培养担当民族复兴大任的时代新人为着眼点，强化教育引导、实践养成、制度保障，发挥社会主义核心价值观对国民教育、精神文明创建、精神文化产品创作生产传播的引领作用，把社会主义核心价值观融入社会发展各方面，转化为人们的情感认同和行为习惯。"①

6. 切实担当讲好中国故事的时代使命。"故事"既是国家历史与人民生活的积淀，又是民族精神与时代理念的浓缩。习近平总书记多次强调，讲中国故事是时代命题，讲好中国故事是时代使命。习近平总书记这里指出了两个关键问题：一是要"讲故事"，二是要"讲好故事"。习近平主席本人就是讲中国故事、讲好中国故事的大师。无论是出访演讲、报刊文章还是会议发言、调研谈话都具有强烈的"讲故事"意识，而且传情达意具体生动、通俗深刻，精准传递着中国智慧与中国精神，极大提升了中国特色社会主义的文化影响力。

辉煌璀璨的中华文明、荡气回肠的现实奋斗，留下了丰富而精彩的中国故事。既有庙堂之高的故事，也有江湖之远的故事；既有繁华浪漫的现代都市故事，也有泥土芬芳的田间小道故事；既有历史久远的老故事，又有润心励志的新故事。然而，我们在文化交流与文化传播中，"讲故事"的意识还比较淡漠。究其原因主要在于：一是"脑袋空"，平时不读书、不学习、不思考，对中国历史一团漆黑，对中国现实一知半解，对世界大事不闻不问，脑袋空空如也，自然也就无故事可讲；二是"距离远"，主要是指离人民群

---

① 《党的十九大报告学习辅导百问》，党建读物出版社、学习出版社2017年版，第33—34页。

众远，离现实生活远，世界上最感人的故事往往存在于人民群众的现实生活之中，习近平总书记讲故事之所以精彩，一个重要原因就在于习近平总书记的故事大多源于人民、源于生活；三是"心里怕"，由于对故事所含之道缺乏深度发掘与精准把握，因而怕表错情，会错意；四是"能力弱"。讲故事不但需要生动而丰富的题材，更需要高超的技巧，如果缺乏讲故事的技巧，缺乏卓越的表达能力，再精彩的故事也会讲得枯燥乏味。

面对"讲中国故事"这一时代命题，必须勤于读书、精于思考、深入群众、感悟生活、提升能力，进行不间断的、持续的充电，彻底铲除"空""远""怕""弱"的根源，从而为担当"讲好中国故事"这一时代使命扫清障碍。深入分析习近平总书记讲故事的成功之道，我们就会发现，讲好中国故事，关键要把握"五要素"：一是选择好讲故事的"人物"。故事是人讲的，也是讲人的故事，所有故事都离不开人，离开了人的故事是不可想象的。一般来说，对世界讲中国故事就选择国际事件中的中国人物。比如习近平主席在出席俄罗斯纪念卫国战争胜利70周年时，就选择了在抗击法西斯德军中与俄罗斯并肩战斗的坦克连指导员毛岸英、中国飞行员唐铎、中国女记者胡济邦三个典型故事人物。二是选择好讲故事的"题材"。中国故事的题材千千万万，中国故事的元素林林总总，讲好中国故事，就必须精选故事题材。要选择最能代表中国形象、最能传递中国理念的"人"与"事"，这是世界了解中国的风景点。三是要选择好讲故事的"话语"。话语是故事的外壳，是交流的工具，是情感的载体，比如独龙族干部高德荣用一句"用身影指挥人，而不是用声音指挥人"的话，就生动道出了中国共产党人身体力行、率先垂范的优良传统。讲好中国故事，可以用中国话语讲中国故事，也可以用国外话语讲中国故事，用中国话语讲世界故事。比如习近平主席出访时，也经常用中国话语讲述出访国的故事。另外，《我与中国的美丽邂逅》就是来自韩国、日本、德国等23个国家的留学生，以他们的话语、他们的作品向世界传播中国声音，让世界读懂中国，效果非常好。四是要选择好讲故事的"形式"。讲故事不一定都是用有声的话语形式，还可以灵活运用电视、电影、舞蹈、音乐、图片、诗词、成语等多种形式。比如国家京剧院的演员们用我国独特的京剧形式在意大利演出西方经典《浮士德》，场场爆满，获得了巨大成功。这种形式以润物无声的方式让西方领悟了中国文化的魅力与京剧博大精深的内涵。五是要选择好讲故事的"道理"。故事中最意味深长的元素就是故事所蕴含的"道"，即思想、道理、理念。讲故事最重要的不是把故事过程叙述清楚，而是要讲出故事背后的"道"，以引人入胜的方式启人入道，以循循善诱的方式引人悟道，从而达到"传道""明道""信道"的效果。比如习近平总书记用"滴水穿石"的故事阐述久久为功的道理，勉励各级领导干部坚定扶贫信心，激发扶贫斗志。

习近平总书记指出："要讲好中国故事，传播好中国声音，阐释好中国特色。"[①] 讲好中国故事，既可以让世界对中国多一份尊重、多一份理解、多一份认同，使我们的朋友圈越来越扩大、越来越牢固、越来越真实，又可以增加全国各族人民为建设社会主义现代化强国而上下求索的正能量，因此，切实担当起"讲好中国故事"的时代使命正是我们义不容辞的责任。

---

① 中共中央宣传部：《习近平总书记系列重要讲话读本》，学习出版社、人民出版社2014年版，第105页。

第五章　国外文化影响力系统结构及生长路径的实证分析

纵观世界各国千姿百态的文化，有的偏居一隅不为人所知，有的大行其道，世界扬名。这并非文化本身的优劣所致，而是由于国家的差异、经济社会发展水平的高低以及不同文化所蕴含共享价值的元素不同。从文化影响力存在的普遍性来看，发达国家的文化影响力比发展中国家要强，当然这是从整体上来说的，并不排除某些发展中国家也有一些文化元素具有世界影响力，比如巴西的足球文化、印度的宝莱坞文化等，中国虽然是一个发展中国家，但是中国也有很多文化元素具有世界影响力，比如中国的长城、中国的饮食、中国的武术、中国的书画以及诸多著名的人物。世界各种文明之间的对话与沟通、冲突与融合充分体现了人类文明发展是多样性的统一。各个国家和民族传承自身的历史与传统，凭借各自的智慧与力量构建出不同历史时期的世界文化版图。随着中国特色社会主义进入"强起来"新时代，世界人民对中国文化存在更高远的期待、更美好的愿景。然而，中国的政治经济影响力虽已在世界上举足轻重，但是文化影响力却不尽如人意。因此，分析美国、法国、日本、俄罗斯等国家提升文化影响力系统结构及提升路径的典型实证，可以为我们完善中国特色社会主义文化影响力的系统结构，探索中国特色社会主义文化影响力的提升路径提供借鉴和启迪。

一 美国电影文化的意识形态底蕴
及其影响力提升路径

美国是一个立国不到三百年的年轻资本主义国家，但是其令人生畏的军事实力、称霸全球的经济实力、首屈一指的科技实力、颇具魅力的文化实力，使我们不得不瞩目这个雄踞全球巅峰的国家。经过 20 世纪近一个世纪的精心策划，美国不断调整其文化战略与策略，终于确立了美国文化在世界文化版图上的主流地位。尤其是二战以后，美国发动了针对苏联的文化冷战和针对欧洲列强的知识冷战，1961 年 4 月 12 日，苏联宇航员加加林乘坐宇宙飞船进入环地球轨道，苏联这一科技的胜利使美国认识到"必须弥补在对俄国人的知识与文化战争中的落后"。"这一时期的许多文件证实了肯尼迪及其顾问们给与美国在 1960 年代必须发起的针对苏联的文化和知识的攻势以取得优先地位。"[1] 两场冷战的胜利最终使美国文化覆盖了世界文化版图的大片疆域，从而成为影响世界的主流文化，世界各国也就出现了一种非常反常的文化现象：大众一边批评美国文化，一边消费美国文化，这种状况至今仍然在延续。那么美国文化影响力的勃兴有何奥秘？对于正在为建设社会主义文化强国而上下求索的中国有何启示呢？电影是美国文化的典型代表，美国的好莱坞更被视作电影的圣地，其生产的电影遍布全球。窥一斑而知全豹，我们透过美国电影可以把握美国文化的特质，从中可以获得提升我国文化影响力所需要的某些具有工具性价值的智慧与启迪。

1. 美国电影文化的价值旨趣

电影等文化产品不仅可以娱乐身心，而且还是统治阶级传播统治思想与价值观念的工具。尤其是在当今追求感性、追求图视化的时

---

[1] [法] 弗雷德里克·马特尔：《论美国的文化》，商务印书馆 2013 年版，第 13 页。

第五章 国外文化影响力系统结构及生长路径的实证分析

代,电影相对于报刊杂志而言更受大众欢迎。对于追求文化扩张与渗透的美国而言,电影更是其文化的支柱产业,也是服务于美国全球霸权、为美国全球扩张鸣锣开道的有效武器。它披着娱乐与审美的合理外衣,对美国的生活方式及价值观念进行影像建构,披着审美与娱乐的"合理"外衣,不断以美利坚文化影响全世界的文化生态与精神结构。"当今世界,中、法、俄、日、印、英、韩、西班牙不愧为电影大国,但是电影强国只有一个美国。据统计,过去五年,美国电影本土产出仅增长7%,但海外增长却达到46%;美国电影的覆盖面遍及全球。"[①] 美国电影将美国的核心价值观进行影像元素的包裹与塑造,借助于高科技的视听传播手段,激发不同文化受众的情感认同与价值认同。

第一,美国电影文化的第一个价值旨趣就是鼓吹渗透与扩张。基于历史与宗教根源,美国白人主流文化中存在一种根深蒂固的"美国独特"情结,他们认为美国是上帝特殊选择与眷顾的国度,美国与生俱来就肩负着一种将人们从"苦难"中"救赎"出来的使命感,这种"独特性"与"使命感"将美国与世界区别开来。美国政治与社会学家西蒙·利普塞特(Seymour Martin Lipset)以"自由、平等主义、个人主义、民众主义和自由放任"等政治文化观念解释了美国与其他工业民主国家之间的不同。[②] 既然美国与文化同源的欧洲国家都相互区别,与其他不同文化与价值观的发展中国家就更不用说了。这种独特感与使命感既成为美国文化进行全球扩张与渗透的意识形态根源,也为美国充当世界警察、肆意干涉别国内政提供了合法性辩护,特朗普提出的"美国优先"理念似乎就是这种独特感与使命感神话的当代演绎。美国文化这种强烈的扩张性在美国电影中得以淋漓尽致

---

① 袁明:《美国文化与社会十五讲》,北京大学出版社2015年版,第247页。
② Seymour Martin Lipset, *The FirstNew Nation: The United States in Historical and Comparative Perspective*, New York: BasicBooks, 1963; Sey-mourMartin Lipset, *ContinentalDivide: The Values and Institutions ofthe United States and Canada*, New York: Routledge, 1990; Seymour-Martin Lipset, *American Exceptionalism: A Double-edged Sword*, New York: W. W. Norton, 1996.

地展现。比如美国梦工厂在2013年4月推出了3D动画电影《疯狂原始人》，电影播出后，几乎是"零负评"，票房稳步上扬，成为当年首部夺得周票房冠军的动画电影。影片通过讲述原始洞穴人咕噜家族寻找新的家园的冒险之旅，淋漓尽致又隐蔽巧妙地展示了美国个人主义、英雄主义、救世情怀和"山巅之城"的梦想等美国文化元素，充分体现出美国文化进行全球扩张的战略意图。

第二，美国电影文化的第二个价值旨趣就是体现美国梦的个人英雄主义情怀。个人主义作为美国意识形态最牢固的基础，渗透于社会生活的方方面面。在美国梦里面有一个基本的思想，那就是每个人都可以凭借自己的奋斗和努力获得成功，如果一个人虽然出身卑微，但是通过个人努力获得巨大成功，就会受到普遍的赞扬和尊敬，依靠他人是无能的不光彩表现。这种个人英雄主义在美国反对英国殖民统治、争取主权独立的斗争以及随后的西进运动与自然界进行的斗争中，升华为对个人英雄主义的无限崇拜，随着二战后美国成为全球霸主，这种个人英雄主义几乎深入每个美国人的血液与骨髓。这时美国好莱坞生产的电影又成了美国精神与个人英雄主义价值观最好的推手，这些电影在给世界其他国家的人们带来强烈视听冲击与感官享受的同时，美国精神、美国思想、美国价值等意识形态元素也润物细无声一般进入了人们的头脑，从这个意义上说，美国电影是美国推进政治文化转基因改造工程最锐利的武器。除了由漫画改编的电影《超人》之外，《钢铁侠》《蝙蝠侠》《蜘蛛侠》《终结者》《第一滴血》等系列电影都贯穿着个人英雄主义的主线。这些电影之所以在世界范围产生广泛影响力，除了电影演员精湛的演技、现代先进的拍摄技术之外，电影所塑造的英雄主角强健的体魄、迷人的气质、坎坷的经历、救世的心理、超凡的能力、鲜明的个性几乎是所有人所喜爱、所崇拜的对象。尤其是这些个人英雄主义的电影中，几乎全部使用了女性的反衬手法，即用女性的柔弱反衬英雄的强大。比如《飓风营救》中尼森饰演的退休特工从人贩手中拯救自己的女儿；而《蜘蛛侠》

电影中营救女友的场景，又使这些高、冷、酷、帅的个人英雄具有浓厚的人间温情，这种设计又使这种个人英雄圈粉无数，影响力飙升。

第三，美国电影文化的第三个旨趣就是崇尚包容与多元。美国从起源来看就是一个移民国家，多民族多种族是其典型特征，这就决定了美国价值观与文化的多元性与差异性，美国的文化体制也必然面临协调和平衡多元文化之间差异的问题，只有这样才能最终形成各民族和种族都能认同的美国文化。"美国文化具有开放性的特征，它包容其他国家的优秀文化并不断地丰富自己。美国文化的多元性和包容性既是其现代化进程的反映，也对其现代化进程有所推动。"① 这种开放包容的特征在美国电影中也体现得非常明显。对这种多元的包容与开放往往是站在美国人的视角对他者文化对象进行的积极观照与思考。比如罗伯·马歇尔根据美国作家阿瑟·高顿的同名小说改编而成的《艺妓回忆录》，电影中的女主人公小百合虽然拥有一双亚洲人罕见的蓝灰色眼睛，但是她的白袜木屐以及重重叠叠的和服，却是日本艺妓文化的符号，小百合的形象反映出来的就是东西两种文化的融合，一方面包含着日本文化中既妖冶又含蓄的精致、细腻之美，另一方面又体现出美国文化对自由的追求和与命运抗争的勇气。

2. 以电影为代表的美国文化影响力提升的路径分析

第一，美国文化与美国的国家战略高度融合进行"捆绑贸易"。以电影为主导的美国的文化产业虽然繁荣兴盛，但是美国政府并没有专门的机构、专门的人员，甚至没有专门的法律法规与政策来直接管理文化产品的对外贸易。美国文化产品的发展以及市场的开拓，都融入了国家的整体发展战略，在国家政治、经济、军事、外交等方面的政策执行过程中，处处可以看到美国文化的影子。由于美国是世界上唯一的超级大国，其经济、政治、科技、军事等硬实力的影响遍布全球，因此，美国文化也随之走向世界并产生了世界级的影响力。

---

① 顾宁：《美国文化与现代化》，辽海出版社2000年版，第1页。

美国的文化产品历来被国家视为推行对外战略的利器，除了美元、技术、导弹、航母是维护其世界霸权的武器外，好莱坞的电影、可口可乐的饮品、麦迪逊大街的设计也都是其推行对外战略的锐器。美国国务院、商务部和美国驻外使馆在与别国的各级谈判或日常磋商中都会千方百计为文化产品贸易打开市场。目前美国已与日本、韩国、以色列、巴林、墨西哥、加拿大等分属各大洲的 20 个国家签署了包含文化产品在内的双边或多边自由贸易协定。曾经担任美国总统的罗斯福有一句名言，"娱乐是最好的宣传"。在担任总统期间，他曾采用外汇补贴、税收优惠等方式，对电影业予以政策倾斜，鼓励美国电影走向世界，成为美国价值观与生活方式的传播名片。甚至通过文化运作，按照美国标准设置世界级奖项，有意无意地把美国标准当作世界标准向世界推广，鼓励其他国家的艺术家按照美国标准进行创作，从而充当了美国文化不自觉的推销员。

为了使美国文化畅通无阻地走向世界，美国政府还常常把文化产品贸易作为对外援助的附加条件。一些国家为了得到美国的援助，不得不在政治上做出让步，按照美国的理念、标准与价值观来进行本国治理政策的设计，从而埋下了诸多政治隐患，冷战结束后不断发生的颜色革命就是这些国家接受援助所带来的政治后果。二战后为了振兴欧洲而实施的马歇尔计划中就包含了美国的电影、书刊、音乐、戏剧等文化产品。此外，"1958 年，美国向波兰出口棉花和小麦等农产品并提供 2500 万美元的援助时，附带条件是波兰必须向美国购买 1 万美元的美国书籍、影片、唱片等文化产品"[①]。

美国还是一个网络科技非常发达的国家，借助于网络优势与政策支持，美国在网络空间的文化产品贸易发展也非常迅猛。近年来，美国的脸书（Facebook）、推特（Twitter）、照片分享（Instagram）、网飞（Netflix）等社交媒体和新兴线上付费影音平台迅猛发展，其业务

---

① 联文：《美国如何借文化贸易扩大影响力》，《中国文化报》2018 年 1 月 25 日。

覆盖全球数十亿人口,几乎遍及所有国家,成为推动美国文化产品贸易的加速器。美国好莱坞根据同名网络游戏拍摄的电影《魔兽争霸》,在中国市场的票房收入就高达2.2亿美元。而网飞公司制作的《纸牌屋》等网络电视剧、影视剧可同时向全球190个国家的8100万线上观众播出,其线上影音产品年销售额就高达70亿美元。①

第二,美国强大的经济、军事、科技等国家硬实力是美国文化产生强大影响力的物质基础。一般来讲,一个国家的硬实力越强,软实力就越硬,影响力就越广。从美国来看也是如此,二战后,美国硬实力达到巅峰的时期,也正是美国文化影响力遍及全球的时期,而20世纪90年代,克林顿治理下的美国创造了"新经济"的神话,美国电影的全球影响力更是再现王者风范。因此,没有强大的国家硬实力,文化影响力的提升就犹如空中楼阁、海市蜃楼。只有具备了用硬实力说话的底气,文化所蕴含的价值观才能得到广泛认同,美国国际关系学家约瑟夫·奈就认为:一个国家的软实力与硬实力是相辅相成的,如果一个国家的经济和军事赢弱不堪,就会丧失大部分影响国际事务、表达自身话语的机会,最终会丧失几乎可以忽略不计的吸引力与影响力。因为哪怕是一匹即将瘦死的骆驼,无论你的驼峰多么美丽,也不会有很多的观众。进入21世纪之后,美国国力虽然依然在全球首屈一指,但是开始显得有点力不从心,美国文化遭到敌视的次数也越来越多。"对于文化的接收方而言,全球流行文化的'美国化'却促使他们更加逆反,在其他所有领域中掀起了一股'非美国化'的潮流。几乎所有的超国家行为体——从欧洲联盟到国际刑事法庭——即便不是对美国价值观抱持明显的敌意,至少也心存反感。"②

第三,"最小冒犯原则"的运用使美国文化保持广泛的民众基础

为了使传播范围更广、渗透力度更大、赢得观众更多,美国电影始终遵循一条"最小冒犯原则",即在价值取向或价值表现手段上一

---

① 联文:《美国如何借文化贸易扩大影响力》,《中国文化报》2018年1月25日。
② [加]马克·斯坦恩:《美国独行》,姚遥译,新星出版社2016年版,第238页。

般选择人类普遍的人性与心理，表达绝大多数人普遍认同的价值准则，谨慎地避免因不同宗教信仰、不同文化传统、不同年龄性别、不同种族民族、不同风俗习惯引起的冲突、摩擦和争议。比如前面论及的影片《疯狂原始人》，它就是以原始穴居时代为历史背景，以没有国家、党派、宗教信仰等条件规制的咕噜家族为典型，充分表达人类最普遍能接受的亲情、友情与爱情以及趋利避害的心理动机，这就满足了具有多元文化差异的观众需要。

此外，在电影题材的选择上，美国电影在剧本创作中也改变了以往美国中心论、欧洲中心论的偏好而越来越趋于中性化。典型的美式镜头大幅减少，比如反映美国体育特色的橄榄球与垒球比赛、美国式休闲、唇枪舌剑的法庭辩论等。有的电影甚至为了有针对性地吸引某些国家的观众，还特地植入特定的国家元素。比如为了赢得中国市场的观众，近年来美国电影中的中国元素日益增多。比如2013年播出的《地心引力》中就出现了中国航天技术的符号——天宫一号。以往美国电影传达出来的都是每到关键时刻都是"美国拯救世界"，而在本片中，中国的航天技术成了主人公的救世主，这就大大增加了中国观众的亲切感与认同感。《功夫熊猫2》更是一部彻头彻尾的饱含中国元素的美国电影。且不论熊猫本身就是中国观众所熟悉的国宝，在中文字幕上也出现了大量中国特色的网络语言，比如"神马""浮云"等，在影片中出现的凤凰古城、舞龙舞狮、皮影戏、太极拳、八卦图等也是地地道道的中国元素。

当然，美国之所以能登上世界电影王国的巅峰，除了上述原因之外，还有其他众多因素发挥合力作用，比如对于现代高新技术的娴熟运用。美国非常注重对现代高新技术的研发与运用，网络技术、数字技术、卫星技术等高新技术使美国电影如虎添翼。电影《阿凡达》2010年的全球票房收入一举突破27亿美元，成为全球票房史上的第一名，与3D技术和电影产业的高度融合有关，运用3D技术塑造的生动、逼真的形象大大满足了观众的需要。此外，美国电影还非常注意对于观众心理的把握，一些爱情片看得少男少女们痴情似火、跃跃欲试，幻想自己也能有那么浪漫的爱情经历，并不知不觉去模仿。

二 日本动画文化影响力提升的基本经验

如果在茶余饭后谈到奥特曼、花仙子、樱桃小丸子、火影忍者等动漫明星，很少有人会表示"不知道"。这些明星都来自我们的东方邻居——日本。自从1996年日本明确表示要从经济大国转向文化输出大国之后，动漫产业迅速成长为输出日本文化、彰显日本文化影响力的一张名片，成为与日本汽车、日本电器比肩而立的三大日本制造。据统计数据显示，日本的动漫产品加上其衍生产品，每年的产值占日本GDP的比重达到10%以上，在世界巨大的动漫市场上，日本所占的份额达到60%以上。"据初步统计，目前全球播放的动画节目约有60%是日本制作的，世界上有68个国家和地区播放日本电视动画、40个国家和地区播放其动画电影。"① 这些日本动画产品不但创造出惊人的商业利润，也精准传递了日本的价值观与精神信仰，塑造着日本的国家形象，实现了文化输出与商业利润的双丰收。当然，日本的动漫产业在繁荣的表象背后也存在一些隐患，比如产销分离的运作模式导致创作者的薪水微薄，动漫人才后继乏人并流失严重，动漫产业有被掏空的危险。尽管日本的动漫产业发展并不尽如人意，但是日本通过动漫产业的长足发展来提升国家与民族文化影响力的经验对于我们建设社会主义现代化强国仍然具有宝贵的启迪与借鉴意义。

1. 加强对动漫产业的整体规划及营销策划是日本成为"动漫王国"的关键。日本的动漫产业具有完整的市场结构与产业链条，制片人负责动画片制作，由代理商进行销售，影视系统负责播放，企业购买动画产品形象并开发衍生产品，商家负责销售动画产品。动画市场

---

① 吕云：《"动漫王国"日本如何打造文化影响力》，《玩具世界》2010年第9期。

从市场结构上分为三个层次：一是动画本身的播放市场，二是动画图书及音像制品市场，三是动画形象的衍生产品市场，包括服装、文具、玩具、食品等。由于衍生产品的利润更丰厚、市场更广阔，所以在一部动画片制作与播放之前，日本企业及相关政府部门不但重视对于动画片本身的发展与运作，而且还做好了衍生产品的开发与营销计划，动画片开播之时，相关衍生产品也进入市场开拓、形象推广阶段。日本动漫文化的发展表明，一种文化产业的发展，要以文化产品为中心，加强经济与文化的融合，既要提升经济发展的文化含量，又要在振兴文化产业中实现经济发展，在经济发展与文化振兴的双向互动中加强文化产品的整体规划与营销策划，形成强劲有力的文化拳头产品。

2. 国家政策层面给予的支持是日本动漫产业发展的动力。

日本动漫产业的迅速发展有一个非常重要的原因就在于日本政府从文化立国的战略高度所给予的强大支持。1996年，日本政府公布实施《21世纪文化立国方略》，提出了从经济大国向文化输出大国转变的目标；2003年提出"观光立国计划"；2007年又提出文化产业发展战略。围绕这些国家战略，日本又提出了一系列的配套政策，推进文化产业发展，扩大文化产品的出口，将文化产业作为国家支柱产业。日本外务省为了扩大动漫在国外的文化影响力，还从动画制作商手中购买动画片播放版权，免费在发展中国家的电视台播放。此外，日本政府针对近年来日本动漫人才后继无人的局面，开始注重对于动漫人才的教育培训，一些高校还专门设置动漫专业，一些地方政府还有针对性地举办各种培训与讲座，提升动漫人才的专业水平。

可以说，日本动漫产业的成功，不仅源于其自身强大的动漫实力，更离不开政府对这一产业的超强支持。日本政府既为动漫产业的制作、市场的开拓提供了巨额资金，同时又非常重视对动漫先进技术的研发，不断根据市场环境与消费主体的需求新变化，推出新技术、拓展新渠道、开辟新市场。因此，我国政府如何加大对文化产业的精

第五章 国外文化影响力系统结构及生长路径的实证分析

准支持,使文化产业的发展不仅仅是"市场的事",更是"国家的事",确实是一个值得深入研究的问题

3. 忠诚地传播日本文化是日本动漫产业发展的灵魂。日本动漫凭借着别具一格的风格、出人意料的创意、先进高超的技术,在全球动漫市场独领风骚,让无数动漫粉丝竞折腰。"在国际市场中,日本是动漫作品最大的出产国和出口国,它每年可以为全世界的广大动漫爱好者带来 12 万分钟以上的优秀作品,而且其产出速度还在不断的加快当中。截至 2012 年,日本政府已经成功将动画片、漫画以及电子游戏三者进行商业组合,并在国际市场中获得高达 90 亿美元的经济收益。"① 动漫产业的商业利润只是显性成就,其中更大的隐性成就更加可观。因为动漫作品不仅仅是动漫作品,其中也是一种本民族文化与价值观的感性表达,这种包裹于文化产品中的民族文化与价值观就成了这种产品的灵魂。虽然受到历史文化传统与风俗习惯等多重因素的影响,各国的动漫作品不尽相同,但是撇开这些错综复杂的表象不谈,贯穿其中的精神主线就是这个国家与民族的文化与价值观表达,因而饱含着丰富的文化元素。从文化视角来看,动漫爱好者凭借动漫作品的思想文化内涵基本上就能判断出其来自哪个国家。因此动漫作品在无形当中充当了本国文化使者的角色。日本的每一个动漫形象都在无形中成了日本文化最忠诚的传播者、日本情怀的表达者、日本价值的传递者、日本形象的塑造者。随着动漫产品在世界市场的扎根,日本文化也润物细无声地进入了世界各国人民的头脑,日本文化就随着动漫产品传播到了世界的每一个角落,从而对于改变世界对战后日本的认知,提升日本在全球的文化影响力起到了"四两拨千斤"的作用。因此,日本文化及其所秉持的价值观就成了日本动漫产业发展的灵魂。

---

① 杨钧:《日本动漫产业的发展及其对经济的影响》,《赤峰学院学报》2016 年第 3 期。

三　法国应对文化影响力危机的战略与策略选择

讲到法国文化，如果要我们讲出几个与法国文化有关的关键词，很可能就是：香水、玫瑰、葡萄酒、激情、浪漫、时尚。但是这些都是最吸引人的表面现象，也说明我们对法国文化知之不多、知之不深。比如由杨剑、钱林森等老中青三代翻译家和中法文化关系的研究者一起翻译的《法国文化史》四卷本出版五六年后，在中文世界反响并不大，几乎很少见到有分量的研究与评论之声。这说明中国对法国文化的喜爱度以及兴趣度、熟悉度都不够深入。随着中法合作项目"法国文化年"在中国的实施与推进，人们对法国文化开始有了一些比较深入的了解。人们逐步认识到，不但中国文化与法国文化有着诸多相似之处，比如历史悠久、遗产丰富、资源众多、底蕴深厚等，而且在全球化进程中对于促进文化产业的发展都采用了政府主导模式。之所以说法国文化在传统与现代边缘挣扎，因为法国文化一方面要坚定不移地捍卫传统文化荣光，另一方面，又不得不面临现代全球化的严峻挑战。

1. 法兰西传统文化的荣光：法国有着灿烂的传统文化。比如著名的文化遗产有卢浮宫、凡尔赛宫、巴黎圣母院等；有巴尔扎克、雨果、加缪等世界级大文豪；法国还是印象主义、超现实主义等各种艺术流派的发源地和电影的发源地，至今仍然是欧洲最大和最重要的电影生产国。法国的时尚产业、美食文化产业、文化旅游产业等一直长盛不衰。巴黎是法国文化的集中代表，有500多处受国家保护的历史古迹，结构均衡的哥特式建筑、世界著名的金属建筑、令人叹为观止的宏伟宫殿、种类繁多的文化博物馆在巴黎大街随处可见。此外，巴黎还是思想领域的先行者，世界著名的诸多文学、音乐、绘画高等院校都在巴黎。曾经担任法国总统的蓬皮杜曾有一句名言："法国不产石油，但是产生思想。"语言是文化必不可少的符号，法语从1648年

《威斯特伐利亚条约》签订以来就成了外交官们非常喜爱的语言,到18世纪,法语成了所有有教养的人都喜欢的语言,和中世纪的拉丁语、文艺复兴时期的意大利语、14世纪至17世纪的西班牙语以及今天的英语一样,都是国际通用语言。后来随着启蒙运动、法国大革命、巴黎公社革命的爆发,法国成了世界瞩目的中心,而法国资产阶级在亚非拉地区的殖民扩张,更进一步把法国文化推向了世界舞台,从而产生了巨大的文化影响力。据相关研究表明:法国文化产业的国际综合竞争力指数为66.47,仅次于美国的71.44。[①]

2. 全球化的挑战与法国文化的危机。18世纪末,法国与奥地利、普鲁士、英国、西班牙、意大利等国进行了长达二十余年的战争,极大地消耗了国家实力,同时也使法国文化从辉煌走向了衰落。尤其是从18世纪末开始,世界各国家与民族除了在政治上相互合作、经济上相互依赖之外,文化上的相互渗透与融合成了一种不可阻挡的趋势。而现代交通运输与信息技术的迅速发展,为世界各国的交往交流创造了有利条件。在日益频繁的文化交流中,不同国家与民族的文化开始超越民族与地域的界限,不同的国家与民族形成了一些共同遵守和认同的文化理念。不同文化的交流就必然存在一种强势文化与弱势文化的区别,强势文化往往不断吞噬弱势文化的版图,使之与自己的文化趋于一致,最终实现价值同构。而弱势文化必然顽强抗拒强势文化的入侵,并尽力捍卫自身的文化本色。这一段时期的法国面临的最大危机就是美国文化的入侵。美国文化在强大硬实力的支撑下开始向全球渗透,美国歌曲、牛仔裤、电影、可口可乐、麦当劳等美国文化元素盛行于全球。巴黎街头的青年一代穿着褪色的蓝色牛仔裤和印着各种图案的T恤衫、喝着美国的可口可乐、嚼美国的口香糖、观赏着美国的好莱坞大片、听着美国的流行歌曲、讲一些夹杂着美式英语和英式英语的法语。这种美国文化全球化的浪潮深深震撼了法国这个文

[①] 蓝庆新、郑学党:《中国文化产业国际竞争力评价及策略研究——基于2010年横截面数据的分析》,《财经问题研究》2012年第3期。

化大国，甚至出现了法国文化终结论。如何捍卫法兰西灿烂文化的荣光，已经成了法国无法回避的问题。

3. 法国应对文化危机的战略与策略选择。美国未来学家约翰·奈斯比特认为，文化全球化的最终结果只能是"瑞典人会更瑞典化，中国人会更中国化，而法国人也会更法国化"。这就说明各个国家与民族的文化交流不是文化的零和博弈，不是强势文化吞噬弱势文化，文化民族化是文化全球化的基础，在世界的文化版图上不是一元文化独步天下，而是多元文化争奇斗艳，各民族文化只有在文化交流中取长补短，将本民族文化的特色发扬光大，为世界所接受、所认同、所尊重，才能在世界文化格局中占有一席之地。法国应对文化全球化的挑战，在战略策略选择上有三个方面值得借鉴。

第一，充分发挥政府作用，坚守法兰西民族文化特色。面对文化全球化所引发的民族文化认同危机，法国政府并没有满足于做一个"守夜人"的角色，而是充分发挥文化保卫者、文化宣传者的角色，通过制定与国家意志、民族特性相一致的文化政策，增强法兰西民族文化的活力，提高其民族文化的影响力。文化产业的税收政策与资助制度相继出台。比如20世纪90年代，美国要求欧洲开放视听市场，以便美国的影视产品能够长驱直入。面对美国的霸凌要求，法国在乌拉圭多边贸易谈判中坚持"文化例外"原则，认为文化产品不同于一般商品，具有各不相同的价值遵循，因而不能完全按照市场原则，应该排除在自由贸易的范围之外，这样才能确保各国公民持续享有本国丰富文化遗产的权利。法国政府在影视业方面主要采取限制配额和政府补贴等措施，并以法律的形式规定法国电视频道至少播放60%的法语节目，所有法国电台在黄金时段播放不低于40%的法语歌曲，甚至通过"单独配额"强行要求电视台在黄金时段播放法国人制作的电视节目。[①] 这一举措，对于限制外国文化产品长驱直入本国市场，

---

① 邓文君：《民族文化认同危机意识下的法国文化政策嬗变机制研究》，《情报杂志》2017年第12期。

保护本民族文化，防止美国文化产品在法国泛滥成灾，在一定程度上起到了防火墙的作用。

第二，坚持"三个统一"，增强法兰西民族文化的世界影响力。一是坚持民族情怀与国际视野的统一。法国始终坚持将国家主权置于政策设计的最高层面，将国民意志置于政策设计的中心位置，将自由、平等、博爱理念作为文化制度的核心。坚持民族情怀并不等于故步自封，而是要从国家大视野来看待民族文化特性的坚守与发扬，从而不至于在世界大潮中迷失方向。二是坚持文化民族性与多样性的统一。依靠文化例外论来捍卫民族文化必然不能长久，法国政府认识到，只有在多样化的文化生态中才能为本民族文化的发展开拓新空间，只有在与他者文化的比较中才能彰显法兰西民族文化的特性。因此，到20世纪90年代，法国逐步提倡文化多样性理论。法国和加拿大还联合起草了《保护和促进文化表达多样性国际公约》，并于2005年10月在联合国教科文组织会议上通过，成为人类历史上第一个规范文化产业和文化政策的国际条约。三是坚持继承性与创新性的统一。人格学派的代表米德曾指出："文化是一组人格心理特征在规范、组织、习俗和制度上的投射，是人格心理特征的规范化、合法化和制度化。人格心理特征是文化的重要坐标系，文化之所以有差别，就是因为人格心理特征上存在差别。"[①] 任何民族文化都是在本民族历史发展不同阶段的人们心理投射的结果，这种投射既保持着一脉相承的继承性，同时又要体现与时俱进的创新性。法国政府在应对文化全球化的冲击时，一方面坚定捍卫本民族文化，另一方面又非常强调在创新中求生存。

第三，在坚守与开放的和谐统一中拓展文化的生存新路径。法国政府在捍卫民族文化特色方面虽然卓有成效，但是，近年来法国也认识到，面对凯歌行进的全球化浪潮，文化的发展仅仅靠政府的保护是

---

① 韩震：《全球化时代的文化认同与国家认同》，北京师范大学出版社2013年版，第55页。

很难长久生存的,以美国为代表的强势文化的发展终将冲破政府保护的堤坝。实际上,在"文化帝国主义"的冲击下,法国政府虽然顽强抵抗,但是仍然难免这样的尴尬,那就是法国本国国民对本民族文化的兴趣并没增加,反而呈下降趋势。因此,如何坚守民族文化的阵地,同时又大胆实行文化的开放也就成为考验政府执政智慧的难题。在应对全球化的挑战中,法国从政府到民间普遍认识到,保护民族文化并不等于文化保护主义。法国文化部长阿拉贡就曾指出,法国从来不拒绝外来的优秀文化包括美国文化,法国反对的是完全出于商业目的的文化传播。因此,只有在坚守民族文化特色的基础上,以开放包容的心态与其他外来优秀文化进行交融与碰撞,才能拓展本民族文化的生存空间。这种在坚守中开放、在开放中坚守的理念在近年来法国电影的发展中就有鲜明体现。比如法国电影历来因为过度追求艺术性、忽略大众性而饱受诟病。近年来,法国电影也开始接受了好莱坞电影吸引观众的策略与技巧,收到了良好的效果,法国电影在戛纳国际电影节连续获得不俗战绩就是其最好的明证。法国电影业也重新赢回了观众,走出了困境,提高了市场份额。

四 俄罗斯文化的基本精神及其影响力

谈到俄罗斯文化,人们不由自主地会联想到列夫·托尔斯泰、普希金、陀思妥耶夫斯基、别尔嘉耶夫、柴可夫斯基、苏霍姆林斯基等一大批文化巨匠的名字,这表明俄罗斯文化在世界文化版图上并不是一个可以忽略的存在。虽然俄罗斯并非是一个发达国家,但是,作为具有社会主义经历的俄罗斯,以及我国的最大邻国,我们绝对不能轻描淡写地对待俄罗斯文化,而必须深入研究之。其实,当前俄罗斯很多内政外交战略与政策,都打上了俄罗斯文化的烙印。2008 年,美籍俄裔俄罗斯文化史学家所罗门·沃尔科夫在《20 世纪俄罗斯文化史:从托尔斯泰到索尔仁尼琴》中提出,20 世纪的俄罗斯文化经历了三大矛盾和冲突。第一个矛盾就是始自于 1917 年的本土正宗文化与侨民文化的矛盾；第二个矛盾就是共产主义文化与反苏联文化的矛盾；第三个矛盾就是城市题材写作和乡村题材写作之间的矛盾。这三大矛盾的展开与演绎就成了 20 世纪俄罗斯文化发展的中心议题，这对于今天俄罗斯文化政策的制定都产生了重大影响。考察俄罗斯文化对世界的影响力，以下几个方面是不容忽略的。

1. 俄罗斯文化中的救世主义情怀。俄罗斯文化是在俄罗斯民族不断征服扩张的过程中，在西方文化的影响下不断进行自我革新而生成的一种文化形态。虽然其文化多样性与文化的历史积淀与西欧和中国无法同日而语，但是，不可否认的是，从 19 世纪开始，俄罗斯文化就成了一种具有世界性影响的文化，而支撑这种文化产生世界影响的形而上动力就源于俄罗斯文化中的救世主义情怀。

虽然俄罗斯文化的发展受到西化路线的影响很深，尤其是彼得一世和叶卡捷琳娜二世的改革更使俄罗斯文化具有鲜明的欧洲痕迹。叶卡捷琳娜二世作为德国人，西方文化观念在她心中根深蒂固，俄罗斯哲学也深受德国哲学的影响。但是俄罗斯哲学不像西方哲学一样崇尚理性，他们认为理性会造成思想的僵化与抽象，因而俄罗斯哲学更关注激情、意志与愿望等非理性因素，他们推崇个性自由与精神至上，鄙视资本主义唯利是图的本性，与坚持理性至上的西方文化保持距离并在一定程度上持批判立场。赫尔岑和许多人一样产生了对西方社会和西方文化的巨大失望。这种失望使得俄罗斯知识分子对自己文化传统的价值有了更深刻的认识，对西方文化的长处与短处也有了更深入的了解。[①]

这种哲学倾向与宗教情怀的融合催生了一种饱含激情的救世主义情结。俄罗斯接受东正教后，在其文化基因中就产生了一种情怀：俄罗斯人自认为上帝将带领世界奔赴光明与天国的神圣使命交由自己，

---

① 安启念：《现代化视阈中的俄罗斯文化》，《浙江学刊》2007 年第 3 期。

从此，东正教的救世主义就成了俄罗斯文化的主旋律。陀思妥耶夫斯基就曾强调，俄罗斯人就是人类，俄罗斯精神就是宇宙精神。"俄罗斯文化中的普世主义或普济主义，是一种宣扬人类利益至上、俄罗斯是神赋的、具有世界性任务的、超民族主义的思想，这种思想以'关怀天下、拯救人类为己任'，是一种超越欧化和传统斯拉夫主义的世界主义倾向，在不同的时期都有不同的表现形式，学者们又常常用'弥赛亚说''民粹主义'等用语来表述俄罗斯文化中的这种人类关怀和普世情结。"① 这种宗教救世情怀渗透于俄罗斯政治、经济、文化等社会生活的方方面面，一方面这种宗教情怀为俄罗斯民族不畏强敌、敢于战斗提供了深层动力，俄罗斯之所以有"战斗民族"的称号似乎与此密切相关。另一方面这种宗教救世情怀又使俄罗斯从没放弃追求大国、强国的梦想。普京治理下的俄罗斯，常常把"俄罗斯思想""俄罗斯理念""俄罗斯精神""俄罗斯观念""俄罗斯民族性"等文化核心命题作为俄罗斯大国雄心的文化标识付诸行动，并产生世界影响力。

2. 普京文化政策的重塑及其实践。一个国家的文化政策是一个国家文化发展的指挥棒，不同的文化政策会形成不同的文化影响力。俄罗斯的文化政策经过苏联时期的强力管控、苏联解体后的摇摆与迷惘，到21世纪普京就任俄罗斯总统后进入了一个政策的重塑期。普京在世纪之交就任俄罗斯总统后，非常重视文化政策与社会秩序的重建，相继出台了《俄罗斯文化（2001—2005）》《俄罗斯文化（2012—2018）》等政策文件，试图将俄罗斯从不确定性的焦虑、普遍性的方向迷失状态中摆脱出来，重建强大的俄罗斯。

2006年4月，普京在给联邦议会的信中写道："我相信，只有当这个国家尊重自己的民族语言、独特的文化价值、祖先的珍贵记忆和祖国的历史的时候，我们才可能开始解决重要的民族问题。"

---

① 郑桂芬：《俄罗斯文化中的普世主义和专制主义》，《今日东欧中亚》2000年第4期。

第五章 国外文化影响力系统结构及生长路径的实证分析

2014年,俄罗斯在《国家文化政策纲要》中明确提出了国家文化政策的目标、性质、原则、战略任务和法律保证等,并强调,国家文化政策的制定源于对文化最重要的社会功能的认识,即文化是把构成我们民族独特性的道德的、伦理的和美学的价值观传递给新一代的工具。[①]

2016年2月,俄联邦政府发布了《2030年前国家文化政策战略》,从国家战略层面对文化政策进行前瞻性设计,着重强调文化是提升生活质量和社会和谐关系的最重要因素,是保持统一文化空间和俄联邦领土完整的保证。[②]

尽管俄罗斯的社会转型充满阵痛,在美国等西方国家不断制裁的背景下经济发展也是举步维艰。但是,俄罗斯的民族性格和文化精神决定了"知难而进"是俄罗斯的必然选择。经过近二十年的努力,"在遵循本民族文化传统和思考世界成就的基础上探索本国文化发展之路"[③] 的普京领导下的俄罗斯,在社会转型过程中正在探索并初步形成一种既区别于苏联模式、又区别于西方模式的真正体现俄罗斯历史传统与民族特色,与现代世界文化发展格局相适应的文化政策。

3. 俄罗斯文化的基本精神及其现实影响。文化的基本精神是指在某一种文化系统中居于核心和支配作用的思想观念与历史传统。任何一种文化都有其基本精神,如果说文化是一条奔腾不息的长河,哲学、文学、艺术等诸多文化形式是不断流淌的河水,那么文化的基本精神就是基本不变的河床与河道,它规制着河流的现实形态及河水的基本流向。文化的基本精神是影响国家行为、塑造社会样态、支配公民思想与行为的因果性力量。从俄罗斯来看,其文化的基本精神除了前面所提及的救世主义情结之外,还有三点是必须重视的。

[①] Основы государственной культурной политики.
[②] Страдегия государственной культурной политики на период до 2030 года.
[③] [俄] Т. С. 格奥尔吉耶娃:《俄罗斯文化史——历史与现代》,焦东健、董茉莉译,商务印书馆2006年版,第324页。

一是整体精神。就是强调整体利益、集体生活、共同命运,个人利益服从于整体利益,个人作为整体的一员从属于整体。这种整体精神源于东正教对共同宗教信仰的强调;源于斯拉夫民族的整体至上观念;源于俄罗斯源远流长的原始土地公有制基础上所催生的村社集体主义精神,这种精神甚至被马克思在一定条件下作为俄国未来共产主义的起点。恩格斯在《共产党宣言》1882年的俄文版序言中指出:"假如俄国革命将成为西方无产阶级革命的信号而双方互相补充的话,现今的俄国土地公有制便能成为共产主义发展的起点。"[1]

二是极端思维。一个国家与民族的思维方式最能反映其基本的文化精神。俄罗斯有一个鲜明的极端思维,即在思想观念、立场行为中非常强调两极对立、非友即敌、互相矛盾,缺乏圆融中庸精神。在俄罗斯民族身上可以发现相矛盾的特征:专制、国家至上与无政府主义、自由放纵;残忍、喜好暴力与善良、人道、宽容;迷信宗教仪式与寻求真理;个人主义、强烈的个人意识与无个性的集体主义;民族主义、自吹自擂与普济主义、全人类性;信仰末日论——弥赛亚说与表面的虔诚;寻求上帝与好战的无神论;恭顺谦虚与放肆无礼;奴隶主义与造反行动。[2] 虽然这种思维特征在其他文化系统中也存在,但是俄罗斯表现得特别明显,在俄罗斯的思维方式中,几乎没有任何中间地带与过渡环节。这一点使俄罗斯在处理一些重大事件时常常出现极端的非理性热情。比如在外交领域,俄罗斯经常在大国地位的诉求和现实利益算计之间摇摆不定,多变善变,一旦受到某种敌视、威胁与打击,常常会通过一些违反常规的冒险性行动找回场子,历史上把导弹运到古巴,让美国尝尝被导弹瞄准的滋味,近几年吞并克里米亚、出兵叙利亚等行为,都具有这种极端思维的特征。

三是多元共存。由于俄罗斯地域辽阔,横跨欧亚两洲,东西方文化的冲突与融合、多元文化在俄罗斯现实社会与精神空间的碰撞与激

---

[1] 《马克思恩格斯选集》第1卷,人民出版社2012年版,第379页。
[2] Бердяев Н. А. Русская идея, М., Аст. ФОЛИО, 2000. с8~9.

荡贯穿于俄罗斯文化发展的始终,因此,俄罗斯文化又具有多元、包容与开放的特征。同时,俄罗斯几乎具有对所有文化进行回应的能力,即在保持俄罗斯民族文化特色的基础上,用俄罗斯自身的方式去理解其他文化的思想与精神,学习借鉴其他文化的精华与营养的能力。这一点在俄罗斯的外交领域体现得非常明显。俄罗斯的历史虽然并不悠久,但是它广泛吸收东西方的外交智慧,培养了一批东西兼容的优秀外交人才,形成了俄罗斯纵横捭阖的外交艺术和独具特色的俄罗斯外交风格。在历史上,彼得一世实行西化改革以后,一些具有外国血统的外交精英都被沙皇毫无顾忌地任命为外交大臣来主管外交部门,其开放包容的文化心态可见一斑。恩格斯曾经认为,俄罗斯外交人才的作用堪比俄罗斯军队,正是这一帮外交人才使俄国成为巨大、强盛和令人恐惧的国家,并为它开辟了称霸世界的道路。[1]

总之,俄罗斯文化中所蕴含的整体精神、极端思维、多元共存等基本精神,既是反映俄罗斯历史文化的一面镜子,也是影响俄罗斯的思想与行为的精神与思想底蕴,对于俄罗斯文化影响力的产生与提升发挥着巨大而久远的作用。

---

[1] 《马克思恩格斯全集》第22卷,人民出版社1965年版,第15页。

第六章　提升中国特色社会主义文化影响力的思想路径

文化影响力首先作用的对象就是一个人的思想，因此，提升中国特色社会主义文化影响力首先就要从思想层面入手。一个国家和民族所蕴含的文化要产生现实的影响力，从思想层面上来考察，主要聚焦于理论、理想、道路、制度、道德、价值六个方面。因此，中国特色社会主义文化影响力的提升虽然是一个完整、系统、动态的过程，它既是中国特色社会主义文化不断繁荣、发展的必然结果，又会对我国社会的物质文化、制度文化和精神文化等社会文化结构以及社会意识形式的核心区域产生影响，这两个范畴可以为理解和把握中国特色社会主义文化影响力的提升提供"坐标"。但是，提升中国特色社会主义文化影响力的思想路径主要具体化为以下六重维度——理论之维、理想之维、道路之维、制度之维、道德之维、价值之维。

一　夯实文化的理论基础

任何具有强大影响力的文化都具有深厚的理论支撑，而一种文化要对文化受众的思想与行为产生影响力，支撑这种文化的理论就必须彻底，必须能够说服人。关于中国特色社会主义文化影响力拓展提升的理论源于马克思主义文化理论，扎根于中国特色社会主义建设和发展的伟大实践，具有清晰的、一脉相承的理论脉络和深厚的中国特色

第六章 提升中国特色社会主义文化影响力的思想路径

社会主义理论底蕴以及愈来愈面向现代的时代价值。

1. 清晰的理论脉络

中国特色社会主义文化理论是中国特色社会主义理论体系的有机组成部分，标志着马克思主义文化理论与中国革命建设具体实际相结合，也代表了我们党对中国文化建设和发展规律的探索成果。中国特色社会主义文化影响力的拓展不仅需要"先天的"科学理论作指导，也需要在此基础上建构的不断提升中国文化影响力的理论为其提供"后天营养"。

马克思指出："人们在自己生活的社会生产中发生一定的、必然的、不以他们的意志为转移的关系，即同他们的物质生产力的一定发展阶段相适合的生产关系。这些生产关系的总和构成社会的经济结构，即有法律的和政治的上层建筑竖立其上并有一定的社会意识形式与之相适应的现实基础。物质生活的生产方式制约着整个社会生活、政治生活和精神生活的过程。不是人们的意识决定人们的存在，相反，是人们的社会存在决定人们的意识。"[①] 社会意识形式是社会意识的重要组成部分，而前者又包括意识形态部分和非意识形态部分，这与文化结构中的精神文化基本相似，但也包括制度文化中的意识形态部分。唯物史观总体上说明了文化与社会存在的关系。

在坚持马克思主义立场、原则的基础上，中国特色社会主义文化理论的探索始于毛泽东的新民主主义文化思想，他根据辩证唯物主义的思想指出，一定的文化是一定社会的政治和经济在观念形态上的反映，又影响和作用于一定的政治和经济。[②] 政治文化危机重重的近代中国，封建半封建文化、资产阶级文化和帝国主义文化并存，"五四"之后成长起来的"新"文化的性质、定位和发展方向如何，新民主主义文化论给出了答案。虽然新民主主义文化并非完全的社会主义文化，但它已经成为无产阶级领导之下的人民大众反帝反封建的文

[①] 《马克思恩格斯选集》第2卷，人民出版社2012年版，第2页。
[②] 《毛泽东选集》第2卷，人民出版社1991年版，第663—664页。

化了,是民族的科学的大众的文化,其中共产主义思想占据主导地位,属于"世界无产阶级的社会主义的文化革命的一部分"。邓小平认为社会主义的优越性主要体现在可以通过解放和发展生产力创造出高度的精神文明和物质文明,而在社会主义初级阶段,精神文明是中国特色社会主义文化的本质特征。这是对中国特色社会主义文化理论的进一步发展,是建设社会主义先进文化的开端。江泽民在党的十五大报告中提出建设"中国特色社会主义文化"的命题,即以马克思主义为指导,以培育有理想、有道德、有文化、有纪律的公民为目标,发展面向现代化、面向世界、面向未来的,民族的科学的大众的社会主义文化。"三个代表"重要思想把先进文化思想与生产力和中国最广大人民的根本利益联系到一起,进一步明确了先进文化在中国特色社会主义事业中的重要地位,开拓了文化发展的新境界。党的十六届六中全会第一次明确提出了"建设社会主义核心价值体系"的重大命题和战略任务,明确提出了社会主义核心价值体系的内容。党的十七大首次提出要把文化作为国家软实力,把文化作为综合国力的重要因素,进一步指出社会主义核心价值体系与社会主义意识形态的关系。胡锦涛提出的社会主义和谐文化思想直接来源于科学发展观思想,也是对中国特色社会主义文化理论的升华。党的十七届六中全会提出了坚持中国特色社会主义文化发展道路,建设社会主义文化强国的长远战略目标。党的十八大提出文化实力和竞争力是国家富强和民族振兴的重要标志。党的十八大以来,以习近平同志为核心的党中央围绕加强文化建设提出了一系列新思想。党的十九大报告提出:"发展中国特色社会主义文化,就是以马克思主义为指导,坚守中华文化立场,立足当代中国现实,结合当今时代条件,发展面向现代化、面向世界、面向未来的,民族的科学的大众的社会主义文化,推动社会主义精神文明和物质文明协调发展。"① 这就为中国特色社会主义文

---

① 习近平:《决胜全面建成小康社会 夺取新时代中国特色社会主义伟大胜利——在中国共产党第十九次全国代表大会上的报告》,《人民日报》2017年10月28日第4版。

第六章 提升中国特色社会主义文化影响力的思想路径

化建设提供了基本思路与根本遵循。习近平新时代中国特色社会主义思想为中国特色社会主义文化思想灌注了新的时代内涵,对于中国特色社会主义文化的渊源、立场以及新时代的历史使命等问题,提出了一系列新理念,作出了一系列新判断和新部署。

从提出社会主义文化到社会主义精神文明、从提出中国特色社会主义文化到社会主义文化软实力建设,这是一个界定文化性质、明确文化发展任务和目标、不断提高文化力量的过程。这一过程是中国特色社会主义文化扎根于马克思主义理论和中国特色社会主义理论之中并发芽开花的展现,每一个阶段都是对前一个阶段的发展,每一阶段相对于前一阶段来说都代表着文化实力的提升。相对于现阶段来说,以前的中国特色社会主义文化理论发展过程和成果将成为目前我国增强文化软实力、提高文化影响力的理论起点。

2. 深厚的理论底蕴

中国特色社会主义文化影响力的拓展提升散发的应该是具有中国特色、中国风格、中国气派的文化气质,这种文化气质集科学性、先进性、民族性和大众性于一体,是一个社会统一体之内各个层次的文化相互融合的高级形态。中国特色社会主义文化的理论来源主要有两个,即马克思主义理论与中国革命和传统文化。马克思主义理论尤其是马克思主义文化理论所代表的科学性、先进性与中华传统文化所代表的民族性、大众性相结合,使中国特色社会主义文化具有了深厚的理论和文化底蕴,给我国文化影响力的提升嵌入特色的"基因"。

儒家文化经过两千多年的发展,基本达到了理论自洽,完成了内外天人合一的论证,而近代中国出现了军事、政治、文化、经济、社会等多重危机,传统文化作为主流价值观念的地位难以维持,再加上其内在的价值与理性之间的矛盾无法解决,致使中国文化出现危机。[1]"面临西方资本主义列强入侵,处于风雨飘摇没落时期的中华民族,

---

[1] 朱志敏:《马克思主义中国化的理论与实践》,北京师范大学出版社2014年版,第32—38页。

无论藏书楼中有多少传世的经典宝鉴，传统文化中有多少令世人受用无穷的智慧，儒学中的正心诚意、修齐治平的道德修养和治国理政观念如何熠熠生辉，都不可能避免中华民族被瓜分豆剖的命运。"① 马克思主义传入之后，中国日渐式微的传统文化发展有了科学的方向，马克思主义与中国传统文化的结合创造出了更具生命力的文化形态。马克思主义之所以能与中国传统文化相结合，原因在于两者之间存在着若干相融性。例如，在哲学层面，辩证唯物主义与中国古代朴素唯物主义都坚持物质是宇宙本原的观点，唯物辩证法与中国古代的朴素辩证法思想都坚持变化、联系的观点，辩证唯物主义认识论与中国传统知行的理念都强调认识与实践之间的关系；在社会层面，马克思主义所致力于实现的共产主义的远大理想与传统儒家所持有的天下大同的理想具有某些相似之处，作为中国传统观念的集体主义与马克思主义主张的"联合体"也有共性。这种结合既彰显了马克思主义的科学性和先进性，又赋予了马克思主义更广阔的群众基础，为建设中国特色社会主义文化、实现中国特色社会主义文化影响力的提升培育了深厚的理论"土壤"。

实现中国文化大发展大繁荣，就必须以马克思主义为思想理论指导，但马克思主义也不能取代中国传统文化，中国传统文化是中国人民经过几千年的历史发展起来的，是中华民族赖以生存、共同发展的灵魂，是中华民族精神栖息的家园。以儒、道为中心观念的传统文化所形成的君子文化、尚贤文化、伦理文化和爱国主义精神等一些优秀文化因素成为中华民族精神的支柱，强大的民族精神支撑着中华民族和中国人民历经一次次磨难，成就一次次辉煌。中华优秀传统文化所蕴含的理念、智慧和气质，对于当代中国人的道德品行修养、志向树立、智慧提升，帮助人树立正确的世界观、人生观、价值观，都具有非凡的价值。文化具有强大的感染力和感召力，中国特色社会主义文

---

① 陈先达：《马克思主义和中国传统文化》，《光明日报》2015年7月3日第1版。

化必须以这种力量来增强中华民族和中国人民的自信心和凝聚力，提高中国特色社会主义文化的对外影响力。而在当前的时代条件下，未获得有效的传播形式和时代意蕴的优秀传统文化，需要通过对其进行创造性转化和创新性发展，使其更加面向现代化、面向世界、面向未来。

3. 强大的理论支撑

在理论和历史逻辑层面，马克思主义和中国传统文化构成中国特色社会主义文化的理论底蕴，中国革命和建设实践是中国特色社会主义文化的现实来源，而中国特色社会主义先进文化建设、社会主义核心价值体系构建以及增强人民对中国特色社会主义文化的自觉与自信等现实立足点是增强中国特色社会主义文化的理论支撑力量。

先进文化。中国特色社会主义先进文化，是指以马克思主义为指导，以培养有理想、有道德、有文化、有纪律的"四有"公民为目标的面向现代化、面向世界、面向未来的，民族的科学的大众的具有中国特色社会主义的文化。中国特色社会主义先进文化以马列主义、毛泽东思想和中国特色社会主义理论体系尤其是习近平新时代中国特色社会主义思想为指导，紧紧围绕实现全面建成小康社会和中华民族伟大复兴的宏伟目标，弘扬以爱国主义为核心的民族精神和以改革创新为核心的时代精神，不断满足人民群众日益增长的和发展不平衡不充分的精神文化需求，着力提高全民族的思想道德素质和科学文化素质，不断促进人的全面发展。

中国特色社会主义文化作为先进文化，它的内涵是持续加深的。邓小平提出建设社会主义精神文明是建设先进文化的开端，江泽民的"三个代表"重要思想指出了先进文化建设在中国特色社会主义事业中的地位，胡锦涛提出了建设社会主义先进文化的战略布局，习近平新时代中国特色社会主义思想开创了社会主义先进文化建设的新境界。除了具有深厚的文化历史底蕴以及最先进最科学的理论作为自己的思想指导以获得先进的价值目标和正确的方法途径，中国特色社会主义先进文化在自身发展中发展出了健全的理论网络体系。它在系统的运行过程中具有较强的环境自净能力和抗干扰能力，能自觉抵制各种腐朽、落后文化的侵蚀，还形成了强大的亲和性和包容性能力，能广泛、深入融会时代文化潮流，包容一切有积极意义的其他文化，能吸取其他文化的积极因素为自己所用。[1] 中国特色社会主义先进文化的建设过程必然伴随着中国特色社会主义文化影响力的不断提升，由此，中国特色社会主义文化的精神高地不断得以巩固，中国特色社会主义文化面向世界时将会愈加自信。

社会主义核心价值观。社会主义核心价值观是社会主义核心价值体系的核心观点，体现了社会主义核心价值体系的根本性质和基本特征，反映着社会主义核心价值体系的丰富内涵和实践要求。它是当代中国精神的集中体现，凝结着全体人民共同的价值追求。党的十八大以来，党中央高度重视培育和践行社会主义核心价值观，围绕培育和弘扬社会主义核心价值观和中华传统美德部署了系列活动。习近平总书记在党的十九大报告中明确提出要培育和践行社会主义核心价值观，并指明社会主义核心价值观"要以培养担当民族复兴大任的时代新人为着眼点，强化教育引导、实践养成、制度保障，发挥社会主义核心价值观对国民教育、精神文明创建、精神文化产品创作生产传播的引领作用，把社会主义核心价值观融入社会发展各方面，转化为人们的情感认同和行为习惯"[2]。

社会主义核心价值观涵盖国家层面的价值目标、社会层面的价值取向和个人层面的价值准则。面对世界范围思想文化交流交融交锋形势下价值观较量的新态势，面对改革开放和发展社会主义市场经济条件下思想意识多元多样多变的新特点，积极培育和践行社会主义核心

---

[1] 谢洪恩、凌大智、张伟荣等：《社会主义先进文化论》，四川人民出版社2002年版，第18—27页。

[2] 习近平：《决胜全面建成小康社会 夺取新时代中国特色社会主义伟大胜利——在中国共产党第十九次全国代表大会上的报告》，《人民日报》2017年10月28日第4版。

价值观，对于巩固马克思主义在意识形态领域的指导地位、巩固全党全国人民团结奋斗的共同思想基础，对于促进人的全面发展、引领社会全面进步，对于集聚全面建成小康社会、实现中华民族伟大复兴中国梦的强大能量，具有重要现实意义和深远历史意义。

文化自信。文化自信是一个民族、一个国家以及一个政党对自身文化价值的充分肯定和积极践行，并对其文化的生命力持有的坚定信心。党的十八大以来，习近平曾在多个场合提到文化自信，传递出他的文化理念和文化观。2014年，习近平总书记在党的十八大报告中指出："我们一定要坚持社会主义先进文化前进方向，树立高度的文化自觉与文化自信。"[1] 2016年，习近平又连续对"文化自信"加以强调，指出："我们要坚定中国特色社会主义道路自信、理论自信、制度自信，说到底是要坚持文化自信。"[2] 2017年，习近平总书记在党的十九大报告中提出要坚定文化自信，推动社会主义文化繁荣兴盛，没有高度的文化自信，没有文化的繁荣昌盛，就没有中华民族的伟大复兴。

我们的文化自信来源于博大精深的传统文化，来源于在革命、建设实践中形成的革命文化，来源于社会主义先进文化。我们的文化来源具有科学性，深刻解释了人类社会的一般规律；具有时代性，根植于中国特色社会主义伟大实践；具有人民性，它为了人民、服务于人民，不断满足人民群众的精神文化需要。不断增强文化自信可以增强中国人民对本民族价值的认同，有利于增强民族凝聚力，可以合理应对异质文化的侵袭；有利于增强人们在面对各国不同文化时的甄别和判断能力，避免出现全盘否定或肯定的现象，做到"洋为中用""取其精华"。因此，在中国特色社会主义文化影响力的提升过程中，坚定的文化自信是人们处在一个多样的文化体系中处理中外文化时必须具备的一项"心理素质"。

---

[1]《十八大以来重要文献选编》（上），中央文献出版社2014年版，第26页。
[2]《习近平谈文化自信》，《人民日报海外版》2016年7月13日第12版。

4. 显著的理论效用

"时代是思想之母,实践是理论之源。"① 恩格斯指出,"一个民族要想站在科学的最高峰,就一刻也不能没有理论思维"②。习近平总书记在省部级主要领导干部"学习习近平总书记重要讲话精神,迎接党的十九大"专题研讨班开班式上发表讲话时强调,我们坚持和发展中国特色社会主义,必须高度重视理论的作用,增强理论自信和战略定力。中国特色社会主义伟大事业的建设必须要以中国特色社会主义理论作指导,社会主义文化实现大发展大繁荣,社会主义文化软实力实现提升必须要坚持中国特色社会主义文化理论。中国特色社会主义文化影响力的拓展提升首先要以坚持和完善中国特色社会主义文化理论为基础,不但要促使人们形成理论自信心,还要形成文化自信心;其次要在人民群众的创造性活动中实现,在丰富和完善自身的前提下让文化理论说服人、掌握群众,创造出改造世界的文化力量。

文化影响力拓展有利于激励文化理论创新。不同的时代会有不同的时代特点,会对文化理论提出新的要求,要求文化理论应对新变化、回答新问题。建设文化强国始终是中国特色社会主义理论的基本目标,各个时期党和人民都对中国特色社会主义文化理论作出过新补充和完善。例如,社会主义核心价值体系的提出与构建、"文化软实力"概念的提出与使用、"先进文化"概念的不断提升以及"文化自信"概念的发掘与使用等理论都在不同层面回答了在中国特色社会主义建设过程中的新问题。从原来将精神文明看作同物质文明同样重要到认识到在综合国力的竞争中文化软实力是一项极其重要的力量,再到将反对"文化霸权"及增强意识形态凝聚力作为文化开放的目标之一,这个过程本身展现的就是我国文化影响力不断提升的过程。那么,现在中国特色社会主义已进入新时代,我国日益走近世界舞台中

---

① 习近平:《在庆祝中国共产党成立95周年大会上的讲话》,《人民日报》2016年7月2日第2版。

② 《马克思恩格斯选集》第3卷,人民出版社2012年版,第875页。

央，期待为人类作出更大的贡献，中国特色社会主义文化需要更加开放地面对世界。在更加开放的世界之维中，中国特色社会主义文化需要更多的原发性和方法性理论创新，让中国特色社会主义文化更具实践性、开放性和实用性。

文化影响力拓展利于让文化理论掌握群众。马克思曾经深刻地揭示了理论的本质功能及其同群众实践的关系，他指出："理论一经掌握群众，也会变成物质力量。理论只要说服人，就能掌握群众；而理论只要彻底，就能说服人。所谓彻底，就是抓住事物的根本。"[①]毛泽东进一步指出："代表先进阶级的正确思想，一旦被群众掌握，就会变成改造社会、改造世界的物质力量。"[②] 中国特色社会主义文化的建设需要人民群众的实践活动，中国特色社会主义文化影响力的不断提升既取因于自身的理论逻辑，又有人民群众的主体原因，更需要人民群众去坚持、去创造以形成不断提升我国文化软实力的强大力量。

二　凸显文化的理想追求

在思想层面上，文化影响力的作用就是激发和生成文化受众的理想追求。文化发展的最终目的是促进人的发展。每一个人、每一个社会群体都有属于自己的文化，文化中凝聚着个体、群体的价值、理想追求，文化的不断发展也是人类所希望的自身生存和发展理想的不断实现。中国特色社会主义文化代表着中国最广大人民的理想追求，中国特色社会主义文化影响的不断提升是中国人民文化理想不断实现的表征，包含了两层维度。

1. 理想文化与文化理想

文化在本质上是一种精神力量，包含着思想、理论、信念和信仰

[①] 《马克思恩格斯选集》第1卷，人民出版社2012年版，第9—10页。
[②] 《毛泽东文集》第8卷，人民出版社1999年版，第320页。

等因素。同样作为一种精神力量的理想，是对未来事物的美好想象和希望，是人们在实践过程中形成的、有可能实现的、对未来社会和自身发展的向往与追求，是人们的世界观、人生观和价值观在奋斗目标上的集中体现。当文化与理想相互"交缠"的时候，便会产生出两种形态——文化理想与理想文化，当两者与中国特色社会主义相结合时便产生出中国特色社会主义文化与中国特色社会主义共同理想之间的统一关系。中国特色社会主义文化是当前社会发展阶段的一种理想文化，其中蕴含着中华民族和中国人民的文化理想。中国特色社会主义文化影响力的提升是这种文化理想的不断实现和这种理想文化的不断发展。

理想文化。理想文化是指社会希望实现的价值观、规范和信仰，它涉及一个理想化、不容置疑的价值体系，规定了什么是正确的行为。中国特色社会主义文化是目前人类社会发展阶段尤其是中国现阶段的理想文化，它有马克思主义做指导，因此通过它可以洞悉人类文明的发展规律，它有中华传统文化和社会主义先进文化做支撑，因此通过它可以将中国人民凝聚在一起、同心同德，并赋予一个正确的导向力。这种理想文化对国家、社会和个体做出了统一的价值规范，当随着时代的发展人们的精神文化需求不断增长时，它可以给予满足；当现实条件的变化使人们精神涣散、意志动摇时，它可以增强人们的精神毅力；当个人的发展需要坚定、正确的价值观指引时，它可以促进人的发展。谈到文化和理想时，人们很容易联想到"乌托邦"等概念，产生一种"空洞"的感觉，但是，理想绝非虚幻，中国特色社会主义的理想文化绝不是"空中楼台"，绝不是虚幻的文化，它是扎根于实际的，是有广大的群众主体的，随着中国特色社会主义伟大事业的建设，它必然会朝着下一个理想形态转变。

文化理想。文化理想是指文化主体为自身本质力量的对象化所设定的具有至真至善至美取向的生存情态，也是人对自身存在和发展模式所希冀和憧憬的崇高目标。① 文化理想代表着社会群体共同的价值追求，中国特色社会主义文化理想是中国人民共同的价值追求，它既是实现中华民族伟大复兴的文化基础，也是建设中华民族共同精神家园的价值依据。中国特色社会主义文化理想包含主导价值观，以实现中华民族伟大复兴，建设富强、民主、文明、和谐、美丽的社会主义强国，解放人、尊重人、发展人，促进人类文明发展为目标。在现阶段，中国人民的文化理想是实现中华民族伟大复兴的中国梦，更进一步是实现中国特色社会主义的共同理想，从人类社会发展上来说，是实现共产主义的远大理想。

2. 文化影响力与中国特色社会主义共同理想

改革开放后，建设中国特色社会主义逐渐成为全国各族人民共同理想的主要内容。邓小平首次将"有理想"作为培育"四有"新人的目标之一，他指出："有了共同的理想，也就有了铁的纪律。无论过去、现在和将来，这都是我们的真正优势。"② 党的十二届六中全会首次提出"共同理想"的概念，此后，共同理想教育成了我国思想政治教育和思想道德建设工作的重要组成部分。党的十四届六中全会把中国特色社会主义的共同理想确定为我国精神文明建设的第一个主要目标。党的十六届六中全会把共同理想确定为社会主义核心价值体系的重要内容。习近平总书记在党的十九大报告中指出："共产主义远大理想和中国特色社会主义共同理想，是中国共产党人的精神支柱和政治灵魂，也是保持党的团结统一的思想基础……自觉做共产主义远大理想和中国特色社会主义共同理想的坚定信仰者和忠实实践者。"③

共同理想指作为社会共同意识的理想，全国各族人民在社会主义

---

① 李金齐：《文化理想、文化批判、文化创造与文化自觉》，《思想战线》2009年第1期。
② 《邓小平文选》第3卷，人民出版社1993年版，第144页。
③ 习近平：《决胜全面建成小康社会 夺取新时代中国特色社会主义伟大胜利——在中国共产党第十九次全国代表大会上的报告》，《人民日报》2017年10月28日第5版。

初级阶段的共同理想是把我国建设成为富强、民主、文明、和谐、美丽的社会主义现代化强国。这个社会理想立足于现实又高于现实，体现了个人利益、集体利益与国家利益的统一，集中了爱国统一战线之内所有成员的利益和愿望，符合我国社会主义发展阶段的规律，是科学的社会理想。这个共同理想集合了一切有利于解放和发展社会主义生产力的思想道德，一切有利于国家统一、民族团结和社会进步的思想道德，一切有利于追求真善美、抵制假恶丑、弘扬正气的思想道德，以及一切有利于履行公民权利和义务、用诚实劳动争取美好生活的思想道德。

中国特色社会主义共同理想包含着社会各方面的发展状态，包括政治、经济、文化和社会等维度。在文化视域下，应该围绕习近平新时代中国特色社会主义思想，深入地挖掘、创造性地转化、创新性地发展中国特色社会主义文化资源，实现共同文化理想，以传统文化追求的古典理想与现代理性结合的姿态增强我国人民对共同理想的认同，提升中华文化理想的对外影响力。

由于具有民族心理上的认同性，中国特色社会主义共同理想首先蕴含着我国文化的古典理想。中华文明是人类历史上唯一没有中断的文明，中华民族的文化蕴含的精粹如同浩瀚星空，在文化理想上主要体现为个体层面的理想人格的追求养成和国家层面的社会理想追求。儒家思想中的个人理想追求大致为《礼记·大学》所著之文："物格而后知至，知至而后意诚，意诚而后心正，心正而后身修，身修而后家齐，家齐而后国治，国治而后天下平。"儒家认为，自天子至庶人，当以修身为本，正心诚意的修养和个人道德的完善是治国治家的根基。这种理想是古代读书人为之奋斗的理想追求，影响了中国一代代的贤人志士。道家思想也与我国传统文化的许多领域密切相关，道家思想的无为、退守精神也渗透到中国人的人生态度中。这些古代的文化理想对人和社会发展的重要性在现代社会也是很有意义的，在当代个人的思想道德建设已经成为中国特色社会主义文化和共同理想建设的一项重点工程。在社会理想上，儒家追求"小康""大同"社会。"小康"首次出现在《诗经》里面，描述的是一种生活状态，成为仅次于"大同"的理想社会，而"大道行也，天下为公""大道既隐，天下为家"的"大同"社会是中国古代所追求的理想社会模式。我们现在建设的小康社会就如同古代思想家所描绘的这种诱人的社会理想，这是中国古代国家理想在现代社会的延续和逐步实现，这个过程充分表现了我国共同理想的古典性与现代性的统一和理想性与现实性的统一。

中国人民对一度辉煌的中华文化有着强烈的民族自豪感，这是近代以来中国人民渴望实现民族复兴的文化心理基础。近代中国落后挨打、积贫积弱、受尽磨难，受压迫形成的屈辱感孕育着民族复兴的希望，实现中华民族伟大复兴成为中华民族的共同愿望。虽然近代中国的历史经历在一个时期内打断了近代人对中国文化理想的追求，建设"大同"社会的理想在西方列强的隆隆炮火声中"畏缩"，文化目标被"剥削"成仅仅为寻求国家的完整和独立，文化理想面临茫然无向的局面。然而，中华民族没有放弃抵抗，文化理想非但没有消失，而且在革命和建设过程中找到了起中流砥柱作用的思想。中国古代文化理想完成了与现代理性的结合与统一，形成了中国特色社会主义共同理想。随着中国特色社会主义文化发展、繁荣和文化软实力不断增强，中国特色社会主义共同理想更具凝聚力，更加得到中国人民的认同，必然汇聚成建设中国特色社会主义、实现中华民族复兴的强大力量。

在政党层面，中国特色社会主义文化代表的先进文化是中国共产党人理想信念的源泉，坚定的理想信念是实现理想的强大精神"免疫"系统。理想信念是思想行动的总开关，理想信念的动摇是最危险的，精神上缺"钙"是最危险的。随着中国特色社会主义文化影响力的提升，社会主义先进文化得以不断发展，思想道德建设不断加强，党员干部所怀有的中国特色社会主义共同理想信念和共产主义远大理想信念会不断增强。只有中国共产党人自觉做中国特色社会主义共同理想的坚定信仰者和忠实实践者，在全面建成小康社会、实现中华民族伟大复兴中国梦的历史进程中发挥模范作用，全体中国人民才会效法而为，为我国的阶段理想不懈奋斗。

3. 文化影响力与共产主义远大理想

中国特色社会主义共同理想是我们的阶段理想，它指明了现阶段国家和民族奋斗的方向，共产主义远大理想是人类社会发展的理想形态，它指明了全人类的共同奋斗方向，中国特色社会主义共同理想的实现是共产主义远大理想实现的基础。马克思主义科学地揭示了人类社会的发展规律，然而，科学思想的产生、传播与人民群众对它的了解、接受和认同之间存在着天然的矛盾。这个矛盾是否能以及如何得到解决决定着世界各国人们是否能正确认识到自身所在社会的发展规律，决定了他们能否怀有共同的远大奋斗目标以及能否付出共同的行动。文化是精神的形式，也是天然的精神载体，中国特色社会主义的共同理想和共产主义的远大理想在面向世界时除了依靠强大的经济、政治力量所形成的吸引力来展现自身，也必须依靠文化的力量影响和改变人。

人的解放是马克思主义的价值诉求。在原始的"人的依赖"阶段，人制约和控制自然的能力十分低下，人的生产能力只是在狭窄的范围内和孤立的地点上发展着，人们只能以血缘或有限的地域为基础，结成相互依赖的共同体，同自然发生物质交换。在这种形态下，人们思想文化中的"理想"自然是增强自己与自然之间的物质变换能力，在人与自然的关系中获得解放。随着社会发展，人与人、人与地域之间原有的那种固定的依赖模式逐渐解体，人与人之间以产品交换为基础的关系形成，人的"独立性"建立在对物的"依赖性"上。这种"依赖性"的解放并不能实现人的真正解放，"在个人创造出他们自己的社会联系之前，他们不可能把这种社会联系置于自己支配之下……这种联系借以同个人相对立而存在的异己性和独立性只是证

第六章 提升中国特色社会主义文化影响力的思想路径

明,人们还处于创造自己社会生活条件的过程中,而不是从这种条件出发去开始他们的社会生活。这是各个人在一定的狭隘的生产关系内的自发的联系"①,但这种发达的交换关系也孕育着人的更高理想追求。到了"个人的全面发展"的形态,人们创造出"服从于他们自己的共同的控制的"② 社会关系,人类作为实践主体对客体具有充分的制约和控制能力,从而主体的"自由个性"得到全面发展。共产主义社会的"人的全面发展"和"自由个性"是无产阶级所要追求的理想,这种人的解放直接代表着人类的发展程度,需要具备政治、经济、文化等条件。

中国特色社会主义文化为共产主义实现准备了文化条件。要推动作为共产主义初级阶段的社会主义社会向着未来高级阶段的共产主义社会的目标不断前进,就需要使"集体财富的一切源泉都充分涌流"的发达生产力,需要使劳动本身成为人们生活的第一需要,需要人们的思想和社会精神文明极大提高。要使生产力极大发展、社会财富极大丰富以及劳动成为人们的第一需要,全体社会成员就要具备高水平的科学文化素质和思想道德素质。恩格斯曾指出,"每一历史时代的经济生产以及必然由此产生的社会结构,是该时代政治的和精神的历史的基础"③。目前我国还处于社会主义初级阶段,初级阶段的社会结构决定着我国在当前时代的政治和精神性质、面貌,我们有初级阶段形成的共同理想激励着全国人民群众共同建设社会。共产主义远大理想不是敲锣打鼓就能实现的,实现共产主义所需要的高水平的科学文化素质和思想道德素质需要一个长期过程才能养成,随着中国特色社会主义文化影响力不断增强,它所涵养的具有高思想觉悟、高道德水准、高文明素养的"四有"公民将为中国特色社会主义共同理想和共产主义远大理想的实现提供强大的精神动力和智力支持。

---

① 《马克思恩格斯全集》第46卷(上),人民出版社1979年版,第108页。
② 《马克思恩格斯全集》第46卷(上),人民出版社1979年版,第108页。
③ 《马克思恩格斯选集》第1卷,人民出版社2012年版,第380页。

马克思说："统治阶级的思想在每一时代都是占统治地位的思想。"① 列宁也指出："任何时候也不可能有非阶级的或超阶级的思想体系。"② 共产主义理想是无产阶级的最高理想，无产阶级的理想与其他一切剥削阶级的理想不同，它代表了绝大多数人的利益，本应成为全世界人民共同的理想追求。然而，在依然存在着阶级和阶级对立的现代人类社会，在社会主义和资本主义处在一个谁也不能战胜谁的胶着状态的现代世界，共产主义理想要成为世界人民的理想，其间还存在着障碍。在资本主义世界里，资产阶级思想家或因处在狭隘的阶级立场上而不能认清社会发展规律或因与社会主义意识形态相斗争的需要从根本上抵制、排斥这种人类理想，因此，在资产阶级统治的思想体系中，人们很难从理性和情感上认同和接受共产主义理想。资本主义的意识形态具有高度的政治性，它们自觉抵制无产阶级思想，尤其加紧向外"倾销"其价值观念，企图给世界人们营造一种资本主义世界自由、民主、平等的"海市蜃楼"。面对资本主义意识形态的步步紧逼和严密渗透，中国特色社会主义文化一方面承担着巩固我国意识形态领域高地的重任，另一方面也承担着以其自身的先进性促进世界人民思想解放的重任，不断提升中国特色社会主义文化影响力是实现这两方面统一的根本途径。随着中国特色社会主义文化影响力的不断拓展提升，社会主义先进文化对我国人民的影响日益深入，中国特色社会主义共同理想的实现更具有坚实的群众基础，中国特色社会主义文化在国际上的展示力、感染力、吸引力日益增强，共产主义远大理想的实现将更具广阔的群众基础。

三 坚定文化的道路自信

走中国特色社会主义文化发展道路是中国共产党领导中国人民探

---

① 《马克思恩格斯选集》第1卷，人民出版社2012年版，第178页。
② 《列宁全集》第6卷，人民出版社1986年版，第38页。

第六章 提升中国特色社会主义文化影响力的思想路径

索建设社会主义文化强国的成果,它同中国特色社会主义经济发展道路、政治文明发展道路、社会发展道路以及生态文明发展道路等一起构成了中国特色社会主义道路的基本内容。走中国特色社会主义文化发展道路不仅要求以中国特色社会主义文化为支撑点和立足点,还要求在提高我国文化影响力过程中正确处理好两对关系。

1. 文化发展道路的内涵

中国特色社会主义文化发展道路是党基于时代特点、中国国情和社会性质,对如何发展社会主义文化进行的路径探索。它起源于党在民主革命时期对新民主主义文化道路的探索,成于改革开放后几十年的建设实践中,发展于新时代中国特色社会主义的建设中,是一条具有鲜明科学性、民族性、时代性和开放性的文化发展道路。

党的十七届六中全会提出了"坚持中国特色社会主义文化发展道路,努力建设社会主义文化强国"的战略任务,全会通过的《中共中央关于深化文化体制改革 推动社会主义文化大发展大繁荣若干重要问题的决定》进一步指出:"坚持中国特色社会主义文化发展道路,深化文化体制改革,推动社会主义文化大发展大繁荣,必须高举中国特色社会主义伟大旗帜,坚持社会主义先进文化前进方向,以建设社会主义核心价值体系为根本任务,以满足人民群众精神文化需求为出发点和落脚点,发展面向现代化、面向世界、面向未来的,民族的、科学的、大众的社会主义文化,培养高度的文化自觉和自信,增强国家文化软实力。"[1] 党的十九大报告在阐述坚定文化自信时指出要坚持中国特色社会主义文化发展道路,激发全民族文化创新创造活力,建设社会主义文化强国。[2] 报告站在时代和全局的高度,深刻阐明了在新时代用什么样的思路和举措发展文化、朝着什么样的方向和

---

[1] 《中共中央关于深化文化体制改革 推动社会主义文化大发展大繁荣若干重大问题的决定》,《人民日报》2011 年 10 月 26 日第 1 版。

[2] 习近平:《决胜全面建成小康社会 夺取新时代中国特色社会主义伟大胜利——在中国共产党第十九次全国代表大会上的报告》,《人民日报》2017 年 10 月 28 日第 4 版。

目标推进文化建设等问题。

从以上几次报告中可以看出，中国特色社会主义文化发展道路具有深厚的内涵。首先，中国特色社会主义文化发展道路表现出鲜明的意识形态性。坚持中国特色社会主义文化发展道路，就必须坚持以马克思列宁主义、毛泽东思想、中国特色社会主义理论体系尤其是习近平新时代中国特色社会主义思想为指导，坚持社会主义先进文化的前进方向。这是中国特色社会主义文化发展的最鲜明特征，也是事关文化改革发展全局的根本性问题。只有坚持党对文化建设的领导，才能正确引领社会思潮，保证我国文化沿着中国特色社会主义文化发展道路前进。其次，中国特色社会主义文化发展道路具有鲜明的目标指向性。我国深厚的文化根基和现实的政治制度，决定了我们必须走中国特色社会主义文化发展道路，而不能走上其他道路。我国文化发展道路的目标是建设社会主义文化强国，文化的发展最终要服务于社会和人的发展。再次，中国特色社会主义文化发展道路具有人民至上性。该道路始终坚持发挥人民群众在文化建设中的主体作用，建设大众的社会主义文化，坚持建设贴近群众的亲民文化，坚持文化发展为了人民、文化发展依靠人民、文化发展成果由人民共享，坚持以文化的发展培育社会主义精神文明，最终促进人的全面发展。始终坚持中国特色社会主义文化发展道路是促进中国特色社会主义文化繁荣发展和增强中国特色社会主义文化影响力的正确途径。

2. 文化发展道路与社会主义道路的内在关联

中国特色社会主义是改革开放以来中国共产党领导中国人民探索和奋斗的主题，中国特色社会主义道路的开辟是中国特色社会主义实践的核心所在。中国特色社会主义道路的开辟是一个从无到有、从宏观到微观、从抽象到具体的过程，符合从实践到认识再到实践的认识规律。中国特色社会主义道路形成后，保证了中国特色社会主义建设沿着正确方向前进，随着文化在综合国力竞争中的战略地位愈加凸显，精神文明需要加强建设，我国文化软实力需要增强，中国特色社会主义文化影响力需要提升，中国共产党要进一步拓展中国特色社会主义道路，形成中国特色社会主义文化发展道路。

中国特色社会主义文化发展道路是中国特色社会主义道路的一个重要组成部分。改革开放以来，从认识到社会主义精神文明的重要性到提出建设社会主义文化强国的战略目标，体现出党始终把文化建设放在国家全局工作的重要地位，始终把促进中国特色社会主义文化发展作为开拓和创新中国特色社会主义文化发展道路的标尺。在社会主义初级阶段，走中国特色社会主义道路要求党和国家始终要以经济建设为中心，党领导全国各族人民在中国特色社会主义的旗帜下走出了一条卓有成效的经济发展道路；社会主义物质文明发展也需要高度的政治文明，党领导全国各族人民走出了一条特色鲜明的社会主义政治发展道路；社会主义发展需要人与自然的和谐统一，党领导全国各族人民走出了一条科学的生态文明建设道路；社会主义要求安定、团结、繁荣的社会，党领导全国各族人民走出了一条全面的社会建设道路。当然，社会的全面发展离不开文化的发展，党领导全国各族人民走出了一条先进的文化发展道路。党的十八大擘画了社会主义建设"五位一体"的总体布局，文化居于灵魂地位，与经济、政治、社会、生态共同成为社会主义建设的有机组成部分，中国特色社会主义文化发展道路也成为中国特色社会主义道路的组成部分。

中国特色社会主义文化发展道路是中国特色社会主义道路的拓展和深化。马克思曾说过："人们自己创造自己的历史，但是他们并不是随心所欲地创造，并不是在他们自己选定的条件下创造，而是在直接碰到的、既定的、从过去承继下来的条件下创造。"[①] 中国特色社会主义道路是伴随着改革开放伟大实践开辟出来的，它坚持了科学社会主义的原则，要求不断解放和发展生产力，促进人的全面发展。人的全面发展当然离不开精神文明建设。党的十一届六中全会延续八大

---

① 《马克思恩格斯选集》第1卷，人民出版社2012年版，第669页。

的精神，把人民日益增长的文化需求看作社会矛盾的一个部分，党的十九大报告指出：人民日益增长的美好生活需要和不平衡不充分的发展之间的矛盾是新时代我国社会的主要矛盾，这种不充分的发展涵盖文化领域。满足人民的物质文化需求、建设人们向往的美好社会，要求党和国家必须走中国特色社会主义道路，而要满足人们的精神文化需求和实现充分平衡的文化发展必须走中国特色社会主义文化发展道路。

3. 两对关系

坚定不移地走中国特色社会主义文化发展道路，实现社会主义文化繁荣发展，拓展提升中国特色社会主义文化影响力，必须要处理好两对关系，即坚持走中国特色社会主义文化发展道路与如何对待传统文化的关系及坚持走中国特色社会主义文化发展道路与如何对待世界文化的关系。两对关系之间存留着弹性空间，为各种错误的文化思潮留下了滋生的余地，例如，存在着想借弘扬中华优秀传统文化之机谋求政治利益的以保守主义为特征的文化复古主义和以自由主义为特征的主张"全盘西化"的文化虚无主义。我们要建设的中国特色社会主义文化绝不是建立在封建生产方式上的传统文化，也不是建立在资本主义生产方式上的资本主义文化。

增强我国的文化软实力要求弘扬中华优秀传统文化，树立起文化自信心。习近平在谈到文化自信时，创造性地拓展了党的十八大提出的中国特色社会主义"三个自信"的谱系。坚持文化自信就是要激发党和人民对中华优秀传统文化的历史自豪感，坚定对党领导人民建设社会主义现代化强国、实现中华民族伟大复兴事业的坚定信念，在全社会形成对社会主义核心价值观的普遍共识和坚定信念。弘扬优秀传统文化本来便是我国文化建设的一个重要内容，然而，一些人在认识论上走入歧途，形成狭隘的"中华文化优越论"，文化复古主义者似乎看到了"机会"，借着弘扬传统文化的旗号"招摇撞骗"，谋求政治利益。文化复古主义者追求复兴以儒家为代表的传统道统，其中

第六章 提升中国特色社会主义文化影响力的思想路径

必然裹挟着政治意识。另外,新儒家是现代儒学复兴的主力军,不管是大陆还是港台新儒家,其政治诉求是当代新儒学思想的一个极其重要的内容。新儒家不仅以复兴儒学为首要,还对其体系进行了超越,日益与西方政治思想相融合,例如,新儒家的政治儒学从两个领域寻找共同点来尝试与西方融合:以儒家的自由传统来缓和民主和自由的紧张关系,尝试建立新政治自由观;以儒家之"德性"作为市民社会公共领域的"德性"。虽然当代儒学复兴和康有为、严复时期大不相同,但是我们必须正确认识文化复古主义的本质和危害。文化复古主义者利用看似"名正言顺"的宣传对我国主流意识形态进行颠覆,如何应对这种挑战是马克思主义者的重要思想责任。一方面,增强国家文化软实力,建设社会主义文化强国要充分发挥我国博大精深的传统文化,充分利用文化资源上的优势,对传统文化要取其精华、去其糟粕,批判改造、推陈出新,在处理古为今用上要坚持对传统文化创造性转化和创新性发展;另一方面,也要警惕这种攻击马克思主义和社会主义意识形态的思潮。

提升中国特色社会主义文化影响力,建设社会主义文化强国,还应处理好坚持中国特色社会主义文化发展道路和对待世界文化之间的关系。当代的中国已经不再是一个对世界封闭的国家,而是面向世界,以主动的姿态卷入了全球化的浪潮。这也导致中国当代的文化不仅保持了中华民族自身的内容,而且包容了世界。如何处理中西文化的交锋,如何对待外来文化,一直是近代以来我国文化领域的重大问题。早期的中学为体、西学为用可视为一个粗糙的开端,马克思主义在中国开花结果之后,中国的马克思主义者对待世界文化的态度具有鲜明的特色,其基本原则是坚持世界眼光,与时俱进,不断吸收人类文明的优秀成果。毛泽东提出了对待外国文化的几条基本原则:一是要正确区分外国文化的先进成分和落后成分,而不能盲目排外,对于外国的先进文化应当尽力吸收,作为自己文化食粮的原料。他认为:"有这个借鉴和没有这个借鉴是不同的,这里有文野之分,粗细之分,高低之分，快慢之分。"① 二是要以中国人民的实际需要为基础，批判地吸收外国文化，反对简单搬用。他说："一切外国的东西，如同我们对于食物一样，必须经过自己的口腔咀嚼和肠胃运动……决不能生吞活剥地毫无批判地吸收。所谓'全盘西化'的主张，乃是一种错误的观点。形式主义地吸收外国的东西，在中国过去是吃过大亏的。"② 三是强调学习外国的东西是为了创造中国的新东西，中西结合会改变中国的东西，使中国的东西向前发展。邓小平通过对世界上一些国家的社会文明的考察，提出社会主义要取得超越资本主义的优势，就必须大胆借鉴和吸收人类社会的一切文明成果，包括利用发达资本主义国家的积极成果为我国社会主义物质文明和精神文明建设服务。习近平在谈到文化自信时强调构建中国特色哲学社会科学要"坚持不忘本来、吸收外来、面向未来"③。然而，近现当代世界文化范围内一直是自由主义文化占据要地。

"全盘西化"论泛指一切主张彻底改造中国传统文化，全盘接受西方以科学、民主为内容的文化思潮。"全盘西化"论在近现代一直不绝于耳，"政治制度不如人、道德不如人、知识不如人、文学不如人……"腔调背后其实潜藏着自由主义所操纵的"傀儡"发出的声音。走中国特色社会主义文化发展道路的实际意义在于如何在世界文化交往中争取相应的话语权，而这个世界文化话语权主要是与自由主义文化相争夺，因此我们必须警惕形形色色的自由主义思潮。④ "任何幻想自由主义文化能够拯救中国的人，他们只不过是在自己的思想王国里设想着中国的未来。"⑤ 如果说在近代资本主义国家还未意识

---

① 《毛泽东选集》第3卷，人民出版社1991年版，第860页。
② 《毛泽东选集》第2卷，人民出版社1991年版，第707页。
③ 《习近平谈文化自信》，《人民日报海外版》2016年7月13日第12版。
④ 戴圣鹏：《中国文化复兴道路中的两大歧途：自由主义与复古主义》，《中国社会科学报》2011年11月15日第4版。
⑤ 戴圣鹏：《中国文化复兴道路中的两大歧途：自由主义与复古主义》，《中国社会科学报》2011年11月15日第4版。

到要依靠其强大的资本主义生产方式进行强劲的文化输出的时候,近代知识分子对资本主义文化错误"仰望"还是通过其强大生产力的展示而产生的,那么,在当代中国社会,在资本主义国家已经意识到文化软实力威力的时候,形色各异的自由主义文化思潮已经不只是认识上的极端偏颇了,而是混入了意识形态的争斗,尤其是在我们已经探索到特色的文化发展道路且取得稳定发展进步时候,这些文化思潮实际上就堕落成为文化上的虚无主义,对建设中国特色社会主义文化毫无益处。

可以看到,建设社会主义文化强国,增强我国文化软实力,提升中国特色社会主义文化影响力,必须坚定不移地走中国特色社会主义文化发展道路,因为这是条经得起历史检验的马克思主义道路,它正确处理了发展中国特色社会主义文化与中国传统文化及其与世界文化之间的关系,而以上两种思潮都是在开历史的倒车,必须坚决予以反对。

四 彰显文化的制度属性

文化制度是文化事业顺利进行的保障。中国特色社会主义文化发展有自己的独特道路,同样也有着文化制度做保障。中国特色社会主义文化制度是中国特色社会主义制度的重要组成部分,与其他领域的基本制度相比,我国的文化制度也有着丰富的组织构成和鲜明的特征。增强我国的文化影响力,需要不断建构我国的文化制度和具体文化体制。

1. 制度与文化

从广泛的文化定义中我们可知,文化是相对于政治、经济而言的人类全部精神活动及其活动产品,制度一般是指社会群体共同遵守的规章或准则。根据文化层次理论,文化大致分为精神文化、物质文化和制度文化。文化建设需要制度的保障,制度背后也有文化的内涵,制度中有文化，文化中也有制度。把两个概念提取出来后再看它们之间的关系，我们就可以得到两个概念，即文化制度与制度文化。对于我国来说，宪法规定社会主义制度是我国的根本制度，我国根本制度必然表现出社会主义制度文化的特征，也包括了我们要建设的中国特色社会主义文化制度。

制度文化。制度文化是人类为了自身生存、社会发展的需要而主动创制出来的有组织的规范体系，是人类在物质生产过程中所结成的各种社会关系的总和，政治制度、经济制度、法律制度、军事制度的形成以及价值观念、伦理道德、风俗习惯等文化因素都是制度文化的反映。制度文化分为三个层次：第一层次是关于社会形态的规定性，如原始社会制度、资本主义社会制度等；第二层次是一定社会形态下的具体社会制度，如经济制度、政治法律制度、家庭婚姻制度等；第三层次是具体社会制度下的各种具体工作部门和工作岗位的办事程序和行为规范等。[1] 制度文化的聚焦点是制度中的规则和文化的一致性，一个群体的制度文化就与其中的精神文化有着天然的联系，精神文化产生制度文化并受其制约，制度文化制约着物质文化的实现。因此，文化整体的协调发展必须依靠一个优良的秩序，而制度文化在这个循环中居于关键地位。

制度文化是社会形态的最直接体现，有什么样的社会形态，就会有什么样的制度文化。根据科学社会主义原则建立的社会主义制度，首先就表现了社会主义的制度文化。马克思主义描绘了人类历史发展的高级形态，也就是人类社会最终会进入的社会形态，在这个意义上，社会主义制度的制度文化就是属于全人类的文化，应该成为世界人民的精神财富。马林诺斯基（Bronislaw Malinowski）曾指出过制度文化的变迁因素，即某种制度都跟一定的时间紧密地联系在一起，过了这个时间，其制度的具体内容可能就有所不同。[2] 我国实行的有中

---

[1] 邵汉明：《中国文化研究二十年》，人民出版社2003年版，第436页。
[2] 董大中：《文化圈层论》，秀威信息技术出版社2011年版，第80页。

国特色的社会主义制度既承接了人类最先进制度的文化精神，又带有社会主义初级阶段的制度文化特征，因而就具有强大的优越性，必然会促进我国精神文化、物质文化的发展进步。

文化制度。文化制度是一国通过宪法和法律调整以社会意识形态为核心的各种基本文化关系的规则、原则和政策的总和。文化制度所涵盖的范围主要涉及教育、科技、文学、艺术、广播、电影、电视、新闻、出版、文物等方面。文化制度从一个侧面反映着国家性质。[①] 文化制度是中国特色社会主义制度的重要组成部分，我国的文化制度总体上是以社会主义精神文明为中心进行科学文化建设和思想道德建设，以增强国家文化软实力、提升国家文化影响力为重点进行先进文化建设。

考虑到文化制度建设对推进文化发展的现实意义，以下将不再叙述制度文化，而只讨论文化制度，探究中国特色社会主义文化制度的构成、特征等要素以及如何通过文化制度的建设推进中国特色社会主义文化发展并提高我国文化影响力的问题。

2. 文化制度的结构和特征

党的十八大报告规定了中国特色社会主义制度的结构，我国的根本制度涵盖了根本政治制度、基本政治制度、基本经济制度以及包括经济体制、政治体制、文化体制、社会体制在内的各项具体制度。这个创新理论其实阐明了制度上的三个层次，即根本制度、基本制度和具体制度。就政治、经济和文化制度而言，我国的政治制度是确立最早的，新中国成立前夜的《共同纲领》就已经确立了新中国政治制度的框架，它也是我国最稳固、最完善的制度，根本政治制度和基本政治制度一起保障了我国社会主义的长治久安；基本经济制度经过经济体制的不断改革才得以形成，直到党的十五大才明确确立，其现实条件是社会主义初级阶段的生产力水平，因而不能完全代表根本经济

[①] 张光杰：《中国法律概论》，复旦大学出版社2005年版，第63页。

制度的实质。与前两者的结构相比，若从社会主义和共产主义的社会发展阶段角度审视，文化制度也可分为根本文化制度、基本文化制度和具体文化制度三个层次；若站在中国特色社会主义正处于社会主义初级阶段的角度理解，中国特色社会主义文化制度就包括基本文化制度和具体文化制度。基本文化制度居于宏观层面，规定着具体文化制度的基本内容和主要特点，基本文化制度还需要通过具体文化制度表现出来和实现。对具体文化制度进行剖析，我们还需要捋清文化制度和文化体制之间的关系，制度是社会群体共同遵守的规章和行动准则，体制是国家或群体的组织制度，制度是内容，体制是形式，制度决定体制。因此，具体文化制度属于中观层面，决定着具体的文化体制或机制，具体文化体制是具体文化制度的实现形式。中国特色社会主义文化制度依然是以马克思主义为指导思想，以思想道德建设为灵魂，而具体文化制度包括文化产业与产权制度、文化企事业制度、文化传播制度、文化开放制度、文化调控制度等内容。[①] 这种文化制度有以下几个特征：

首先，中国特色社会主义文化制度具有发展的渐进性。中国特色社会主义文化制度的不断发展和完善，既是对社会主义文化规律的认识不断发展的结果，也是对社会主义文化制度本质特征深刻认识的结果。纵观改革开放以来的历程，从"社会主义精神文明""有中国特色的社会主义文化""社会主义核心价值体系"和"社会主义核心价值观""国家文化软实力""社会主义文化强国"以及"文化自信"等概念的相继提出，我们可以看到我国主要围绕社会主义精神文明建设、社会主义核心价值体系建设、国家文化软实力建设和文化强国战略等开展了一系列中国特色社会主义文化制度建设的实践探索。中国特色社会主义进入新时代，中国特色社会主义文化建设必然出现新问题、面临新任务，需要不断发展和深化我国的文化制度。

---

① 冯颜利、任映红、张小平：《中国特色社会主义文化制度研究》，经济科学出版社2013年版，第7页。

其次，中国特色社会主义文化制度具有实践性。中国特色社会主义文化理论、文化理念有一个渐进的深化过程，这就需要文化制度在文化建设过程中要为文化实践服务。文化制度也只有与文化实践结合起来才能保持生机和活力，发挥出积极作用。因此，文化制度关注文化理论、理念的现实可行性，而不只是局限于形式上的观念形态。如果中国特色社会主义文化理论只是作为文化理论和文化知识而存在，就不会形成文化繁荣发展的局面。理论与实践之间存在着内在的紧张性，中国特色社会主义文化的发展需要缓解中国特色社会主义文化理论与文化建设实践之间的紧张关系，而这也只有依靠我国的文化制度为文化实践活动提供的制度规范才可实现。

再次，中国特色社会主义文化制度具有主体性。文化制度的主体性关注的是将文化理论转化为文化实践过程中需要规范谁以及文化发展是为了谁。文化制度的施行面向的是国家文化部门、市场文化事业单位和人民群众。国家通过法律法规保障文化管理运行机制顺利进行，建立现代的公共文化服务体系。增强中华文化的对外影响力，必须首先坚持政府统筹，推进文化事业和文化产业的发展。中国特色社会主义文化建设的群众主体性体现在两个方面：一方面，唯物史观认为人民群众是历史的创造者，人民群众是创造文化的主体力量，增强我国文化软实力、提升中国特色社会主义文化影响力的目标必须要通过亿万人民的文化创造实践才能实现。因此，我国的文化制度是为了增强主流文化引导能力，保持社会各种文化良性互动，帮助树立民族文化自信，以及激励人民群众源源不断的文化创造力、创新力。另一方面，习近平在文艺工作座谈会上的讲话中指出："人民既是历史的创造者、也是历史的见证者，既是历史的'剧中人'、也是历史的'剧作者'。文艺要反映好人民心声，就要坚持为人民服务、为社会主义服务这个根本方向。"[①] 中国特色社会主义文化发展是为了人民，

---

① 习近平：《在文艺工作座谈会上的讲话》，《人民日报》2015年10月15日第2版。

中国特色社会主义文化制度是为了保障人民能平等获得文化权利，让人民成为文化的真正主人。

3. 文化制度构建

我们可以通过中国特色社会主义文化建设来了解我国的文化制度，也可以通过文化制度的结构和特征获得对其进一步的了解。然而，我国的文化制度还未有一个明确界定的概念，这就需要在实践中不断发展和完善中国特色社会主义文化制度，实现文化制度和文化体制的创新。党的十八大吹响了进一步推进社会主义文化大发展大繁荣的号角，文化建设一定要坚持社会主义先进文化的前进方向，树立高度的文化自觉和自信。党的十八届三中全会对我国这种文化制度的创新发展提出过新论断，就是把文化体制机制创新纳入国家全面深化改革的总体格局中考虑，并进一步明确了文化体制机制创新的指导思想和目标任务。党的十九大指出要深化文化体制改革，完善文化管理体制，加快构建把社会效益放在首位、社会效益和经济效益相统一的体制机制。由这些会议的精神可以看出，党和政府为推进社会主义文化建设而进行的文化制度创新发展遵循了一定的原则，例如，不能动摇根本指导思想，坚定奏响文化主旋律，市场化运作文化产业等。构建中国特色社会主义文化制度、推进文化制度发展创新有以下路径：

以坚持马克思主义指导思想、增强我国意识形态建设为根本推进中国特色社会主义文化制度的建设。马克思主义是中国共产党和中国特色社会主义事业的根本指导思想，也是构建中国特色社会主义文化制度的指导思想。文化制度的根本问题是如何以文化规则调节社会的意识形态，那么，指导思想就决定着文化制度的目标和方向，坚定、稳固、科学的指导思想是文化健康发展的重要保证。习近平总书记在党的十九大报告中指出，发展中国特色社会主义文化，就是以马克思主义为指导，牢牢掌握意识形态工作领导权。这一论断既旗帜鲜明地指明了文化建设必须坚持马克思主义的指导思想，又强调了党对意识形态工作的领导作用。意识形态工作事关旗帜和道路，事关贯彻落实

第六章 提升中国特色社会主义文化影响力的思想路径

党的理论和路线方针政策,事关顺利推进党和国家各项事业,事关党和国家前途命运。我国文化制度的构建就必须以保障和巩固党和国家对社会意识形态的领导为首要任务。主流思想文化的状况表现着国家意识形态的基本面貌,文化制度必须承担好巩固壮大主流思想文化的责任。科学的理论可以教育人,正确的舆论可以引导人,高尚的情操可以陶冶人,文化建设离不开对于主旋律的弘扬和正能量的传播,中国特色社会主义文化影响力要想深入人心离不开让科学理论教育群众、让正确舆论引导群众、让高尚情操内化为全体人民的共同价值追求。中国特色社会主义文化制度应履行起高举旗帜、引领导向、围绕中心、服务大局、团结人民、鼓舞士气、连接中外、沟通世界的责任。

以培育和践行社会主义核心价值观为灵魂推进中国特色社会主义文化制度的建设。社会主义核心价值观是当代中国精神的集中体现,凝结着全体人民共同的价值追求。积极践行和培育社会主义核心价值观,有助于牢牢掌握意识形态工作的领导权和主导权,坚持正确导向,提高引导能力,壮大主流思想舆论。[1] 中国特色社会主义文化制度的建设要使其能发挥教育引导、实践养成、制度保障的作用,培养担当民族复兴大任的新人,引领国民教育、精神文明创建、精神文化产品创作生产传播,转化为人们的情感认同和行为习惯。[2]

以加强思想道德建设为重点推进中国特色社会主义文化制度的建设。文化的建设始终离不开人,提高我国文化软实力、增强中国特色社会主义文化影响力需要人们有思想觉悟、道德水准和文明素养。中国特色社会主义文化制度的构建要以培育这种文化建设主体为重点,对人们开展广泛的理想信念、爱国主义、集体主义和社会主义教育

---

[1] 胡锦涛:《坚定不移沿着中国特色社会主义道路前进 为全面建成小康社会而奋斗——在中国共产党第十八次全国代表大会上的报告》,人民出版社2012年版,第31页。

[2] 习近平:《决胜全面建成小康社会 夺取新时代中国特色社会主义伟大胜利——在中国共产党第十九次全国代表大会上的报告》,《人民日报》2017年10月28日第4版。

等，帮助人们树立正确的国家观、民族观和文化观。中国特色社会主义文化制度的构建还要为实施公民道德建设工程、进行群众性精神文明创建活动提供制度保障，保障人们社会公德、职业道德、家庭美德和个人品德建设的顺利推进，引导人们树立制度意识、规则意识和责任意识。

以推动文化事业、产业发展为具体方式推进中国特色社会主义文化制度的建设。"文化事业"是我国的特定术语，指为社会提供公共文化产品的公益性文化部门，主体是文化事业单位，主要包括公共文化生产体系、公共文化传播体系、公共文化消费体系和公共文化管理体系，其基本职能是保障公众基本文化权益和满足公众的基本文化需求。"文化产业"是与"文化事业"相对应的概念，文化产业是指从事文化产品生产和提供文化服务的经营性行业，其基本职能是繁荣我国的文化市场，满足人们的多方面、多层次、多样化的文化需求。文化事业和文化产业相辅相成，一起构成我国文化建设的两种基本形式，共同促进社会进步。文化事业所承担的一个重要职能是传播和培育主流价值观、弘扬主旋律，提高全民族的科学文化素质和思想道德素质，有利于推进我国先进文化的建设。而文化产业是采用市场化运作模式，根据市场需求组织文化生产活动，为经济发展和社会进步创造物质财富，实现文化的经济功能，有利于提高我国文化的国际影响力。在我国的文化体制改革组成中，文化产业和文化事业是一项基本内容，经过十多年的文化体制改革，党对文化建设规律的认识越来越全面，文化体制改革取得重大成绩。文化体制改革也是中国特色社会主义文化制度建设的有机组成部分。文化事业和文化产业直接面向人民群众，因此，它们处在"上传下达"的关键位置。文化体制的不断改革是我国社会主义文化制度的不断发展和完善。要坚持把社会效益放在首位、社会效益和经济效益相统一，发挥文化事业对文化产业的导向作用，建设好公共文化服务体系，满足人民对文化的需求；发挥文化产业对文化事业的驱动作用，健全现代文化产业体系和市场体系，创新文化生产经营机制，创造文化"出口"条件，以增强我国文化国际传播能力，对外展现真实、立体、全面的中国，增强国家文化软实力，提高中国特色社会主义文化的影响力。

五 构建文化的道德秩序

道德秩序既影响人的思想又影响人的行为。提升中国特色社会主义文化影响力，就必须有良好的道德秩序，社会公德秩序、职业道德秩序、家庭美德秩序、个人品德秩序都会影响文化影响力的生成与提升。思想道德建设，要解决的是整个民族的道义基础和精神动力问题。我国的社会主义道德建设始终是发展中国特色社会主义文化的重要内容，社会主义道德建设理论不仅为道德建设确立了原则、提出了要求，还为转型时期出现的道德危机提供了批判尺度和化解方法。良好道德秩序、道德风尚的形成标志着主流价值观念深入人心、社会向心力的凝聚形成，对提升中国特色社会主义文化影响力意义重大。

1. 文化与道德

文化和道德是人类社会特有的两种现象，它们产生于人类改造自然界和人类社会的实践中，同时也对人类的实践活动产生重要影响。虽然两者都没有绝对统一的概念，但是人们对两者概念的认知也有共性，我们就从共性上理解。文化是相对于政治经济而言的人类全部精神活动及其活动产品，其概念内涵和外延都比较广。道德是"人的一种特殊的社会规定性，是社会的一种特殊的人的价值观念。道德既是社会调节的一种特殊手段，又是人实现自身统一、精神完善的一种特殊方式，它始终植根于人和社会不可分割的联系之中，是一种特殊的社会价值形态"[①]。从该定义可以看出道德主要发挥的是调节作用，调节的是人与人之间的关系、人与自身的关系。一个是他律，一个是

---

① 唐凯麟：《伦理学》，高等教育出版社1999年版，第38页。

自律。自从柏拉图提出"知识即美德"的命题之后,道德在西方思想家头脑里始终与理性联系在一起,并且是追求社会正义和公平的一个手段。[①] 在我国古代思想史上,思想家们也讨论过知识文化和道德关系,一般认为文化知识教育要服从于道德教育的需要。文化与道德的关系不只是一个思辨问题,而且是关系现代社会精神文明建设的一个中心问题。

没有科学的思想做指导就不能揭示道德的本质,也就不能看清道德与文化的关系。纵观人类伦理思想史,思想家们对道德的研究、对道德与文化关系的探索固然有合理之处,但都未能揭示它们的真正本质。直至唯物史观创立,这一问题的解决才有了正确的指导思想。"马克思主义伦理学认为,通常来讲,道德是调节人与人之间关系的各种行为规范的总和,道德本身作为一种社会规范,属于意识形态和社会上层建筑,同时它是一种特定的社会现象……所谓道德现象,指人类日常生活中由经济基础和经济关系所决定,用善恶标准和是非标准去评价,依靠社会舆论和口碑相传以及传统习惯和内心信念来维持的一种特殊又普遍的社会现象。"[②] 前文说过,社会意识形式是社会意识的重要组成部分,而前者又包括意识形态部分和非意识形态部分,这与文化结构中的精神文化基本相似,但也包括制度文化中的意识形态部分。因此,在意识形态层面讲,道德同文化一样,都属于社会意识范畴,归根结底由生产方式决定。此外,文化提供了物质与符号工具,人类正是通过文化适应所处的生态环境与社会环境,建构关于世界与自我的观念。[③] 所以,在观念形态上,要通过文化把握道德。文化与道德相互影响、相互作用:文化通过对生产力和社会生活方式产生影响促进道德的发展;文化通过世界观和人生观对道德产生作

---

① 唐凯麟、舒远招、向玉乔、聂文军:《西方伦理学流派概论》,湖南师范大学出版社 2006 年版,第 1—4 页。
② 罗国杰:《伦理学》,人民出版社 1989 年版,第 44 页。
③ 孟维杰:《心理学文化品性》,黑龙江大学出版社 2007 年版,第 57 页。

第六章 提升中国特色社会主义文化影响力的思想路径

用；文化对道德规范和风俗习惯变化有直接影响；文化能影响个人的道德品行。① 当然，恩格斯也指出，道德具有相对独立性，其表现为道德意识会有时落后或超前于社会存在，道德对整个社会生活不是消极而是积极地以它特有的方式反作用于社会生活。②

社会主义道德根植于社会主义经济基础，它只有与社会主义政治、经济和文化相适应，才能促进社会的发展。社会主义代表着共产主义的低级阶段，因而，社会主义道德在本质上是属于共产主义道德的。回顾我国的近现代史，我们会发现道德意识的发展并不完全同社会生产力发展水平相一致，道德的变化往往落后于经济的变化。封建的自然经济是儒家伦理政治思想的经济基础，在整个自然经济受到资本主义经济的破坏、中国变成半殖民地半封建社会后，才无力应对资本主义思想的入侵。半殖民地半封建社会自然经济、外国资本主义经济、民族资本主义经济、官僚资本主义等经济形式并存导致封建主义道德和资本主义道德共生，在我国社会主义建立之后，要建立社会主义制度所要求的社会主义道德秩序就必须对封建主义和资本主义下的道德秩序进行革除。社会主义市场经济体制所要求的社会主义市场经济道德秩序也需要对高度集中的计划经济体制下的某些道德秩序进行变革。然而，道德理论也有超前性。马克思根据社会发展规律提出人类历史上最高的道德类型——共产主义道德，提出了正确处理人与人、人与集体、人与社会之间关系的原则和行为规范，为人们树立了崇高的道德理想。道德的这种超前性和落后性的矛盾决定了社会主义要进行的道德建设要以共产主义道德思想做指导，必须根据社会发展状况完善思想道德建设理论。

思想道德建设是我国精神文明建设的灵魂，也是中国特色社会主义文化建设的重要组成部分。发达的社会主义物质文明是提高中国特色社会主义文化影响力、建设社会主义精神文明的物质基础。中国特

---

① 袁林生：《文化与道德关系初探》，《安徽省委党校学报》1987 年第 1 期。
② 顾海良：《马克思主义发展史》，中国人民大学出版社 2016 年版，第 179 页。

色社会主义文化建设必须要适应并服务于中国特色社会主义建设，社会主义先进文化能促进社会主义制度的自我完善，因而能促进社会主义道德的进步。社会主义市场经济需要有效率、有公平、有道德的秩序。追求公平正义，要超越极端利己主义和个人主义，以马克思主义为指导思想、坚持集体主义的共产主义道德完成了对两者的超越，给个人、经济的发展创造了有秩序的生存空间，有利于促进我国市场经济发展，为增强中国特色社会主义文化软实力提供经济基础。强大的文化凝聚力的形成是中国特色社会主义文化影响力增强的一个重要标志，社会主义思想道德能帮助人们树立正确的世界观、人生观以及国家观、民族观和文化观。这种正确的国家、民族意识是本民族文化自觉、文化自信的力量所在，也为增进人们的文化认同、政治认同、国家认同和民族认同提供了重要手段。增强人们对道德理念的认同是提高文化影响力的一个重要手段，共产主义道德包含着对资本主义道德的批判，共产主义道德以解放代替调节人与人之间的关系，着眼于解放和发展人，相对于私有制经济制度下的"普世"道德观念更有普适性，即使是处在初级阶段的社会主义道德在本质上也会对其他国家的人们产生吸引力。这就需要我们"讲好中国故事，展现真实、立体、全面的中国"，为我国争取国际文化话语权。文化终究是人创造的，社会主义道德还要担负培养人的责任，一个民族的文明进步，在很大程度上取决于社会思想道德水平，党的十九大指出道德建设要提高人民的思想觉悟、道德水准和文明素养，而高素质的文化主体更能把中国特色社会主义文化推向前进。

2. 道德"危机"与批判

社会主义道德建设对中国特色社会主义文化建设有巨大的推动作用，然而，道德的发展也不是一帆风顺的，其间总会经历困难与曲折，总体上呈现螺旋式上升趋势。随着我国社会主义市场经济的发展，人们的精神面貌、价值观念发生变化，一些道德问题凸显，例如，经济生活中出现的诚信缺失、重利轻义、唯利是图现象，社会生活中出现的道德冷漠、责任感稀薄、缺乏公平现象。社会公德、职业道德和家庭道德等多个领域的道德问题集合在一起给人一种道德遭遇到"危机"之感。我国现阶段社会发展中出现的道德"危机"并非一种真正的危机局面,更多的是道德观念失范的表现,它与资本主义世界已经遭受或正在遭受的道德危机有一些共同特征,但又有根本性的不同。无论如何,这种道德"危机"已经成为阻碍我国精神文明发展的障碍,必须对其加以解决。

道德危机是一种复杂的历史现象,有着很深的经济根源和文化根源。我们考察西方道德危机的根源,首先要立足于资本主义商品经济,考察商品经济下人的交往关系的变化,除此之外,还要考虑文化根源。马克思主义认为,资本主义社会处在人的发展的第二阶段——以物的依赖性为基础的人的独立性。在这个阶段,人与人之间原先的固定依赖关系解体,人与人之间以产品交换为基础的关系形成,人对物的依赖性增强,因此,"物"在整个商品经济中对人有重要意义。人要想占有更多的生产资料,其表现为对物的极力渴求,物变成最有价值和被唯一追求的东西,成为资本主义下人一切行为的出发点和目的,人与人之间的关系就是以物为基础形成的交换关系。马克思指出:"对对象的占有竟如此表现为异化,以致工人生产的对象越多,它能够占有的对象就越少,而且越受自己的产品即资本的统治。"[1]这是资本主义世界片面追求占有物质、追求经济利益的经济根源。除此之外,资本主义文化内部还存在着尖锐的矛盾:非理性主义和理性主义的矛盾,理性判断一直被认为在思维层级中占优先地位,而且这种理性至上的规则统治了西方文化近两千年。[2]现代人们体验到的是"理性的毁灭"和文化的失落,而非理性主义过度夸大人的感觉、欲望和情绪,否认历史发展的客观规律,否认道德规范的作用;生活方式危机和科学技术发展的矛盾导致物质财富的增长与道德的沦丧、文

---

[1] 《马克思恩格斯选集》第 1 卷,人民出版社 2012 年版,第 51 页。
[2] Daniel Bell, *The Culture Contradictions of Capitalism*, Basic Books, Inc., 1978, p. 50.

明的生产与不文明社会现象之间的矛盾；个人主义与自我价值、社会价值的矛盾，资本主义的个人主义价值观张扬以个人为中心的利己主义，强调个人利益和享乐，从而使正当的个人价值无法得到充分表现。① 我国社会主义市场经济既有市场经济的共性又有自己的特性，因此，市场经济下人们道德观念的变化会在我国的社会秩序中表现出来。由于道德的发展具有延滞性，经济体制已经发生变化，而社会主义道德体系还没有完全建立，中间的这段时间就是矛盾凸显期。

  道德会让一个国家具有权威和影响力，而一个丧失道德的国家很快就会失去它在世界上的影响。② 中国特色社会主义文化"走出去"在世界产生影响力，必定要依靠一个良好的国际形象，尤其要依靠一个良好的大国道德形象，因为道德更能引起人们的心理认同。我国经济取得了举世瞩目的成就，超越日本成为世界第二大经济体，我国积极参与国际事务，如推动构建人类命运共同体和新型国际关系，提出"一带一路"倡议、新全球化背景下推动全球治理理念等。中国的政治、经济已经在世界产生了较大的影响力，吸引着全球的目光。中国对世界的贡献一直没停止过，然而，一些居心叵测的资本主义国家占用着国际文化话语权，占领着国际道德制高点，对中国崛起的诋毁一刻也没停歇过，"中国威胁论""修昔底德陷阱论"的言论频频出现。针对这种观点，习近平也说过，世界上本无"修昔底德陷阱"，但大国之间一再发生战略误判，就可能自己给自己造成"修昔底德陷阱"。③ 中国"大国崛起"的形象已经形成，而世界在通过什么来正确认识中国的崛起与中国的实际面貌之间还存在着张力。要树立良好的大国形象，则一定要建设好我国的道德形象，让世界各国从这个形象中读出我们彻底坚持和平发展道路的信号，看出我们坚持全世界共

---

  ① 石云霞：《马克思主义基本原理专题研究》，高等教育出版社2012年版，第270—273页。
  ② Jimmy Carter, *Our Endangered Values: America's Moral Crisis*, Simon & Schuster, Inc., 2005, p. 59.
  ③ 王义桅：《正确认识"修昔底德陷阱"》，《人民日报》2016年4月17日第5版。

第六章 提升中国特色社会主义文化影响力的思想路径

同发展的决心。中国的发展和世界的发展是一体的，无产阶级怀着解放全人类的最高理想，中国的发展会使世界受益。事实上，中国积极参与国际事务，对世界产生了积极的作用，提出的发展、治理理念是以世界为关怀的，使中国在国际上产生了主动性影响力的恰是道德的柔性力量。这种正面的国家道德形象一经形成则必然会打破国际一些国家以伪道德占领话语高地的局面，对世界产生深远、持久的吸引力。

3. 道德建设

道德重要意义的实现、道德理论的拓展和道德"危机"的化解，终归要落到实处，通过道德建设来实现。道德建设既要有顶层设计，又要有具体落实。道德建设有利于塑造高思想道德素养的个人，而良好的国民素质于国家来说会凝聚成一个高大的国家形象，这种形象不仅会使本民族树立起强大的自信心，坚定对本国道路、理论、制度、文化的自信，还会吸引世界人们驻足仰望，而这些就是提升中国特色社会主义文化影响力所必需的要素，也是中国特色社会主义文化影响力提升的表征。我国的社会主义道德建设应从以下方面着手：

吸收西方道德探索的优秀理论。虽然整体上我们应以批判的态度来看待当代资本主义社会的道德，但也应看到从古至今的一些西方思想家对道德的探索的确闪耀着理论光芒。尤其是在资本主义世界经历普遍道德危机后，一些思想家为挽救这种道德颓势而进行的道德重建尝试是兼具理论和现实意义的。我们以睿智的眼光看待它们，或许会发现一番景色。乔治·爱德华·摩尔（George Edward Moore）开创元伦理学（meta-ethics）流派，现代西方伦理学开始形成。在过去的一个世纪中，西方伦理学可谓派别林立，比如有以皮亚杰（Jean Piaget）和科尔伯格（Lawrence Kohlberg）为代表的道德发展心理学，他们结合心理学主要从认知的视角探究道德发展的规律，着眼于道德的认知和建构，在西方世界的道德教育中产生了巨大影响；又有道德哲学和政治哲学结合的理论，以罗尔斯（John Bordley Rawls）和诺齐克

（Robert Nozick）等人为代表的自由主义坚持以个人权利的正当性为基点，去探寻一种正义规则伦理和自由义务伦理，而与之相对的以麦金泰尔（Alasdair Chalmers MacIntyre）、泰勒（Charles Taylor）、桑德尔（Michael J. Sandel）等人为代表的社群主义（communitarianism）以社群的价值为起点，去探寻一种以善为目标的德性伦理,[1] 两派之争更能推进人们对个人和集体之间关系的认识深化，尤其是它们对化解西方道德危机的理论建构对我国解决道德问题也并非毫无意义。各派对道德本质、原则、判断、选择"喋喋不休"的争论也在不断地深化着人们对道德的认识。由于受到非理性主义的影响，现代西方伦理学家在解释道德时往往求助于意志、情感、本能等非理性的东西。虽然这样并不能真正地解决对道德的认识问题，否则也不会出现争论不休的情形，但有利于使我们认识到非理性因素与道德有何关系、在道德中居何种地位、在道德实践中有何作用。

以社会主义核心价值观引领思想道德建设。习近平指出："核心价值观，其实就是一种德，既是个人的德，也是一种大德，就是国家的德、社会的德。国无德不兴，人无德不立。如果一个民族、一个国家没有共同的核心价值观，莫衷一是，行无依归，那这个民族、这个国家就无法前进。"[2] 我国人口众多、民族众多，要想使全体人民同心同德、奋力前进，就要以反映全国各族人民共同认同的价值观"最大公约数"来引领，社会主义核心价值观的培育和践行实际上也是社会主义道德的培育和践行。社会主义核心价值观是在道德生态模式探寻过程中的一个创新，"道德就其表现形态而言，可以分为价值形态、规范形态与秩序形态。就价值形态而言，道德是立法的内在价值依据，道德标准是衡量立法有无合理性的关键；就规范形态而言，道德定义为人们道德行为的'应然'引导，其具体表现为教育、舆论、

---

[1] 唐文明：《学思录》，当代中国出版社 2008 年版，第 36 页。
[2] 习近平：《青年要自觉践行社会主义核心价值观——在北京大学师生座谈会上的讲话》，《人民日报》2014 年 5 月 5 日第 2 版。

风俗、习惯等软性手段；就秩序形态而言，自觉遵守道德规范，有助于形成稳定的道德秩序。而弘扬和践行社会主义核心价值观，有助于实现这种理想的道德生态"①。

"四位一体"推进公民道德建设工程。公民道德是国家意识形态在社会关系领域占主导地位的道德观念和行为规范，公民道德建设是社会主义道德建设的重要内容。党的十二届六中全会通过的《中共中央关于社会主义精神文明建设指导方针的决议》指明，思想道德素质是社会主义精神文明建设的一项任务，并提出"五爱"的社会主义道德要求。党的十四届六中全会通过的《中共中央关于加强社会主义精神文明建设若干重要问题的决议》对提高全民族的思想道德素质做出规定，要求社会主义道德要以为人民服务为核心，以集体主义为原则，在"五爱"的要求下开展社会公德、职业道德和家庭美德教育。2001年中央印发《公民道德建设实施纲要》，进一步规划了我国公民道德建设的蓝图。党的十七大报告在"三德"建设的基础上增加个人品德建设，强调发挥道德模范榜样作用。党的十八大报告继续肯定社会公德、职业道德、家庭美德和个人品德的价值，提出还要弘扬中华美德和时代新风。党的十九大报告提出继续深入实施公民道德建设工程，推进社会公德、职业道德、家庭美德、个人品德建设，激励人们向上向善、孝老爱亲，忠于祖国、忠于人民。公民道德建设要紧紧围绕公民道德基本规范进行，而"四德"又是公民道德规范的中心内容，所以，进行公民道德建设需要将这"四德"整体推进，缺一不可。以文明礼貌、助人为乐、爱护公物、保护环境、遵纪守法为内容的社会公德是社会生活必需的起码公共生活准则，它在社会主义道德建设中处于基础性的地位，发挥着全民性作用。社会公德建设的好坏决定着社会公共生活是否有秩序、社会精神风貌是否文明、社会形象是否干净清洁。以爱岗敬业、诚实守信、办事公道、服务群众、奉

---

① 江勇：《以社会主义核心价值观引领道德建设》，《光明日报》2017年4月21日第11版。

献社会为内容的职业道德是公民道德成熟的标志，有助于调节职业交往中从业人员内部以及从业人员与服务对象间的关系。如果每个行业、每个职业集体都具备优良的道德，将会对整个社会道德水平的提高发挥重要作用。以尊老爱幼、男女平等、夫妻和睦、勤俭持家、邻里团结为内容的家庭美德是调节家庭内部成员和家庭生活密切相关的人际交往关系的行为规范，涵盖了夫妻、长幼、邻里之间的关系。家庭美德建设不仅关系到每个家庭的美满幸福，也有利于社会的安定和谐。个人品德建设是培养和提升公民道德建设的根本，没有个体的道德养成，家庭的道德秩序、职业的道德秩序和整个社会的公共道德秩序建设就是虚幻的。

公民道德建设不仅要从影响人们道德观念形成和发展的重要环节入手，还需要法律做支持。人们道德观念的形成离不开家庭和学校教育，也离不开社会的影响。家庭和学校是为人们提供教育的场所，也是人们从小到大形成道德观念的重要地方。家庭道德教育要从娃娃抓起，引导孩子在成长过程中逐渐形成是非、高尚和卑劣等观念，家庭中每个成员也要以身作则，给孩子树立起好榜样。学校是进行系统道德教育的重要阵地，学校道德教育同家庭和社会道德教育相比的一个重要作用就是先进性，这种先进性体现在学校的道德教育不仅能帮学生树立道德观念，还能教学生认清什么是先进的道德、为什么要有这样的道德观念等。社会对公民道德建设有着特殊的渗透力和影响力，要发挥社会教育的作用，首先要创造有利于公民道德建设的社会氛围，其次要深入开展群众性的公民道德实践活动，让群众成为参与者、建设者。公民道德建设离不开法律的支持，道德没有现实的强制力，对各种破坏公民道德建设、危害社会秩序的违法犯罪行为必须用法律手段严厉打击。

六 强化文化的价值引领

价值是主客体之间的一种关系。如果从价值的维度上看中国特色

第六章 提升中国特色社会主义文化影响力的思想路径

社会主义文化，我们就能提出两个问题：一是，从客体上看，中国特色社会主义文化对个人、国家、社会有什么意义？二是，从主体上看，个人、国家、社会应以什么样的价值观念灌注于中国特色社会主义文化中，使其变得更进步、更有意义？更进一步说就是，随着中国特色社会主义文化不断发展，其影响力的提升对个人和共同体有何重要作用？什么样的价值观能提高其影响力？社会主义核心价值体系和核心价值观是发展中国特色社会主义文化必需的先进价值观念，然而，它的成长环境也并非温室，需要不断接受"对手"的挑战并击溃它们。

1. 文化与价值、价值观

要从价值的维度阐述中国特色社会主义文化影响力，首先要说明文化、价值、价值观的概念与关系。文化是"人化"，它相对于"自然"，是人的自觉的或不自觉的活动的历史积淀，是历史凝结成的人的活动的产物，文化的最主要功能是"化人"，教化人、塑造人、熏陶人，所有文化都是人的实践活动及其成果的表现。人与物之间的关系，除了实践关系，还有认识关系和价值关系。"'价值'这个普遍的概念是从人们对待满足他们需要的外界物的关系中产生的"[1]，马克思主义认为，价值就是客体的存在、属性及其变化与主体需要及其发展之间的某种一致关系，一个客体满足主体需要的属性越多、对主体需要的满足程度越高，其价值也就越大，但二者的关系并不是平等的，主体的需要决定着客体对主体是否具有价值。价值观念是对于事物是否具有价值、具有何种价值以及具有多大价值等的反映，简单来说，就是对主客体之间价值关系的观念反映，它往往表现为信念、信仰、理想、追求等形态。根据主体的不同，价值观念可分为个人价值观念和群体价值观念；根据所起的作用的不同，价值观念可分为主流价值观念和非主流价值观念；根据在社会价值观念体系中地位的不

---

[1] 《马克思恩格斯全集》第19卷，人民出版社1963年版，第406页。

同，价值观念可分为核心价值观念和非核心价值观念。① 这样三者关系就比较明晰了，人们在实践中创造了文化，然而，对个人、民族或国家来说，并非所有文化都是有价值的，符合它们需要的文化才有价值，价值观是文化的最深层次，反映着文化上的价值关系，其中主流价值观念和核心价值观念居主导地位。

为进一步说明它们的关系，还要引入两个概念——文化价值观和价值文化。"文化价值观是指一些国家或地区绝大多数人认同并长期传承的价值观。文化价值观的构成有两个要素：其一，被一些国家或地区绝大多数人所认同；其二，长期传承而持久不衰。这些被普遍认同的价值观由于植根于国家或地区的物质文化和精神文化的土壤之中，所以被称为文化价值观。"② 文化价值观体现了个体或群体对文化价值的总体看法和观点，从它可以看出，一个社会或国家之中人们认为什么样的文化是正确的，什么文化有意义，需要什么样的文化等。由于不同的人对文化的需要和看法不同，因此，要在一个国家或社会建立起主导价值观，让文化发挥向内的影响力，就要帮助人们树立某种文化价值观，让该群体的成员自觉产生共同的价值观念的认同。

文化本身就具有价值属性，这种价值属性就表现为价值文化，价值文化是文化的一种形态。在价值文化中，核心价值是它乃至文化的灵魂和本质内涵，因而也是使一种价值文化与另一种价值文化、一种文化与另一种文化区别开来的根本规定性和主要标志。③ 价值文化深深根植于人的思想和行为中，个体间的思想和行为往往不同，而真正把人们维系在一起的是共有的社会文化价值观念和准则。国家、地区间的文化交流、碰撞主要是价值文化的交流和碰撞，文化软实力也主

---

① 石云霞：《马克思主义基本原理专题研究》，高等教育出版社2012年版，第443—445页。
② 张利华：《论文化价值观的两重性》，《当代世界与社会主义》2015年第1期。
③ 江畅：《我国主流价值文化构建的三个问题》，《光明日报》2012年6月21日第11版。

第六章　提升中国特色社会主义文化影响力的思想路径

要体现在价值文化的输出能力上。① 社会的文化不经常是绝对一元的,要建设一种在社会生活中起主导作用、得到公众普遍认同的文化,就要建设主流价值文化。一种价值文化要成为主流的价值文化有两个条件:一是,一个社会必须是价值多样化的,有多种价值文化存在;二是,在多样的价值文化中,有一种价值文化起主导作用,其他价值文化要接受它的引领和指导。②

中国特色社会主义文化是以上两者的统一。一方面,中国特色社会主义文化由社会主义核心价值观作为核心文化价值观来引领自身建设,社会主义核心价值观能帮助人们从总体上认识中国特色社会主义文化的价值和意义,对文化观念和现象作出正确价值评价。首先,社会主义核心价值观有助于引导人们对中国特色社会主义文化产生普遍的认同感,认识到中国特色社会主义文化的先进性,这是中国特色社会主义文化产生凝聚力的前提;其次,社会主义核心价值观为人们提供了文化价值判断的标尺,有助于引导人们认清在当前我国社会存在的多种文化价值观中哪些是有利于我国社会主义文化建设的以及哪些是不利的。另一方面,中国特色社会主义文化本身就是我国的主流价值文化,这种社会主义价值文化需要走得更远,在世界的舞台上绽放光彩。在我国,与中国特色社会主义价值文化并存的文化形态还有多种,例如,传统价值文化、西方价值文化等。中国特色社会主义文化吸收了传统文化的合理内容,并完成了对它的超越。西方价值文化的侵入是对我国社会主义价值文化的挑战,它一手消解着人们对我国社会主义文化的认同,一手依靠自己的优势地位挤压着中国特色社会主义价值文化的国际生长空间。我们要清晰地认识这两种价值文化的冲突与碰撞,增强我国社会主义价值文化的输出能力,夺取西方价值文

---

① 孙代尧、黄斐:《价值文化建构逻辑与社会主义核心价值观的建构》,《中国人民大学学报》2015 年第 6 期。
② 江畅:《我国主流价值文化构建的三个问题》,《光明日报》2012 年 6 月 21 日第 11 版。

化占领着的文化高地，让中国特色社会主义文化旗帜在世界舞台高舞飞扬。

2. 社会主义核心价值观、全人类共同价值与普世价值

马克思主义价值思想在当代有两个崭新的形象——社会主义核心价值观和全人类共同价值，两者都是习近平新时代中国特色社会主义思想的重要组成部分，而与之相对的有代表资本主义意识形态的普世价值观。要发展中国特色社会主义价值文化就必须厘清三者的关系，认清普世价值的真实面目，自觉培育和践行社会主义核心价值观和全人类共同价值。

社会主义核心价值观的基本内容是党的十八大提出来的，党的十八大报告指出，倡导富强、民主、文明、和谐，倡导自由、平等、公正、法治，倡导爱国、敬业、诚信、友善，积极培育和践行社会主义核心价值观。富强、民主、文明、和谐是国家层面的价值目标，自由、平等、公正、法治是社会层面的价值取向，爱国、敬业、诚信、友善是公民个人层面的价值准则。[①] 社会主义核心价值观实现了三个层面的有机统一。面对世界范围思想文化交流交融交锋形势下价值观较量的新态势，社会主义核心价值观需要发挥出大众凝聚力，使更多的人群认识、认同，内化为精神追求，并自觉实践；需要发挥先进性，引领人类发展的前进方向，在国际上占领价值体系的制高点，获得国际话语权。

国家主席习近平在第七十届联合国大会一般性辩论时的演讲中提出全人类共同价值的概念，指出："和平、发展、公平、正义、民主、自由，是全人类的共同价值，也是联合国的崇高目标。"[②] 这是站在人类命运共同体立场上，基于维护人类共同利益而提出的具有包容和

[①] 中共中央办公厅印发《关于培育和践行社会主义核心价值观的意见》，《人民日报》2013年12月24日第1版。

[②] 习近平：《携手构建合作共赢新伙伴 同心打造人类命运共同体》，《人民日报》2015年9月29日第2版。

共建特质的人类共有的价值观。人类共同价值的提出对于解构西方价值观霸权、构建发展中国家的价值观话语体系,提升中国在当今世界的话语权无疑具有重要的现实价值。全人类共同价值是构建人类命运共同体的价值观基础,为人类命运共同体提供正确的历史观、文明观、公正观、安全观、发展观。人类命运共同体的提出全面系统地回答了当今世界要构建什么样的国际关系、国际秩序和国际体系以及如何构建的问题;回答了如何完善全球治理结构,推动国际关系民主化和国际治理体系现代化,使国际秩序和国际体系朝着更加公正合理的方向发展的重大问题。[1]

全人类共同价值为社会主义核心价值观指明了方向,社会主义核心价值观是全人类共同价值的具体表现形式。任何时代、任何社会的文化价值观都是具体的、历史的,它只是人类社会文明发展进程中的一个"链接",核心价值观的具体性、历史性、民族性,表明一个社会、一个时代的核心价值观与全人类共同价值之间存在着普遍与特殊的关系。[2] 全人类共同价值是当今世界人类共同诉求的价值体现,是中国站在人类历史发展的高度对世界各个国家、民族价值体系中具备普遍性意义的价值进行抽象性提炼后形成的价值观念集合,反映的是不同个体、民族、国家之间的共性,因而对各种具体的符合人类发展要求的价值观都有普遍的指导意义。社会主义核心价值观不是离开人类共同文明发展大道的结果,而是对人类共同价值的吸纳和发展。一方面,我们应看到,社会主义核心价值观与中国特色社会主义伟大事业相适应,与现代社会相协调,显示出中国特色、中国风格和中国气派;另一方面,我们也要看到,社会主义核心价值观要承接全人类的共同价值,站在人类命运共同体的高度为人类社会发展作出新贡献,显示出世界潮流、国际视野、全球共识。

---

[1] 石云霞:《同心打造人类命运共同体》,《人民日报》2016年11月17日第7版。
[2] 戴木才:《全人类"共同价值"与社会主义核心价值观》,《光明日报》2015年10月28日第13版。

普世价值是西方文明的独特产物，20世纪末，普世文明有利于为西方文化占领其他社会做辩护，为模仿西方制度和实践提供正当理由。普世主义是西方对付非西方文化的意识形态。① 诚然，我们承认人类是有一些共同认同的价值观念的，比如绝大多数人都会认为行善是美德、谋杀是罪恶，但西方人口中的"普世价值"却和这毫无关系，它有特定的指向性。一直以来，西方国家，尤其是一直在向外传播价值观念的美国，认为非西方国家的人们应该努力接受西方的价值观：民主、自由市场、有限政府、人权、个人主义、法制，并将它们应用于制度之中……西方的普世主义对于非西方来说就相当于帝国主义。② 有些人宣称自由、平等、人权等是人类共同的普世价值，民主、共和、宪政是现代政治的基本制度架构，这是宣扬西方国家政治制度精神的核心价值观，是西方在今天西化、分化我国的思想武器。普世价值极力渲染现代化道路只有一条，现代国家的构架只有一种，核心价值观也只有一个，即已定型的资本主义制度及其核心价值观。③

社会主义核心价值观和普世价值都是全人类共同价值的具体价值形态。社会主义核心价值观是人类社会发展到社会主义阶段产生和需要的文化价值观，而普世价值则是彻头彻尾的资本主义核心价值观，资本主义世界以此"沽名钓誉"。但是，两者却有着根本区别。由于社会主义制度本身优于资本主义制度，所以，社会主义核心价值观比普世价值更具先进性，更符合人类自身和社会的发展；由于社会主义社会是共产主义社会的前期社会形态，所以，社会主义核心价值观比普世价值观更加接近全人类的共同价值。分析普世价值的观点，我们会发现普世价值持有者本身就暴露了理论误区：第一，在思维方式

---

① Samuel P. Huntington, *The Clash of Civilizations and the Remaking of World Order*, Simon & Schuster, Inc., 1996, p. 66.

② Samuel P. Huntington, *The Clash of Civilizations and the Remaking of World Order*, Simon & Schuster, Inc., 1996, pp. 183–184.

③ 侯惠勤：《再辨"普世价值"的理论实质》，《光明日报》2017年5月19日第3版。

上，普世价值论秉承了一条从观念出发解释现实的唯心主义路线，是一种与思辨哲学相适应的现成论思维范式；第二，从价值的构成要素看，普世价值论将价值主体定位于抽象的"人类"，将价值客体定位于抽象的"理念"；第三，普世价值论内含着一种西方学者倡导的世界普遍史的思想，即把人类社会历史看成是朝着某个价值目标前进的历史，一旦目标实现，历史就宣告终结。① 所以，很明显，虽然形式上是等价的，但社会主义核心价值观和普世价值是两种根本对立的政治话语，反映了不同的政治立场和方法。我们思考和应对重大实践和理论问题，必须坚持中国特色社会主义立场，决不能当普世价值的思想俘虏。我们要理直气壮地批判和抵制普世价值，不断增强中国特色社会主义道路自信、理论自信、制度自信、文化自信。②

---

① 梁建新：《普世价值论的理论误区及其人学辨正》，《常熟理工学院学报》（哲学社会科学版）2009 年第 3 期。
② 侯惠勤：《再辨"普世价值"的理论实质》，《光明日报》2017 年 5 月 19 日第 3 版。

第七章 提升中国特色社会主义文化影响力的行为路径

文化影响力是经济实力、政治能力的体现和反映，也是影响经济实力、政治能力提升的重要因素。文化影响力的释放与生成，既要通过文化事业与文化产业的繁荣与发展，又离不开科学技术、生态环境保护、道德律令的遵循、民主法治的进步等现实载体，甚至与日常娱乐、宗教信仰、反恐怖主义等问题都密切相关。因此，探讨中国特色社会主义文化影响力问题，不但要把文化影响力与理论、理想等思想维度相勾连，还必须与科技、娱乐、生态、宗教、法治、反恐等现实行为问题相聚焦，正是在处理和应对这一系列现实行为问题的过程中，文化影响力才得以生成、彰显与提升。诚然，从发展的外部结构看，文化早已作用于经济、社会发展领域的方方面面，成为不可替代的力量。从发展的内部结构看，文化影响力的丰富内涵又通过"大融合""大渗透"，实现了同经济、政治、社会效益的统一，并在其中起着规范、引导和激励的作用，进而推动社会不断走向文明和进步。

一 推进科技创新：提升文化影响力的强大杠杆

科学技术是第一生产力，这种力量其实是文化的力量。更进一步说，科学技术不单单是一种工具，而且还是一种高尚的精神文化。它首先需要从书本中获取丰富的材料，其次需要从实践中总结经验，这种直接和间接的知识，理所当然属于文化的范畴。世界历史上的每一次科技革命无不极大地解放和发展了生产力，同时引起了生产方式的深刻变革，带来了人们生活、思维方式的全面改观，最终使得人类社会走向更高级的发展阶段，并焕发出蓬勃生机。因此，重视科学技术是当今世界各国发展的主趋势，各国都把科学技术作为综合国力的核心竞争力量。

随着时代的发展，文化与科技的关系日益密切，两者的交融也逐渐广泛，并深入到现代社会之中。科技被视为第一生产力，这同文化作为人们精神的家园而言，毕竟在本质功能上是大相径庭的。因为，文化是民族的灵魂，是培育意志与道德的土壤；而科技是人类智慧的结晶，着重在于创造。两者的本质功能不同，因此需要还原其本来面目，切不可陷入"拥有先进文化，就拥有先进科技"抑或"掌握先进科技，就等于步入先进文化"的悖论之中。

即使文化不是科技，但文化自身功能的增强以及影响力的扩展可以借助科技的力量，来发挥其在社会前进中的独特优势。正如电视作为文化的载体，即使它本身没有意识形态性可言，不过它的确能够扩大和加强文化的传输，进而产生与文化相一致的正向的影响力。同理，科技不是文化，但作为文化的载体时，它就被赋予了文化的性质。

1. 文化与科技融合的现实可能

马克思在《机器·自然力和科学的应用》中暗喻，科技将变为为精神发展创造必要条件的最强大的杠杆，文化可以借助科技创新来实现更直接更有效的传播与发展。首先，科技作为时代的产物，是一个随着历史而发展的理性工具。科技的发展得益于人性解放、思想进步和文化繁荣，并在文化介质中获得新方向与新动能，就如数字化、信息化的出现，使得文化创造和文化产品中的科技含量空前增大，甚至有的时候人们似乎会模糊了文化与科技的界限，不过这种方式极大地影响和改变了人们的文化生活方式。可以说，科技创造了跨文化传播的新时代，比起传统的文化传播在时间上更加频繁，形式上更加直接，因而科技进步更能够展示出文化发展的广阔前景。其次，一个科技项目，仅就其研发阶段而言，是一个单纯的科技问题，但是若要研究它开发的背景和目的，或者是解决具体应用中遇到的相关问题，则又与文化紧密相连。例如，一个高新技术企业，它的"高技术"唯有靠"高文化"来作支撑。一方面是文化观念影响科技研发的实行。行动受思想观念的控制和支配，有什么样的思想观念就会产生什么样的行为。高新技术人员属于高学历和高文化修养的社会群体，当社会化把传统文化内化为人的精神素质时就会形成一定的思想观念和感情倾向，因而这部分人群就带着一定的倾向从事科学研究活动，并且总是遵循着一定的方法、习惯和行为模式。另一方面是文化氛围影响科技研发的程度。高新技术的开发往往不是几个人的努力结果，通常需要团队的共同协作，这种团队协作精神就显然是一种"高文化"的要求。所以，文化发展也影响着科技的进步。

"文化是一个国家、民族根之所系，脉之所维，是其精神和智慧的长期积累和凝聚"[1]，我们需要利用"以文化人"战略在国与国的激烈角逐中占据有利地位。文化影响力的重要性还在于，它是一个国家创造力的显现，只有科技与文化共生发展，才能在当今各国综合国力的较量中获得主动。在传统社会中，强大的行政权力往往成为文化地位的保障，然而在现代社会中，科技发展和发明创造的主导力量日益显现出来，这在很大程度上扩大和强化了文化的力量。可以说，是现代科技为文化汲取养分、完善结构、扩大影响提供了广阔而有力的平台。总之，正是科技与文化的相需关系，使得两者必然融合发展，使得科技不断发展繁荣，使得文化得以永恒保存、广泛传播。

既然科技是在文化土壤中吸收养分，又加之在时代多元性因素的

---

[1] 杨怀中主编：《科学文化的当代视野》，武汉理工大学出版社2006年版，第36页。

作用下，那么科技自身必定是多元文化的集合体，这也就是尽管它"无需畏惧形而上学，但它必须尽可能对所有的被选体系都友好相待"①。这说明，科技首先是一个开放的系统，能够与其文化背景中的文化同生共长，一方面能根据文化提出的新目标，实现自身的蓬勃发展，另一方面依托文化优势来取长补短。科技绝不是傲世轻物的"异数"，它必定要融入大众的现实生活中，与文化进行对话，使得自身的特性更好地服务于普通大众的生活，使得自身的功能广泛地应用于整个世界。当科技与社会、人文、自然相密切结合时，它的生存与发展的权利就会同社会精神文化一样，以积极主动的态度，拥抱和开创更灿烂的文明成就。

2. 文化与科技融合的科学价值

社会文化为科技创新提供了发展空间，尤其是社会文化中的艺术、哲学和自然科学等方面知识的不断累积，这些都为科技发展注入丰富的知识资源。而文化又表现出以"深深地嵌入"的模式推动科技发展，这种内在的、无形的根基，还可以当作科技创新道路上化解艰难险阻的精神力量，使得科技开拓者克服困难，实现新技术的开发。当然，科研创新的顺利实现也离不开制度的保障，同时制度又是社会文化提升中的重要一环，因而制度文化的约束作用终将会激发人们的科研热情。从这一点上看，文化还能为科技发展提供制度性的动力因素。文化与科技融合的科学价值重点体现在以下两个方面：

首先，文化具有为科技设定价值导向的特征。也就是说，文化会对科技活动、科技创造的方式进行规范上的制定，这也是为科技的可持续发展做出的明确的目标指向。马克斯·韦伯将科学技术比喻为一张地图，它只能提供到达某个地点的行进路线，但是它并不能够指导你应该到达什么地点。很明显，"应该到达"是价值理性的范畴，即只有价值会明晰化此目标与方向，"行进路线"则是工具理性的范

① [美]阿伽西：《科学与文化》，邬晓燕译，中国人民大学出版社2006年版，第19页。

畴,即是科学技术的任务。因此,对"应该到达"的价值导向问题就是文化的最基本的功能。又如海德格尔所言,"技术世界的意义遮蔽着自身,若直面此遮蔽的意义则我们就置身于一个向我们遮蔽自己的东西的区域中——它在朝向我们而来的同时又遮蔽自己——此即为神秘之特征。据以对在技术世界中遮蔽的意义保持开放的态度命名为:对于神秘的虚怀敞开"[①]。

其次,文化还具有为科技提供思想资源的特征。我们知道,科技离开文化内容的认同,就会变成冷冰冰的"躯壳",甚至其利刃可能会伤害人们自身。在今天,科技带来的是文明的数字化、网络化发展,带来的是社会生产智力密集型的突破,带来的是人们自身价值向智力的转变。这一切,势必加速着科技创新的脚步,推动着科技文化的进步与发展。阿里巴巴网络门户的成功之处,不仅仅是智能技术占据了主导,还在于阿里巴巴集团内部本身的文化内涵,即他们在企业的总体发展上奉行"认识变化,迎接变化,拥抱变化"的目标理念,在服务客户的经营方式上坚持"客户第一,精益求精,敬业奉献"的人文基础,在团队建设上围绕"乐观向上,勇于开拓,共享共建"的言行标准。这些就是他们坚守的企业文化,代表着他们发展企业的核心价值理念,也就是说他们做的不单单是签订一份合约、接受一个订单的生意方式,更重要的是要通过改变人们的购物方式来实现一种文化体验与传播。这既产生了经济效益,又将自身的产品赋予了品牌文化内涵,这种文化附加值的产生同时又成了科技创新力的源泉和支点。

3. 文化与科技融合的发展方向

事实上,加强文化与科技融合的根本在于"促进文化和科技融合,发展新型文化业态,提高文化产业规模化、集约化、专业化水平。构建和发展现代传播体系,提高传播能力。扩大文化领域对外开

[①] [德]海德格尔:《海德格尔选集》,孙周兴译,商务印书馆2018年版,第630页。

放，积极吸收借鉴国外优秀文化成果"①。简言之，"文化＋科技"早已成为文化产业的最典型发展模式之一，这也是顺应时代、顺应文化发展潮流的必然之举。一方面，遵循文化与科技融合的发展原则，重点抓好文化对科技的价值引领，以科技具备的理性方法切实指导文化产业的发展路径。着力点应放在深挖我国优秀传统文化的特质，传承传统文化中的核心价值观的根脉，并积极与文化创意产业进行相互协作，找准时机抢占文化繁荣发展的时代高地，最终提高文化与科技融合成果转化的速度和效度。这既是对文化科技产业发展链条的完善化、高端化规制，又能逐步增强传统文化对现代文化产业的影响和辐射力度。传统文化与科技的融合，为文化建设搭建了一个新的平台，也是支撑和实现文化强国的宏伟之举。另一方面，在提升文化与科技融合的专业化程度上，高新技术起着不可替代的作用，充分发挥高新技术的优势，也是促成传统文化产业转型升级的必要手段。因而，应致力于建造一批集聚产业研发、生产与销售优势的文化与科技融合创意公司，同时试着培育一批掌握核心技术和知识产权、具有中国特色文化积淀的、面向世界开放的文化与科技融合研究中心等。这些作为增强文化产品吸引力和竞争力的关键举措，一定能够实现互利双赢的专业化、集约化、品质化提升路线，一定能够在不断加强基础性研发的层面上，实现对新科技成果的吸收与转化，最终顺利抢占文化与科技融合的制高点。另外，映射在大数据背景下的现代文化传播体系，通过强大的网格化、网络化优势，也再次向人们证明了我国文化传播的实力及其对世界的影响力。科技是先进的生产力，是文化未来的发展方向，更是提升文化、文化创意产业传播力、辐射力和影响力的关键推手。科技既能够赋予文化以崭新的面貌，使其在内容和形式上获得前所未有的传播速率，又能够不断激活文化和文化产业活动的市场活力与吸引力。因此，重视文化

---

① 胡锦涛：《坚定不移沿着中国特色社会主义道路前进 为全面建成小康社会而奋斗——在中国共产党第十八次全国代表大会上的报告》，《人民日报》2012年11月18日，第1版。

与科技融合发展的路径建设,就成为把握现代文化创意产业升级主动权的主攻方向。

二 建设生态文明:打造文化影响力的亮丽名片

生态与文化存在着密切关系,有人认为自然生态环境是文化类型的肇始因素,但有人却反对这种环境决定的观点,提出自然生态环境只是文化类型变迁的制约因素而已,不能作为决定因素。从历史角度而言,两者应该是一种互动关系。一方面是生态影响文化。追溯到人类文化形成的初期,各民族相对封闭,联系甚少,因而生态环境就成为其早期传统文化类型的缘由,在社会组织、制度建设、民族性格上生态都发挥着重大影响。典型的例子就是,南方和北方民族的性格差异,南方气候温和,山清水秀,人们的性格大多温和且细腻,行事谨慎,而北方草原和平原辽阔,加之气候寒冷恶劣,故人们性格多外向,感情易暴露在外且易急躁,因而北方民族部落间向来冲突频繁。另一方面是文化影响生态。当进入人类文化形成的较高阶段,或者说当民族的文化自成体系时,尤其是民族的宗教信仰又成了保护生态的观念,中国传统儒家文化就是保护生态的最好例证,其主张与自然为善,认为天人是相通的,产生了生态教化思想,处处体现着对自然生态环境的尊重。

1. 文化与生态是人与自然相互交融的纽带联结

经历历史长河的变迁,生态早已成为我国重要的文化传承之一。对生态日益加深的认识主要体现在:一是"天人合一"的自然观,即天、地、人是有机的统一体,这不仅仅是对伦理哲学的思维突破,而且是对人类社会的视野拓展。由此,应该谨记的是,我们只是宇宙万物中极为渺小的一部分,只有遵从大自然的规则,才能实现天人同为一体的自然性。二是人与自然的和谐相处,在认识和掌握自然规律的基础上,要用心去和自然对话,用心去体悟自然,才会与自然保持和谐状态并与之共存。三是利用自然要有度,即取万物要懂得节制,要本着顺应自然的方式去开发,去保护,这也是和谐相处的基础所在。当代对生态的重视,似乎已经跨过最单纯的与自然和谐相处的问题了。因为随着经济利益的凸显,人与自然的关系更为复杂了,生态在社会经济发展中的地位愈发重要,因而只有赋予生态以新的内涵,并将绿色、协调等理念注入社会经济发展的各个方面,才能真正树立生态意识,加强生态保护。

对于文化的界定,在早期我们偏重于文化对人的影响,即人们的社会实践活动都要受到历史文化的影响。然而,随着我们越来越重视人类文化与生态环境的关系,或者说从生态的视角去分析,文化的界定就突破了其本身的研究,而成为人们适应自然生态环境的一种独特的方式,体现着人与自然的依存关系。回顾人类文化发展的历史阶段,我们发现文化源于自然,并为自然创造生机,这一切又终会回到自然。首先,古代社会中,人们所需要的物质生活资料直接来源于自然界,依靠捕鱼、狩猎过着简单的群居生活,这一时期人们对自然是崇拜、尊重、顺应的自然文化状态。其次,随着青铜和铁器的出现和使用,社会生产和文化得到了较好发展,这时候就是人文文化的状态。最后,伴随科学技术的迅猛发展并渗透到社会发展的方方面面,便进入了科学文化日益繁荣的状态。可以说文化延续着我国传统文明,更是我国社会、人文、生态三者有机统一的纽带和动力源泉。

因此,文化与生态的关系就可以理解为人与自然交融存在的关系。马克思曾经指出:"全部人类历史的第一个前提无疑是有生命的个人的存在"[①]。因此,第一个需要确定的具体事实就是这些个人的肉体组织,以及受肉体组织制约的他们与自然界的关系。这其实就是为了说明他将人和自然的关系看作研究其他一切问题的出发点,我们还需要注意的关键点是,此句表述的前半部分道出了生物性个体与自

[①] 《马克思恩格斯选集》第 1 卷,人民出版社 2012 年版,第 146 页。

然的关系，即生态关系，而后半部分很显然描述的是社会性个体与自然的关系，这就是文化关系。文化与生态作为人与自然相互交融的纽带主要表现在两大方面：一是文化的多元性与生物多样性的并存方面。这是文化的双重性特征引起的，所以两者的生态价值相互关联也是必然趋势。更具体来说就是，文化的多元化水平的降低同生物多样化的受损是正相关关系，两者资源的损耗又必定导致整个生态系统稳定性的下降。二是在文化适应方面。一方面是生物性适应，即人们在所处环境下形成的处理生态问题的信息系统类似于生物物种对所处环境的适应表现。另一方面是社会性适应，即在处理好生态问题、维系社会文化因素的前提下，获得的稳态且持续的生存能力。

2. 生态文化是人与自然和谐共生的思维方式

"天人合一"，协调人与自然的关系，实现社会和谐发展，是几千年来中国传统文化的主流，也形成了我国特有的传统生态文化思想。[①]因而，当前我们大力推进的生态文明建设工程，无疑就是对传统生态文化思想的传承与发展。从文明与文化的逻辑判断中，我们应该清楚地认识到生态文明的建设必须由先进的生态文化来作为积淀。当然生态文明只是作为一种载体的形式出现，是站在国家层面上的一种导向力，这种力量覆盖到人们生产和生活的空间，是在用一种行政力量指引着生态文化建设的方向。因此，宏观上生态文明的建设离不开生态文化为其提供的服务，只有不断促进生态文化的成果转化，只有不断增强生态文化与生态文明互动的自觉性，只有通过统一人们的思想和行为，才能有效实现生态文化这一内核的积极价值，才能科学推动生态文明建设。

值得注意的是，我们所说的生态文化侧重于狭义的理解方面，即它代表的是一种文化现象，是一种以生态价值观为核心的文化形态，是一种人与自然之间和谐共生的科学的思维方式，是一种正向的反映

---

① 韩喜平、李恩：《科学发展观的生态文化渊源及意蕴》，《理论学刊》2012年第5期。

人对自然积极改造的思想觉悟。生态文化涵盖了以生产形式为主的物质文化,以地域习俗为特色的行为文化,以宗教和艺术为特征的精神文化,可以说这种价值取向达到了人与自然和谐相处的最新高度。首先,生态文化是当代社会一种新型文化,体现了社会主义先进文化的创新方向。这一创新主要体现在价值观念的转变上,传统文化的价值观倡导人本身的发展,也就是说人本身的发展是建立在把自然生态的全部意义归结于是否对人的"有用性"上。然而,生态文化则提出把人的生存和幸福发展建立在与自然"互利共生"的思维范式上,创设的是人、社会、自然和谐共处的价值意义。其次,生态文化是马克思主义的内在要求。正如马克思推崇的人与自然和解的社会形态,"共产主义,作为完成了的自然主义,等于人道主义,而作为完成了的人道主义,等于自然主义,它是人和自然界之间、人和人之间的矛盾的真正解决[①]"。本来在原始意义上,创造出文化的目的同对自然的征服与改造是直接引导的作用,这两者在实践过程中自然而然地产生了对立,若是将生态纳入文化的范畴,以此来发挥文化作为人独特存在方式的作用,就会达到自然和文化和解的状态。最后,生态文化也是社会主义的本质属性。只有社会主义制度才能实现对自然资源的社会共有与享用,是一种统筹当代人与自然、开发与保留后代人与自然和谐空间的可持续的文化创新,同时这既能对我国传统文化生态观实现合理继承,又能通过转变人与社会、人与自然的价值导向促成新型的生态文化体系的建构。

3. 美丽乡村建设是生态文化的传承与发展

传统的"天人合一"的生态文化思想,在当代推进生态文明建设、建设美丽乡村过程中具有重大的现实意义。建设和谐富裕的新农村,保护农村原本的良好生态,追求生态的平衡发展,这些都是传统生态文化在当代传承的表征。一方面,凭借农民与土地之间深厚的情

[①] 《马克思恩格斯文集》第 1 卷,人民出版社 2009 年版,第 185 页。

结，造就了富有地域特色的文化景观，这不仅是在形态上延续着历史文脉，更充分地展现了乡村特有的人文内涵，同时利用现有的生态修复手段，进一步恢复和保持环境、风土人情的"融合"景象，以此不断彰显和提升乡村文化的特色和品位，勾勒出一幅田园般的乡村画卷。另一方面，传统的生态文化是孕育现代生态文明的"摇篮"，它所传递出的思维方式和价值观，更是成为农村可持续发展的源泉动力。美丽乡村的建设正是在一种"以人为本""协调并进"的内涵式发展理念指导下，逐步实现人与自然更加和谐的状态，从而为促进社会的稳定贡献着力量。

为营造自然与人文相和谐的环境，我们还需要做出以下努力：第一，坚持"保护与创造"的原则，保护历史遗存景观，再造"和谐"地域特色。那些古村落、古民宅所象征的文化、艺术和审美价值是值得我们挖掘和保护的，而若是构建区域性特色的景观，则一定是传统的、历史的厚重元素与现代技术的有机结合。第二，传承与延续优秀文化、传统民俗。农村民间民俗得益于文化的多样性与独特性，尤其是敬畏文化、节日民俗等优秀的文化对自然生态环境的保护意义重大。因而，我们不仅仅要加大生态文化的宣传与教育力度，向广大农民阐述这些优秀传统文化的深刻内涵，使得他们在面对当今功利化、利益化凸显的社会环境中保有初心，利用好、维护好自然资源，让资源实现真正的可持续利用与发展。而且还要配合一些文娱活动的开展，目的是贴近农民、贴近生活、贴近自然，使传统节俗在实际的生产生活中得到最大程度的传承。第三，生态农业的发展，是美丽乡村建设的根本。注重生态农业发展，既能促进资源的再利用，完成传统农业生产的转型，又能提高生态文化意识，实现美丽和谐乡村的建设目标。具体来说，农业产业化的经营模式，是农业生态化的必然趋势。通过规模化、绿色化生产与经营，实现了农产品生产的技术性、优质性转型，实现了农产品经营的标准化、专业化突破，最终使得生态环境的保护真正落到实处。面对农业生产的物耗情况与生态保护的矛盾关系，发展节约型农业技术就显得尤为紧迫。只要提高农业生产的科技含量，就可以降低资源消耗率，减少环境污染，实现自然生态环境的大大改善。由此，还可以发展农业循环经济，这是有效提高农业资源利用效率的必然之举。通过循环发展模式，变废为宝，降低污染物的排放量，还可通过清洁能源供应体系的建立，达到增产的效果，同时也有利于实现生态环境的治理。

三 科学引领娱乐：发挥文化影响力的现实抓手

娱乐绝不是漫无目的的玩乐，它是与审美结合的自由的、动态的活动形态。就像以休谟为代表的情感主义伦理学家认为，伦理规范应基于审美情感之上，伦理主体也应昭示一种把审美理想作为目标的人生价值，正是这种精神性的愉悦和对美的追求，使得娱乐洋溢着健康和创造之美。这种创造的美，又源于娱乐与科技的不解之缘，我们的娱乐早已插上科技的翅膀，从过去的自娱自乐转变成科技娱乐，同时正是科技力量的支撑，使得娱乐逐渐剔除出那些粗鄙的、非理性的要素，学会了用科学精神装扮自己，懂得了用新鲜内容信息提升档次，增添了人们幸福生活道路上的舒适感与新鲜感。尼采说过："如果我们要永远幸福，那么，除弘扬文化外，别无他途。"因而，用文化引导娱乐，才能在今天的文化场域中更好地满足大众的消费选择。与文化"联姻"，是要用文化丰富娱乐，用文化滋养娱乐，而不仅仅是完成消费，要将娱乐看作精神世界塑造中的重要一环，而不单单是笑声的扩散。让娱乐与文化、智慧联结在一起，才能真正给人们带来激情与创造。

因此，我们可以说在文化这个多元属性的复合体中，娱乐的属性也是其中不可或缺的一部分，文化的特性源自人们的创造性行为，而人们的创造性行为一定是包括娱乐行为的。换言之，娱乐也是一种文化，但绝不是异化的、堕落的文化，更不是人们为逃避社会责任而选择的放恣。在当代娱乐经济兴起的态势下，我们应该平反娱乐在公共空间的"不耻"身份，应该发掘的是它被曲解、被忽视的积极正向的功能。

1. 娱乐的原初意义——人们的心理需求

工作和生活的快节奏，残酷激烈的竞争压力使得人们渴望自由、激情，以此得到排遣和放松。正因为如此，游戏、艺术、运动等的出现，掀起了娱乐的浪潮，它们将人从生活的重压之下解放出来，逐渐消除着生活带来的紧张和拘束，使人们在娱乐之余，获得精神上和思想上的快感、美感。心理需要是人最本质的特征之一，人的心理需要、情感追求并不会随着现代化的发展而减弱，反倒会日益加深。而娱乐变换着千姿百态的样式，回应了人们情感需求当中最直接的诉求，也即是说娱乐使人性情化，它渐渐拉近了不同的消费群体之间的心理距离，满足了他们对归属感的渴望，慢慢丰富着那些寂寞者的心灵，消除了疲劳，健全了心智，以一种审美和艺术的方式引导和帮助人们过上更好的生活。

由此，我们可以说，是娱乐让我们发现自己内心情感的呐喊，是娱乐充实了我们的精神生活，因而人们对娱乐的需要就像衣食住行一样自然而又不可或缺。维持生命的存在和延续生命的意义是人类的基本使命，这一使命完成之后，尚有余力存在，而这种余力的释放，主要定位在娱乐。在现代社会，经济、文化各个方面的发展越是迅速，人们越是能享受到文化的繁荣、享受到娱乐的待遇。所以，在人们生活中，娱乐又被赋予了更广泛的意义，我们可以用娱乐对人们生活世界的影响来定义文化，即形成一种同社会文化、精神文化并存的娱乐文化。因为它同样是人们对自然和社会进行总结和创造之后的智慧成果，并与这两类文化密切相连。当然，我们应该追求的是一种高尚的娱乐，不是一种单纯迎合意味的玩乐，更不是"金玉其表败絮其中"的庸俗、劣质且毫无文化价值内容的低级趣味，而应当以提高人的审美、健全人的心智、增加人的艺术修养为根本出发点，要择优、择

第七章 提升中国特色社会主义文化影响力的行为路径

善、择雅,以积极正向的主题打造有利于身心健康的文艺作品和娱乐产品。

微信作为大众文化产品,在娱乐时代引领着一种大众文化的流行趋势,它象征着一种娱乐生活方式。首先,从微信产生根源上分析,它是互联网技术同人们网络社交需求结合的推新与创造。通过网络系统的跨平台操作,实现信息、图片、文字的实时免费发送,还可共享社交内容和服务插件。在这个平台上人们对新鲜事物的好奇得到了满足,甚至可以说某种群体通过交流获得了归属感与认同感。其次,从微信强大的功能上分析,通过"表情""朋友圈"同样可以感受到大众文化的娱乐倾向。因为表情包创设出的愉悦效果,正是娱乐元素的杰作,"表情"的传送过程也是快感宣泄的过程。又如"朋友圈"上几张照片,配上几行文字,当然还少不了用于特定情感表达的"表情",就能收获"虚拟满足"效应,尤其是点赞和评论专区的繁荣景象,更能体现自我认定与他人肯定的心理满足感。因而,在一定程度上,微信正是抓住了用户这样的心理需求,使得人们更加愿意通过其展现自我、分享思想。因为这个平台的年轻化、娱乐化、时尚化倾向能够实现人们在高压生活下的一种释放,展现人们的爱好、兴趣、需求,或者是对身份和形象的追求。因此,这是大众文化为满足人们心理需求、迎合人们精神追求的一种娱乐化倾向的现实转变。

2. 文化传播新解读——电视娱乐化形成

文化传播是指"人们社会交往活动过程产生于社会、群体及所有人与人之间共存关系之内的一种文化互动现象"[1]。首先,通过文化传播,能够使人们对文化进行分配与共享,并在这一传递过程中实现普遍的认知、认同,尤其是对我国传统文化精髓的汲取与认同。其次,人们在对传统文化特质、内容和结构产生认同的基础上,就能更进一步探索出其中存在的社会规范、价值观念及行为模式层面的文化

---

[1] 司马云杰:《文化社会学》,山东人民出版社1990年版,第344页。

变迁现象。因此，可以说文化传播是对社会意识形态、社会角色的一种启蒙认知，也正是传统文化中展现的社会风俗、伦理道德、宗教信仰等，帮助、协调并控制着人们的社会活动，以期达到社会的稳定与文明的进步。

然而，文化传播方式的单一、乏味又会造成对传统文化认知与传承的缺失。文化中的优秀成分对个人及社会发展的重要性不言而喻，只是在现代社会，人们往往很少会通过传统的文化传播途径去认知。一方面，传统文化中古代文字的表达方式使得人们产生理解障碍，进而就会放弃对其的研究，同时，现代生活的丰富多样，使得人们更易于接受被赋予故事性、情感性的文字、语言，相较于传统的、枯燥的艺术表现形式，其传播的文化内容更贴近现代生活。另一方面，娱乐传媒的兴起带来的是视觉、听觉上的享受与感染，似乎在为文化传播途径转换提供着一种全新的思路与视野，即是文化传播娱乐化。这是一种根据文化接受者心理需求而"定制"的，表达与增强文化表现形式吸引力、感染力和故事表现力的传播效果，是一种能够在贴近生活情境中传播传统文化内容、在丰富趣味情境中领会传统文化精华的传播效果。

大众传播媒介的迅速普及，尤其是电视媒体的诞生，搭建起娱乐与文化沟通的物质平台，同时也充分肯定了娱乐文化的重要意义。电视完美诠释了一切娱乐形式，带给人们的娱乐满足感也是前所未有的，因为电视传媒的随意性、便捷性，扩大了娱乐形式的丰富性，又是因为电视传媒的方便性，展现了人们的本性。电视娱乐化形成的功能主要体现在两个方面：第一，电视对文化的"缔构之功"。在电视出现前的时代，文化更多表现为一种权威，一种只有文字持有者或是文化驻守者才能企及和诠释的权威，而电视媒体的出现消除了这样一种垄断模式。因为此时信息传播的全面性、实时性，使得人们冲破对原来高深文化的遐想，按照自己的判断与思考去发现文化、认识文化，以此把自己从传统的认识观念中抽离出来，形成和实现自己的行

第七章　提升中国特色社会主义文化影响力的行为路径

为创造。如此一来，电视与文化的"联姻"，让文化体现出了人们行为的本质意义，让文化成了一种娱乐的仪式。第二，电视对娱乐的"发现之旅"。同样从电视出现前的时代来看，娱乐更多表现为一种特权，由于其性质的约束，高雅与媚俗的划分也就自然成型了，或者娱乐又被冠以对道德蔑视的罪责，认为娱乐即为低俗。不过，当电视媒体经过严格的筛选后，已经摆脱了娱乐陈旧的仪式，成了人们娱乐天性释放的舞台，成了人们日常宣泄情绪的工具，消解了文化与娱乐的隔阂与差异，打造了一场传统经典的文化与灵活多变的娱乐文化完美结合的视觉盛宴。

3. "泛娱乐"：文化影响力提升的助推器

电视媒介的确在某种程度上具备跨语境延伸、引导思想、影响社会结构的能力，尼尔·波兹曼在《娱乐至死》一书中也犀利地指出，以电视文化为代表的"娱乐"已经或即将导致的悲剧性结局。他提醒我们，电视媒体跨过"底线"的播放，人们终将会沉浸在娱乐的氛围中，公众话语会呈现"被娱乐"的态势，人们理性思考的能力会被逐渐消磨掉，人们意志的自主性与明确性也会被彻底消解，甚至我们的文化也会"翻过"道德的标尺，沦为庸俗。因而，我们需要向"娱乐至死"发起抗争，进行反思。

但是，我们又必须甄别清楚的是，波兹曼所说的娱乐的泛化，是电视媒体完全以"娱乐"为价值尺度的环境，是毫无底线的"美化"，是完全放纵的思维与行为。因而，泛娱乐化绝不等于"泛娱乐"的概念。

我们所说的"泛娱乐"是涉及我国泛娱乐产业的概念，它以娱乐产品为核心，附带强烈的文化价值，是融合文化内部各领域及其他领域，并与互联网领域共生、跨越文化传播障碍的一种路径选择，其中又以"IP"粉丝经济为其独特发展模式。"泛娱乐"具备以下几个特征：一是内容的关联性，即是围绕娱乐知识产权内容进行的文化形态布局。二是用户的高黏性，这是基于泛娱乐产品的受众对"IP"原创内容的相互导流作用而言的。三是与互联网的"同生共振",跨界互动,共享泛娱乐链条的投资回报。这也是我国泛娱乐产业的特点,以互联网为依托,实现文化产业生产和传播的转型。目前已经初见雏形的泛娱乐核心产业层次有:文学、动漫处于"IP"经济的孵化阶段;影视、音乐、游戏为主的影响力是主要运营层面。因此,在泛娱乐的背景下,中国文化影响力成因又是多方面的。首先,我国的泛娱乐产业从起步时间、发展速度、实践经验上来看,还处于初级阶段,但是上升空间还很大,已有的用户数量、日均消耗也趋于平稳,同时在精品研发和市场推广方面也是势头强劲,加之我国政治、经济实力的上升更能为推动文化的影响力加分。其次,跨界的合作与布局,带动了"IP"经济的快速突破,而由此实施的融合发展战略,也助攻中国文化影响力。最后,我国互联网技术是带动文化抢占先机的绝对优势,同时网络构建起的信息传播空间的巨大潜力,也是中国文化影响力提升的重要指标。

四 正确对待宗教:铸造文化影响力的信仰场域

宗教作为人类特定历史阶段存在的一种社会历史文化现象,长期存在于我国社会主义社会中,同时,由于世界各国普遍存在宗教现象,因此要提升我国的文化影响力,就必须正确对待宗教,使我国宗教的存在与社会主义相适应,与中国特色社会主义文化发展相适应。

文化影响力一方面包括文化的内在生命力,另一方面不容忽视的还应该是文化被人们认同的思想。所以,只经过自我确证、定名后的文化影响力还远远达不到使他者接受的思想程度,还需要广泛传播才能实现思想的力量。宗教文化作为社会文化的子系统,就要被看作一种社会力量,一种文化软实力,将其加入我国文化影响力提升的路径建设中。因此,积极推进宗教文化同社会主义文化的深层互动与适应,既要按照文化发展的普遍性规律,发掘宗教文化资源的固有价值,又要结合宗教文化自身发展的特殊性,打造提升我国文化影响力的坚实力量。

1. 宗教的社会角色扮演

众所周知,在人类社会发展初期生产力水平极其低下的背景下,人们认识水平和实践能力极其有限,人们对自然和社会现象的感知是好奇与恐惧并存。因而,他们将自然看作超然的、神秘的东西,对其的征服源自人格化的力量,这也就是最初神的观念的雏形。当步入阶级社会后,除了原先他们对自然力的恐惧,又增加了社会力量的压迫,这必然导致人们对宗教依赖程度的急剧加深。正如马克思所言:"宗教里的苦难既是现实的苦难的表现,又是对这种现实的苦难的抗议。宗教是被压迫生灵的叹息,是无情世界的情感,正像它是无精神活力的制度的精神一样。"① 今天的生产力水平也好,科技能力也罢,较之过去而言都是前所未有的发达,不过,即使这样,人与人之间、人与自然之间的状态还远不是我们所期望的合理关系模式,因此宗教并不会销声匿迹。马克思就曾对宗教的命运给出了一个预见:"只有当实际日常生活的关系,在人们面前表现为人与人之间和人与自然之间极明白而合理的关系的时候,现实世界的宗教反映才会消失。只有当社会生活过程即物质生产过程的形态,作为自由联合的人的产物,处于人的有意识有计划的控制之下的时候,它才会把自己的神秘的纱幕揭掉。但是,这需要有一定的社会物质基础或一系列物质生存条件,而这些条件本身又是长期的、痛苦的发展史的自然产物。"② 由此,我们看到了在社会主义条件下,宗教存在的长期性问题。从目前我国宗教的发展情况看,除了基本的五大宗教之外,还存在着民间宗教和一些少数民族自己代代传承的传统信仰,同时值得关注的是,在我国信仰宗教的群体中,青年群体的注入比例逐渐升高,年轻化的信教群众的力量不可小觑。

---

① 《马克思恩格斯文集》第 1 卷,人民出版社 2009 年版,第 4 页。
② 《马克思恩格斯文集》第 5 卷,人民出版社 2009 年版,第 97 页。

追溯到早期人类原始社会，我们就能明白，体制化、仪式化的宗教内容和行为必然与宗教信仰和崇拜"同生"，神圣而严酷的制裁戒律也同样与宗教禁忌相联系，如果没有这些，那么人类社会基本的规范、准则和维护秩序的规约就无法建立并发挥作用，同时社会的文明与进步也就无从谈起。因此，无论是在社会人际关系的维系上，在伦理道德、政治法律的建构上，还是在社会习尚的形成上，宗教行为和宗教生活都扮演着缺一不可的角色。首先，宗教仪式、宗教体制都是一种超个人权威的强制力量，用共同的信念和教义对每个个体的思想意识、行为走向采取一定的规范与限制。也就是说，这些神圣的信念及规范，一方面是压在人们身上的"无上命令"，人们还要将其内化为自制的责任；另一方面则通过这般严酷的服从模式，逐渐形成了人际关系的准则。其次，各种宗教仪式就是一种使社会共同体长期维持下去的方式与手段。它的基本功能就是要让社会成员不断地加强自己从属于团体联合的观念意识，并在其中树立坚定信仰和信心。因为社会成员聚在一起举行宗教仪式的作用就在于利用信仰情感，彰显联合团体对个人的压力和权威，进而使信众意识到在共同信仰基础上的道德一致性。

2. 宗教的文化战略意义

在文化视域中，宗教意识以一种实体化的方式反映着人们的社会生活，也就是说宗教不是人们想当然地想象成的一种"精神游魂"，而是实实在在落在文化实体上，并在社会生活中产生实际效应的一种文化现象，就如宗教文学、宗教哲学、宗教道德等这些会对人们精神生活产生影响的文化形式。首先，宗教属于精神文化，它是关乎人生意义这一最高层次的文化形态，如同哲学，虽然前者是通过虔诚体悟出信仰，后者是建立理性推演，但都是最高层次的精神文化。

其次，宗教具有文化形态的"全覆盖"特征。其中既有关于宇宙生成的神话故事萌生出的文学和哲学的初级形态，又有教义和律规缔构的道德的形态；它的娱神祈祷仪式，成为舞蹈的雏形等。最后，宗教体现民族和国家的精神文化方向。虽然宗教"以神为本"的形态随着世俗文化的出现而缩小了"势力范围",但是其面对逆境所表现的抚慰功能以及神圣的超世"风度",仍然是民族文化、民族共同体的精神力量,仍然在维系和延续着民族的精神家园。

用文化战略的视野把宗教纳入社会文化体系中,这不但丰富和发展了宗教文化的成果研究,是对不同宗教信仰价值观念的整合,而且更重要的是可以让宗教适应我国当下的文化建设与改革,让它加入我国改革开放的总布局中,为建构当代公共文化资源贡献力量,进而更好地实现中国文化的自信与自觉。因为,宗教与文化战略关涉当代中国社会的文化与社会理论问题,简言之,这是宗教文化与社会文化如何实现真正理性交融与互动的问题。诚然,真正的文明,实质上就是一种精神秩序、一种价值秩序、一种信仰秩序。而宗教及其信仰、文化本身,就是一种反映这类秩序的建构形式,这种形式的实际存在同时也就是当代中国社会大众对宗教文化的社会认同,而对宗教文化的社会认同则是一种公共建构的结果。因此,面对社会中不同信仰、不同宗教的交织,要构建一种公共的文化认同、文化存在的深度互动,必须把宗教信仰转换为社会问题来构建,利用社会赋予宗教文化的定位来构建文化的社会实践与社会认同模式,最终实现包容与开放其他信仰,尊重与团结其他信仰的文化战略目的。实际上,构建认同最棘手的问题之一在于有神论与无神论的争议。也就是说在意识形态领域中,若我们划分出"信仰"的诸多层次,把它明确细分出政治信仰、宗教信仰、民族信仰这些层次,那么,政治信仰与宗教信仰就可以"逃离"同处意识形态的层面,变成一种平行"相望"。在这一基础上,无神论也好,宗教信仰也好,宗教学研究也罢,它们彼此之间的互动和谐均不影响各自在文化战略上的对话共存。

3. 宗教文化的中国化

宗教与文化战略目的的实现,有助于宗教文化助力提升当代中国文化影响力和正能量,有助于宗教文化成为中国文化建设的公共资源，同时也有助于宗教文化参与中华文化体系的创新建设，并同西方及其他文化处于平等地位，彰显中国文化在推动世界文化发展中的主体性。例如，道教作为中国传统文化的重要载体，其所倡导的行道立德的社会责任、顺应自然的行为准则、天人和谐的生态理念等这些思想智慧，的确是中华文化中的经典。因而更应该结合时代精神，在价值取向、伦理道德上提供处世"方案"，一方面继续深挖蕴含其中的中华文化精髓，积极弘扬积极正向的经典文化内容；另一方面要着眼于道教文化思想的世界传播，让古老的东方智慧在世界舞台中大有作为。又例如基督教的神学思想，只有运用中国文化的思维范式、语言模式阐释才能让中国信众理解和接受，只有按照中国文化的品格去培养神学思想的中华气质，完成宗教的中国化目标，才能构建具有中国特色的神学思想体系，并发挥其强大的精神动力。

为了实现中国特色的宗教理论，树立宗教的文化自信，还应做到以下三点：第一，积极引导宗教与社会主义社会相适应。选择体现历史和时代精神的理念，找准宗教文化同社会主义社会在文化内涵上的切入点，探索宗教文化在构建我国文化软实力中的有利因素。同时，要结合我国社会主义发展阶段的特征，坚持文化多样性发展原则，坚持社会主义核心价值观的引领，做到包容、尊重、整合，以此丰富社会主义文化。第二，深层次探究宗教文化的内在价值。宗教文化蕴含的传统文化的精华部分，应该内化为提升文化影响力的有机组成部分。例如，尽管佛教在刚传入中国时，其与中国传统思维发生的因缘观与自然观的冲突是不可避免的，但是从哲学角度分析，必然性与偶然性却是相辅相成的。所以，我们要深入发掘宗教文化同中国传统文化的契合性。又如，伊斯兰教注重现实和信仰的一致性，这同我国传统的入世思想如出一辙，而且实现了中国传统文化中尊重差异与伊斯兰教文化的适应性对接。第三，创设宗教文化与时俱进的社会情境。与时俱进的社会氛围，需要考虑到社会经济基础发展变化的状态，需要考虑到各个民族社会发展的条件，需要考虑到政治上层建筑的制约影响。之所以要按照这些发展规律,是因为宗教不单单是文化,它同样具有社会实体的功能,具有强大的社会动员及控制力量。总之,创设宗教文化与时俱进的氛围,处理好传统与现代的关系,紧跟时代步伐,既要坚持宗教教义优良传统的发扬,又要对其进行符合中国国情的阐述和发展。

五 强化道德规制:铺就文化影响力的生活土壤

道德作为调节人与自然、人与人、人与社会关系的重要杠杆,是通过非制度化、非强制化的调节方式与手段而形成的内化于人们内心的一系列规范的集合。道德不但能在思想层面产生影响力,在实践与行为层面也与社会、制度、文化相关联,具有强大影响力,因此,不但要探索道德的思想影响力,而且要关注道德的行为影响力。近年来,随着中国经济的发展,出国游的中国人越来越多,但是,一些中国游客在国外的一些不道德的行为对于中国特色社会主义文化影响力的提升起到了严重的弱化与消解作用,这也反衬出强化社会成员在公共生活领域、职业生活领域、家庭生活领域和个人生活领域的道德规范具有非常重要、非常紧迫的意义。

道德作为文化的核心部分,对文化也具有渗透和能动的作用。众所周知,资本主义经济关系在最初的发展阶段中,资本主义道德对经济发展的推动作用是不言而喻的,但是我们又看到正是由于这种经济关系使得资本主义走向灭亡,这与其道德不无关系。同时,在经济和政治发生变化时,文化同样会在之前酿造成果的基础上对此作出回应。不过,道德不会处于被动接受经济、政治、文化改变的境地,它会对文化的形成和发展产生反作用。例如文学艺术的发展,文学是表现"以人为中心"的艺术,其所展现和服务的主体也都把感染人们道德、情操放在首位,它满足了人们对情感的释放,对道德和精神的诉求,可以说在一定程度上,道德规范为文学发展提供了广阔平台。

此外，道德的调节、价值取向功能对文化某一层次的发展也产生着深刻的影响。也就是说，道德通过一定的评价方式、命令指令以及奖惩的方式对社会关系进行调节，最终使道德关系完成实然向应然的过渡。古希腊时期，对智慧的道德价值的崇尚，使得其文明焕发新的生机，使得其科学文化迅速发展，这正是"知识即美德"的魔力。纵观中国文化，似乎我们缺少了这种以"美德"促进科学大繁荣大发展的思想，但我们的儒家学说带来了修身养性、恪守道德的思想意识。当我们用已经生成的道德观点去衡量自身、评判他者时，这是对善或恶而言的价值判断的作用，这是道德评价的展现。

因此，文化知识是否对文明的传承、人的发展真实有效，就看其是否确保科学性、是否恪守道德。

1. 我国社会的道德生态

衡量一个社会的道德生态，道德规范、道德楷模的多少只是外在表征，而内在本质在于社会的道德风气、人们的心理倾向和社会舆论导向。

从宏观层面上分析，我国社会的道德生态立基于中华民族优秀的伦理道德传统，在中国共产党的正确领导下，我国社会拥有着坚实的道德资源基础。即使这样，目前还是存在着较为严重的道德内在关系紧张、道德资源紧缺的现象。首先，经济生活领域中的非诚信现象表现较为突出。在市场准入方面，注册、出资、担保等虚假信息众多；在实际交易中，合同欺诈行为最为猖獗；当进入市场监察环节，又出现地方保护主义对审计的蔑视，这些严重违背了市场经济伦理原则，使得公平、平等权利在市场经济秩序中难以真正推行。其次，受政治生活领域中强烈的物欲和私欲驱动，使部分当权者一面营造着为民谋福的"幻景"，一面又在行政项目上大肆争权夺利，同时其面对政绩和能力的考核，又采取打太极的方式，对上级瞒报、虚报、不报，对下级遮掩、推责，对百姓的实际困难又避而不谈，一心只为仕途铺路计划。最后，在文化生活领域同样显现了道德危机。文化市场在名和利的诱使下，充斥着办理虚假文凭、证书的乱象，部分出版社更是肆意侵权，将他人版权据为己有；甚至在学术界这片仅存的"圣地"中，诚心求真精神早已被践踏。综上，我们看到各个领域的行为失范导致了道德失范，导致社会风气被破坏，导致社会道德生态失衡。

从微观层面上分析，道德冷漠现象充斥着整个社会。一是从人们接受道德关怀力量的期望值来看，人们往往拒斥这种道德帮助。在现实消极的环境中，人们本该更加期望外来道德力量的帮助，但主观实际对道德关怀的态度却是克制的，甚至是漠视的，有些受助者在事后还会惊诧，并感叹自己居然会得到帮助，这就是人们道德受助冷漠感的真实写照。二是人们对道德行为会产生怀疑。道德受助者得到关怀后，往往不是以感激的心理对施助者的举动予以回应，更没有对施助者的行为表示赞扬，而最为担心的则是这场"救助"会不会是一场演出，似乎一定要先验证一下行为背后的动机是否单纯，才肯放心并致谢。三是人们面对道德义务往往表现得麻木不仁。道德义务和责任本该唤起人们对奉献精神的崇敬，但是在现实生活中，人们一方面不会为了没有履行某些道德义务而感到不安与愧疚；另一方面反倒抱有一种阴暗的心理，观望那些行善者反被误入窘境，这些心理倾向逐渐消磨了人们道德义务的自觉和热情，使得人们面对道德义务的崇高和神圣感逐渐被冷漠感取代。因此，涵养道德资源，提出文化建设与道德建设的命题已迫在眉睫，我们需要重建道德，使道德在回归社会的同时又要使其潜移默化地引导社会发展。

2. 道德文化建设是提升文化影响力的选择

"道德文化"是伦理学概念，主要是指一种对社会制度、结构构成产生影响，由确定的道德意识、道德规范转化而成的价值观念、思维与行为方式、社会舆论等发挥其作用形成的理论与实践形态，既包括基于社会现实生成的伦理思潮，又包括现实社会存在的道德实践，其中在社会道德实践中又表现为国家行为、社会风气、国民素质三个方面。对其内涵的把握应关注两点：第一，从道德文化生成方面来看，它不是自发的，而是自觉构建的结果。第二，优秀的道德文化是合力作用的结果，其运行体系需要社会各个主体间的良好协作与助力。同时，道德文化最初的功能在于育人，首先在价值导向方面，道德文化本身具有"应当"规定性，这个规定性就是其价值引领在社会及个体上鲜明的体现。其次，道德文化具有文化认同和精神凝聚的作用，这是源于其在民族历史实践的发展过程中积累起来的关于人与自然、人与社会、人与人之间关系的理解和体认。最后，道德文化不但是对宏观价值导向的把握，而且还能细化到具体规范人们行为方式的准则。可以说，正是优秀的道德文化为"立德树人"提供了优良土壤。

当下，全社会道德文化建设的加强，从国家层面来说，有利于凝聚整个民族、整个社会的力量，激发出强大的生机与活力；有助于社会各方利益的协调推进，积极营造一种稳定和谐、良好有序的政治、经济和文化生活环境；有助于增强人际的协调性与沟通性。同时，道德建设呈现出了中华民族伦理道德文化的宝贵精神财富，在面对西方文化势力冲击下，道德建设又能彰显出中华民族的国际自信和中国特色社会主义文化的影响力。从社会层面出发，加强道德文化建设对净化社会风气，充分发挥优秀道德传统的文化潜力意义重大。最后，落脚到个人的道德修养塑造上，全社会的道德文化建设是通过大力弘扬优秀传统道德文化，引导社会成员陶冶道德情操、成就高尚品格的宏伟之举。因此，我们更应该在建设社会主义文化强国的战略背景下，把握提升国家文化影响力的时机，探寻社会主义道德文化建设的路径选择。

首先，提升国民修养，健全道德人格。毕竟国民素质是国家和民族文化价值取向、创造能力上的关键因素。一个人只有具备刻苦钻研的学习品质、敬业奉献的责任意识、开拓奋进的创新精神，才能在国家和民族文化的根基铸造上增添浓墨重彩的一笔。文化影响力传播，必须站在以人为起点和归宿的高度，把素质提升作为根本动力。因为人是道德生活的主体，在对道德体系中原则、规范的理解和把握上，能够根据社会实践要求，自觉完成内化，自觉形成行为选择。反过来讲，道德规范只有在人们真心接纳并转化成意志时，才会发挥其应有的作用。道德人格就是这个自觉内化过程的产物，其具有稳定、自觉的特性。今天，我们一定要摒弃过去陈旧的"重规范、轻人格"的道德教育劣势，积极塑造道德人格，这也是面对多元文化价值冲突的当务之急。健全道德人格，一方面要发掘人的主体精神，另一方面要在培养良好道德情感、道德责任感上做出努力，即始终秉持自主、严肃及负责的态度切实践行道德选择和价值追求。

其次，重塑集体主义理想，促进社会公平。道德文化建设对我国社会经济发展的能动性体现在，它是一种精神动力的彰显，一种精神文明的树立。正确的利益观，崇高的集体主义理想，才能真正提升文化影响力。在不断深化改革开放过程中，集体主义理想的宣扬必定能激活我们对美好生活向往与建设的主动性、积极性，这是一种个人与他人关系层面的道德境界，这是一种达到了人类与社会发展高度的道德层次，这是一种与我国社会主义制度相适应、与广大人民根本利益相呼应的最美好的理想。因此，通过重塑这一道德理想，既是为社会公共利益的实现而进行的长远规划，又是促进社会成员享有合理公正分配权益的长远谋略。总之，集体主义的道德理想同公平性、正义性进行衔接，才能引导市场经济活动的"正义"方向，从而实现社会共同富裕。

最后，推崇民族伦理经典，扩大中华文化国际影响力。正如罗素所言："中国至高无上的伦理品质中的一些东西，现代世界极为需要，若能够被全世界采纳，地球上肯定比现在有更多的欢乐祥和。"[1] 特别是以儒家文化为核心的伦理文化，成为民族凝聚力的精神基础。"天人合一"的思想观念，"天下兴亡，匹夫有责"的爱国抱负，"先忧后乐"的集体情怀，"刚健有为、自强不息"的进取精神，"仁爱

---

[1] ［英］罗素：《中国问题》，秦悦译，学林出版社1996年版，第167页。

孝悌"的人伦原理,"先义后利"的价值取向,"勤俭廉正"的道德品质,"慎独律己"的修养态度,以及"厚德载物"与"推己及人"的和谐与恕道精神等。同时,这些传统伦理思想应该实现现代化的转化,以此更加彰显我国文化的特色。那么,经过反思诠释后的中华民族伦理精华,必定会在全球文化价值形成中占据一席之地。

六 建设法治中国:增进文化影响力的政治认同

1. 法治与文化的兼容性

所谓法治,是指法律的至上权威获得普遍的服从,并且确认被服从的法律本身就是一种"良法"。具体来说,在理念层面,它主要是关于统治和管理国家的一整套理论、思想和学说。在制度层面,它代表一种制度设施,是基于已建成的法律之上的包含法律原则、程序、规范在内的全部机构设置。在运行层面,它诠释了法律秩序实现的过程和状态。在更深层次上,法治的意义在于它结合了道德判断与普遍约束,联结了各种制度与文化,包容了普通公民的信仰与生活方式。由此,法治在一个国家的真正含义是超越单纯建立一套制度设施和一部宪法的,其发挥的运作价值和规范功效最重要的应该是以"文化"为表现形式和主要内容的。简言之,一个国家文化中蕴含的法治精神应成为法治最重要的部分。那么,法治的发展状态就源于法治文化这个以"法治"作为治国方略的社会文化体系,法治就是一种关涉价值观层面的,以民主和科学为积淀的文明的精神。

显然,文化就是法治发展状态的内在动力,这一动力具体表现在:文化是一种理解力的发挥,法律被人们认知和理解,且愿意内化为行为的准则,这需要经过文化的解读,即法律经过反映社会实际发展要求的文化的阐释才能真正发挥作用;文化是一种规范力的效应,其内在规定着个体的思想和行为,使人们明白可为与不可为的严格界限,从而在社会形成有法律且被遵守的状态;文化是一种无形的推动力量，人们最初的行为是接受了文化的指令，其能够在精神动力层面推动立法和执法的实施；文化还是一种判别和批判的能力，当面对纷繁复杂的情形时，凭借文化观念则能够迅速判别和批判相关法律条文，使之与文化兼容。总之，法律的有效实施状态接受着文化对人们观念、意识、情感等的影响，并且这种影响是深远而持续的。

中国传统农耕文化的特质与精华，为现代法治建设奠定了最初的基调，现代法治又经过与这种传统文化的各种抵制与磨合，达到了彼此互动与相互兼容的状态。虽说传统文化中存在某些极端的价值取向，但是其与现代法治依然可以兼容，这体现在：第一，正是传统的儒家文化对"礼""仁"的重视，推演出"民为邦本"。其中，对"仁政"的要求便具有约束国家权力的意义，而且强调民本思想又同人民主权的保护具有同质性。第二，传统推崇的君权神授，体现了"奉天承运"的皇帝至上权威，且皇帝对"天"敬仰至上。若将这种至上地位换作当代的法律制度、法律原则的话，也能够体现出同当代法律至上的兼容性。第三，儒家把仁政作为社会治理的手段，其理想就是为实现"善治"，但是善治不是不要法，而是为法治提前设置了所要达到的效果。因为法治自身的正当性是被实践证明成为"有效工具"的性质定位，不是单纯对"法"的手段的盲从，只有建立在"善治"理想之上，法治才具有了其存在的合理模式。第四，传统文化强调道德良知的作用，即一个有良知的人会将"礼义廉耻"内化为自身的行为准则，这是道德自觉性的体现。当然法治的建设也离不开道德良知这一内在约束力，若缺乏法治信仰，法治的形式则会成为摆设，甚至堕落为被玩弄的工具。这就好比贪污腐化的官员，他们如果心存道德敬畏，就不会藐视法律、践踏规则，走上歧途。因而，将礼义廉耻置换成奉公守法的自觉，是减少秩序成本、保障法治建设的内在推动力。

2. 法治文化培育的重要性

法治文化是人的精神活动的外化之物，它是通过人们心智对法治的体认、体悟，经过思想抽象活动而创造出来的一种观念性的形态之物。同时，又因为它以客观知识形式为显示，所以它的产生根源又同现实生活的物质条件和一系列客观规律的掌握密切相关，也算作一种社会制度性的实体。依法治国方略的实施，正确的法治理念是先行，而法治文化又成了将现代法治理念、法律程序及制度、法治实践有机结合起来的进步的文化形态。法治文化这一特定的文化概念，首先绕不开对文化概念的研究。文化固然有广义和狭义之分，广义上即是指物质成果和精神成果的总称，狭义上则强调特定精神成果的总和，这是人们在社会实践中形成的一种稳定的价值观念、思想意识、行为方式的综合表现形式。当然，文化的形成和作用又具体分为两个方面：一个是人在物质领域中对自然的认识和改造，即是人化；另一个是在精神领域中，人认识到了自身的价值，以此种价值观念对自己的天性进行改造，约束和控制住那些粗鄙的"天性"，从而涵养和提升自己的境界，这就是化人。由此对狭义文化的透析，我们就可以得出法治文化的本质——人们内心对法治精神和理念的崇尚与遵从，以此来约束和规范自己的行为，使之达到法治原则和制度要求的标准。

社会主义法治文化是党领导人民传承中华传统文化精华，借鉴人类法治文明成果，在当代中国法治实践中形成的，体现着法治精神和理念、原则和制度、思维方式和行为方式的一种进步文化形态，这是体现社会主义先进文化内在要求的文明成果。在法治文化建设的过程中，要使得法治精神、法治意识、法治信仰在完备法律机构及体系中，增强其内化于心和外化于行的实效性，则必须经过的一种"以文化人"的阶段，这是一种教育引导与感化启迪并存的过程。因此，把法治文化这种源于西方法治文明的产物赋予中国本土的改造与诠释，让其成为中国先进文化的重要组成部分，对于我们这样一个封建传统文化积淀深厚的国家而言，对于实现我国人民生活诉求而言尤为迫切。

对社会主义法治文化的培育，必须站在实现文化自觉的高度上，因为文化的自觉，能够作为一种对社会、民众主体意识的呼唤，能够作为一种体现主体诉求的理性的行为，并在民族文化发展及人类文化发展趋势探索中发挥出巨大的推动力量。具体来说，这一自觉的过程，一方面是来自对域外法律文化和本土法律文化的兼容与包容，是我们对这两种文化形态的认知和理解。西方的法治文化来到中国这片文化沃土上，为的是让西方文化的种子得到中国力量、中国模式的浇灌，中国的文化土壤不是为西方文化提供单纯的栖息地而供其延续，甚至是某些方面的替补，而是要把西方文化这颗"拿来"的种子，结合中国的生活方式和需求，经过改造与加工结出属于自己的文化果实。当然，在这一复杂过程中，不可避免的就是两者之间产生的摩擦与碰撞，而要真正实现融合与再生的和谐模式，则既要深刻理解、分析、反思西方法治文化的发展历程、经验规律，又要在过滤、筛选我国本土法治文化的基础上继承优良、创新发展，以此实现文化的自觉，并为法治文化的培育奠定基础。另一方面，本着开放包容的态度去学习各种法律文化的精华部分，既要坚持民族文化的基本立场和价值导向，又不能因循守旧，囿于那些传统法律文化的束缚，而需要经过现代化的启蒙，更需要积极探索域外先进的法治文化对于我国法治文化培育的合理性、正当性。因此，法治文化培育就成了传统法律文化实现现代化建设的必然选择，法律文化的现代性又体现了一个国家走向法治社会的突出标志。据此，党的十八届四中全会明确指出，弘扬社会主义法治精神，建设社会主义法治文化，增强全社会厉行法治的积极性和主动性，形成守法光荣、违法可耻的社会氛围，使全体人民都成为社会主义法治的忠实崇尚者、自觉遵守者、坚定捍卫者。这一重要论述将培育和建设社会主义法治文化纳入时代课题之中，体现了我党对法治文化建设的高度重视，同时这也为构筑一个全体人民主动适应法治文化建设的文化环境提供了政策支持。因为，当代中国法治建设的起点还要归于党和政府的高瞻远瞩，法治文化培育的顺利与否、法治进程的实现与否，都要依靠人民内心真正的认同。只有不断加强法治文化建设，在全社会大力开展法治文化培育，立法才能达到良法的目标追求，执法才能配合善治的目标理念，司法才能是公平正义的守护者，守法才会是人民的自觉行为和共同追求，最终为法治国家建设提供源源不断的动力与文化支撑。

七　反对恐怖主义：体现文化影响力的全球课题

恐怖主义是 21 世纪人类面临的公害，其肆无忌惮的杀戮严重威胁着人民的生命与财产安全，因此，一切有正义与良知的国家和民族都渴望铲除恐怖主义的威胁。但是，从文化的角度来看，恐怖主义又是不同文化冲突的结果，在不同的文化背景下，不同国家与民族反对恐怖主义的意志、态度与手段又有一些差异。中国作为一个负责任的大国，从构建人类命运共同体的战略高度出发，坚决反对各种形式的恐怖主义，并为反对全球恐怖主义作出了重大贡献。中国反对恐怖主义的立场、主张与方法也逐渐得到世界人民的广泛尊重与认同，在某种程度上也影响着全球反恐的思想与行为，因此，反对全球恐怖主义的斗争过程，也是彰显和提升中国特色社会主义文化影响力的过程。

1. 反恐的文化解读

在暴力恐怖活动不断升级的严峻形势下，国家和政府断然行动，开展一系列高强度的严打行动，以此震慑和抑制暴力恐怖的恶性态势，这是国家反恐决心的显示，是增强政府公信力的必要之举。反恐斗争任务繁重而艰巨，是一场长期而持久的战役，虽然重拳力度对斗争的胜利功不可没，但是也绝对不能忽视其他反恐措施的积极跟进。因为，新形势下恐怖分子受极端主义的"洗脑"程度颇深，单纯的严刑峻法只是杯水车薪，其震慑力远远达不到应有的效果。同时，在紧张时刻，大规模、高强度的严打可能会适得其反，招致更多仇恨的累积而"越反越恐"，这些都不是我们最初期望的威慑效果。

更进一步讲，恐怖活动复杂的成因又必然使得各国在政治、经济、文化、外交等方面进行综合性反恐措施,需要各个方面通力配合与支持才能有效控制恶势态的蔓延趋势。其中,文化的力量尤为重要,相比较其他反恐策略,它发挥的作用不是立竿见影的,不是态度强势的硬性措施,而是一种大多停留在文字层面上的柔性渗透,自然这种形式容易被忽视,甚至在实际的行动中被形式化、边缘化。从恐怖活动的形成机制可知,恐怖分子反对现存社会秩序,其要构建一套符合自身价值认同的文化体系来进行反人类、反文明、反社会。因此,恐怖分子想要缔造一种价值观,而这种价值观是一种极端的思维显现,是对世界、宗教信仰的扭曲认知,是崇尚暴力的畸形理解,而这显然就是一种文化恐怖,是一种煽动民族仇恨、鼓吹暴力的极端思想恐怖主义活动。

因此,走极端、搞过激成了恐怖分子解决文明冲突、平复教派纷争的主要手段,究其原因就是文化认同的缺失。文化是一个民族、国家生存与发展的基因,在国际社会中更是身份的标志。所以文化认同是民族及国家认同的基础,是国家合法性重要的社会心理依据,是其在国际社会安身立命的伟大精神力量。所以,文化认同是对国家、政治认同的前提基础。在一个民族共同体内,语言、制度、文化、价值和身份这些因素只有长期以来被人们所接受和认可,才能凝聚民族精神,才能整合社会心理,从而增强民族和国家的文化意识和归属感。中华民族是多民族国家,面对人类文明发展的威胁,历来又是拥有忧患意识的民族,更应疾呼尊重人类文明多样性,在文化多元化"侵蚀"的危险面前保持高度的警惕,在强权政治、文化霸权的居高临下的威胁中坚决抵制,努力使中华文明与其他优秀文明一道延承"众水交汇,海纳百川"的精神内核,不断汲取世界文明的精华。由此,发挥文化本体功能铲除恐怖主义迫在眉睫。

2. 文化反恐的战略地位

通过对反恐的文化解读,我们更清晰地认识到:不存在天生的极端分子,他们之所以制造恐怖文化、恐怖活动这些有意识的行为,必定是其思想和心理严重扭曲所致。国家外在的严打施压，消灭的是恐怖分子的肉身，而不是全部恐怖分子，只是其中的极少数人受到的惩罚。而大部分恐怖分子依然游存于世间，对于真正消除他们潜在的极端思想而言，单凭武力治标不治本，必须借助文化的力量。换言之，先进的监听设备、坚固的障碍堤、完备的法律文件不足以防范恐怖主义，反而那些来自内在的爱国主义、献身精神、勇往直前的品格力量才是最有效的抑制极端主义、恐怖文化滋生的办法。

不过，人们对文化反恐的认识程度还远远不够。面对网络、电视、报纸等新闻媒体中可能充斥着的恐怖文化，我们还不能完全加以辨认。因为，这些恐怖文化并不是赤裸裸暴露在"光明"下的残酷极端的表现形式，而是那些经常把自己乔装成网络大V、知名专家与学者打着维护人权、维护正义的旗号，肆意捏造与篡改历史、编造谎言来宣扬的反人类、反社会的极端思想和实施不轨的政治图谋。在看似品位高雅的艺术宣扬中，有可能隐藏着民族分裂、极端宗教的教唆与煽动，甚至是推翻政权、政党、法律的仇恨攻击和污蔑。例如，在中小学历史教材中隐含鼓吹民族分裂的内容，在网络媒体上放置诋毁英雄人物的卑劣视频等，这些都是恐怖文化的踪迹，其危害持续的广度和深度不亚于行为暴力的恐怖。所以，文化反恐的目标就是要以文化手段，大力弘扬优秀文化和道德，丰富人们的精神生活；积极宣扬社会正气和良序，提升人们精神生活质量；开展法律制度、政策规范的宣讲活动，为人们树立良好的精神榜样，以此实现修正、引导人们精神世界的目的。同时，还应结合社会主流文化、主流价值观，坚决抵制任何侵蚀主文化的行径。总之，文化反恐是一个复杂且庞大的工程，在保驾人类社会健康前行的道路上不会是一帆风顺、一蹴而就的，要想彻底地清除附着在社会"肌理"之上的恐怖文化，需要我们做足思想认识和行动准备。

因此，我们必须高度重视文化反恐，将其纳入国家反恐战略中，以此提高反恐的"软环境"。总体而言，就是要切实加强社会的精神

第七章 提升中国特色社会主义文化影响力的行为路径

文明建设，提高全民文化与人格修养，重点培育社会各民族、各阶层的爱国意识、团结意识和共同发展意识，实时开展反恐应急演练，提升公众应对时的处置能力，锻炼公众应对威胁的心理素质。文化反恐是有其自身特点的：一是对承担反恐任务者的知识起点、知识层次的高要求、高标准。也就是说，反恐者对文化内涵和外延要有充足的认知和把握，才能够识破恐怖活动背后的意识形态、文化形态的变相攻击，不仅要有接收和提取有效信息的能力，还要具备专业反恐素质。二是反恐行动针对的目标多重性。因为通过文化发挥本体功能反恐，更多针对的是恐怖的本质，也就是说是要深挖恐怖活动隐性的、潜在的社会后果，而不能被浮于表面的直接现象所迷惑，也许针对的目标是有前后顺序、高低层级和包裹程度的区分的，因此，要想彻底地找到目标物其难度可想而知。三是依法文化反恐，辅以法律的文化行动。通过艺术形式，发挥文化教育功能，并积极展示法律尊严，推广和解释法律的严厉严格，既让存有歹心的人惶恐不安，又要让善念满存的人对社会安心、放心。例如，我国采取了对煽动颠覆国家政权案件的公开审理制度，这是以公开的姿态向社会乃至世界宣告，我们绝不允许任何反动势力在中国肆意践踏意识形态。四是"微"信息中见大格局。首先，看起来微不足道的信息，也要将其置于文化反恐的大背景中，这是一种主动融入的态度，更是一种积极贡献力量的方式。其次，能有效打击、压制和去除隐藏在糟粕信息背后、深处的恶劣影响。最后，要根据设定的文化反恐涉及层面的广度和宽度，制定全面有效的"对付规律"，根据文化恐怖活动规律，采取相应的预防打击行动。综上所述，这些特点会随着文化反恐的深入而得到不断总结和提炼，不管是否有新的特点产生，以文化作为"母体"的立足点绝不会改变。结合近年来新疆的维稳实际，我们看到歪曲宗教教义、进行"头脑恶风暴"的劣行依旧笼罩其中。因此，必须坚决举起文化反恐的大旗，占领文化教育阵地，以践行和培育社会主义核心价值观来弥补强力反恐的不足，以积极向上的价值理念引导人们的文化心态。具体而言，首先，新疆自古就是多民族汇集之地，各民族宗教信仰与生活方式发生摩擦在所难免。但是我们必须要明确的是，这种冲突、摩擦现象绝对不是不同文明体系之间的冲突，绝不是不可调和的，而是可以通过沟通和交流实现包容的。因此，应正确对待民族文化的差异，在守护本民族文化智慧的同时，也要汲取其他民族文化的精华，这也是推进新疆文化现代化改造的重要之举。其次，文化建设的重点应偏向基层，特别是文化资源极为匮乏的边疆农村，对其文化设施、文化产品配备以及人才培养方面加大投入，一定要避免形式主义的说教，而是要真正深入百姓倾听呼声，解决实际困难。最后，正确引导人们认识恐怖势力的现实威胁，以平常心看待。既要充分认识恐怖活动的形成原因、危害程度，又要沉着冷静地面对恐怖活动的客观存在，以理性的情绪正视威胁。同时，正面积极的反恐宣传也是必不可少的。要建立健全防恐网络机制、举报机制，以此提高人们防范和自我保护能力。

第八章 我国文化影响力系统结构及提升路径的战略支撑

生成、稳定与完善我国文化影响力的系统结构，探索中国特色社会主义文化影响力的提升路径，离不开国家战略层面的支撑。当前，我国文化影响力系统结构及提升路径的支撑主要体现在五个方面：一是要牢牢把握意识形态工作的领导权；二是要锻造中国特色社会主义的文化品牌；三是要夯实政治经济等硬实力发展的文化底蕴；四是要实现传播能力与传播体系的现代化；五是要净化文化影响力提升的内外环境。

一 牢牢把握意识形态工作领导权

党的十九大报告指出："意识形态决定文化前进方向和发展道路。"[①] 既然意识形态决定文化发展的方向与道路，当然也就决定文化影响力生成和发展的理论基础、价值导向、道德规范等一系列全局性、根本性的问题，因此，意识形态归根到底决定着文化影响力的指导思想、核心价值、发展方向、生长道路。要确保文化影响力的生长不偏离"社会主义"与"中国特色"的双重轨道，首先就必须牢牢把握意识形态领导权的五大维度。

---

① 《党的十九大报告学习辅导百问》，党建读物出版社、学习出版社2017年版，第33页。

中国特色社会主义进入了新时代，面对中国大历史、共运大进程、世界大格局的新变化，要成功破解"坚持和发展什么样的中国特色社会主义，怎样坚持和发展中国特色社会主义"这一新时代的新课题，就需要建设具有强大凝聚力与引领力的社会主义意识形态。中国共产党人只有牢牢把握意识形态工作的领导权，不断清除意识形态领域的杂音、噪音，才能领导全国各族人民实现中华民族伟大复兴的伟大目标。意识形态工作领导权的问题是意识形态工作的根本问题，是落实意识形态工作责任制的第一粒扣子。党的十九大报告指出：要"牢牢掌握意识形态工作领导权"，"建设具有强大凝聚力和引领力的社会主义意识形态，使全体人民在理想信念、价值理念、道德观念上紧紧团结在一起"①。这就表明，如果不牢牢掌握意识形态工作领导权，全体人民就会失去不懈奋斗的理想信念、积极正面的价值追求、和谐有序的道德律令，最终就会沦为精神上"失乐园"般的一盘散沙。因此，中国共产党作为一个十四亿人口大国的执政党，如果不牢牢掌握意识形态工作的领导权，就会犯无可挽回的历史性错误。从学术研究的角度来看，掌握意识形态工作领导权，首先必须弄清楚意识形态工作领导权的具体维度，为掌握意识形态工作领导权确立着力点。具体来说，掌握意识形态工作领导权主要表现为五大基本维度。

1. 理论基石："维护"马克思主义的理论指导权

马克思恩格斯在《德意志意识形态》中有一个经典命题："统治阶级的思想在任何时代都是占统治地位的思想"，而任何统治阶级的意识形态都有其特定的理论地基，纷繁芜杂的意识形态表象都是其理论的外显，因此，坚持什么样的理论作为意识形态领域的指导思想，既决定着意识形态的理论气质，也决定着意识形态的阶级属性与科学程度。我国是一个坚持社会主义制度与道路的国家，理所当然必须坚持马克思主义在意识形态领域的指导地位。党的十九大报告指出：

---

① 《党的十九大报告学习辅导百问》，党建读物出版社、学习出版社2017年版，第33页。

第八章 我国文化影响力系统结构及提升路径的战略支撑

"党政军民学,东西南北中,党是领导一切的。"① 这里的"一切"首先就包含党对意识形态工作的领导,而坚持党对意识形态工作的领导,就必须坚持马克思主义在意识形态领域的理论指导权,丢掉了马克思主义的理论指导权,社会主义主流意识形态大厦就会轰然坍塌。

然而,当前马克思主义在意识形态领域的理论指导权还存在虚化、泛化、表面化、口头化的现象,马克思主义在学科上失语、教材中失踪、论坛上失声就是其典型表现。这种状况导致我国社会主义主流意识形态既没有强大到足以反对非主流意识形态的程度,又不能充分体现中国老百姓所喜闻乐见的理念与愿景,无法充分展示出"中国梦""社会主义核心价值观"等话语的影响力与竞争力。一旦这种主流意识形态脱离了人民群众的利益追求与话语体系,就会沦为意识形态家们的喃喃梦呓,成为游离于广大人民群众思想壁垒之外的话语幽灵。马克思指出:"进行革命的阶级,仅就它对抗另一个阶级而言,从一开始就不是作为一个阶级,而是作为全社会的代表出现的;它以社会全体群众的姿态反对唯一的统治阶级。它之所以能这样做,是因为它的利益在开始时的确同其余一切非统治阶级的共同利益还有更多的联系。"② 因此,要牢牢掌握意识形态工作的领导权,使社会主义意识形态摆脱在各种错误意识形态思潮进攻面前节节抵抗的艰难境地,就必须从理论上彻底说清楚中国共产党的执政利益与全体社会成员利益的一致性与相关性,建构出个人利益、集体利益与国家利益之间的共同实现机制,坐实马克思主义的理论指导权。

第一,推进马克思主义理论创新,不断增强马克思主义在新时代语境下的战斗力与影响力。马克思主义历来是在与各种错误思潮的斗争中彰显自身的战斗力与影响力的,从马克思主义创立初期所面临的种种诘问,到后来反对蒲鲁东主义、巴枯宁主义、拉萨尔主义、伯恩

---

① 《党的十九大报告学习辅导百问》,党建读物出版社、学习出版社2017年版,第16页。

② 《马克思恩格斯选集》第1卷,人民出版社2012年版,第180页。

施坦主义的斗争,再到 20 世纪对自由主义、人本主义、历史虚无主义等错误思潮的批判,可以说,各种伪马克思主义、反马克思主义、非马克思主义意识形态的挑战正是马克思主义发展的强大杠杆。因此,面对当前社会急剧转型所导致的方位迷失、价值混乱、思想多元等意识形态现象,真正的马克思主义者不能畏惧,不能退缩,必须敢于迎接挑战,关键在于打铁还需本身硬,以及我们用来批判错误思潮的武器到底是真正的马克思主义还是冒牌的马克思主义,是龙种还是跳蚤。因此,要掌握理论指导权,就必须在坚持唯物史观的理论基础、人民至上的价值情怀、共产主义的崇高理想这三大底线的基础上,与时俱进地创新马克思主义理论本身,只有在富有时代气息与中国特色的马克思主义的指导下,才能将我国的国家意识形态、社会意识形态、外来意识形态、传统意识形态进行整合,形成一整套让国内外听得懂、听得爽、愿意听的话语体系,这才是真正的 21 世纪的马克思主义。"马克思主义理论创新成就的大小,取决于理论满足实践需要的程度,取决于领袖、政党和人民相一致的程度。"① 故步自封、断章取义、抱残守缺、脱离人民的做法只会窒息马克思主义的生命力,不可能真正创新马克思主义。恩格斯在 1890 年致拉法格的信中就对于这种做法予以讽刺:"所有这些先生们都在搞马克思主义,然而是十年前你在法国就很熟悉的那一种马克思主义,关于这种马克思主义……马克思大概会把海涅对自己的模仿者说的话转送给这些先生们:'我播下的是龙种,而收获的却是跳蚤。'"②

第二,运用马克思主义的立场、观点和方法,加强哲学社会科学理论体系建设。马克思主义作为无产阶级的宇宙观,深刻揭示了人类社会的发展规律、社会主义建设规律和共产党的执政规律,鲜明表达了无产阶级的世界观、人生观与价值观,我国不但要培养和造就一支坚定而清醒的马克思主义理论家队伍,不断推进马克思主义的中国

---

① 张志丹:《意识形态功能提升新论》,人民出版社 2017 年版,第 7 页。
② 《马克思恩格斯选集》第 4 卷,人民出版社 2012 年版,第 603 页。

化、时代化，大众化，而且要运用马克思主义的立场、观点与方法，指导哲学社会科学加强对社会现实问题的理论研究，形成马克思主义指导的，具有中国特色、中国风格与中国气派的哲学社会科学的学科体系与学术体系，增强哲学社会科学领域与世界对话的能力。正如习近平总书记在哲学社会科学工作座谈会上所指出的那样，广大哲学社会科学工作者要坚持以马克思主义为指导，深入研究和回答我国发展和我们党执政面临的重大理论和实践问题，推出一大批重要学术成果，为坚持和发展中国特色社会主义作出重大贡献。

第三，提升运用马克思主义分析现实问题的能力。实践的发展是马克思主义理论创新的活水源头，但是，马克思主义的使命不仅仅满足于解释现实实践，而在于为我们观察和分析现实问题提供科学的武器，进而改变世界。正如马克思在《关于费尔巴哈的提纲》中所指出的："哲学家们只是用不同的方式解释世界，而问题在于改变世界。"[①] 因此，凸显马克思主义在意识形态领域的理论指导权，就必须运用马克思主义的原理、观点与方法，加强对现实问题的理论分析。然而在全面深化改革的今天，面对很多新情况新问题，面对西方刻意炮制的诸多歪理邪说，比如普世价值论、新闻自由论、宪政民主论、主权过时论等，我们有些理论工作者要么满足于原样介绍西方思潮，要么还用西方的理论为西方思潮的泛滥摇旗呐喊。比如有些人竟然把我国的供给侧结构性改革与西方经济学的供给学派混为一谈，这对于一个以马克思主义为指导的社会主义国家简直是莫大的讽刺。在我们很多人已经放下马克思主义这个批判的武器，放弃马克思主义阵地，放弃了辩证唯物主义与历史唯物主义立场的同时，西方学者面对当代困扰人类的现实问题，都非常注意从马克思那里去吸取灵感与智慧。比如后现代解构主义大师德里达在《马克思的幽灵》一书中认为，我们应该挑选一个时机向马克思致敬。进入 21 世纪以来，西方

[①] 《马克思恩格斯选集》第 1 卷，人民出版社 2012 年版，第 136 页。

兴起的"马克思热"也从另一个侧面证明了马克思的思想具有超越时空的价值。

2. 逻辑主线：凸显社会主义核心价值观的引领权

社会主义核心价值观是社会主义意识形态的内核，它决定着社会主义制度的道义基础，决定着社会主义制度不断完善与变革的方向，决定着主流民意的方向与态势，决定着国家、社会与个人的主体精神气质。从国家范围来看，不同制度之间的意识形态较量归根到底是一种核心价值观的比拼。进入21世纪以来，世界范围内文化影响力的争夺日益加剧，核心价值观的比拼由幕后走向前台，成为当代资本主义与社会主义两种制度在意识形态领域冲突的焦点。2008年金融危机以来，资本主义世界一方面开始反思资本主义制度的缺陷；另一方面却极力在世界范围内不惜以轰炸机和导弹宣扬和捍卫其核心价值观，并极力贬损在危机中表现最好的中国。美国《福布斯》网站在一篇《中国还不是超级大国》的文章中声言："美国依然代表着全世界民众向往的普世理想——自由和民主。美国人一直在向世界传达着一种清晰的理念。与美国人不同，中国人没有自己明确的价值观，更别提影响世界了。"[1] 由此可见，当前东西方意识形态争斗已经聚焦于核心价值观的比拼。

邓小平同志曾一针见血地指出："我们之所以走了20年的弯路，根本原因就是在'什么是社会主义，怎样建设社会主义'这个问题上不清楚。"这里最根本的不清楚就是对于社会主义制度下的核心价值追求是什么不清楚，也就是说对社会主义的核心价值观没有清晰而有力的表达，这个核心价值观就是社会主义制度区别于其他制度的"文化身份证"，弄清楚了这个问题，社会主义制度的建构才能占据道德制高点，社会主义制度的自我完善才能有基本方向，主流民意的统一才能有基本的价值坐标。党的十八大在中外社会主义建设史上第

---

[1] 海伦·王：《中国还不是超级大国》，美国《福布斯》杂志网站2010年6月8日，转引自《参考消息》2010年6月8日。

一次旗帜鲜明地提出了社会主义核心价值观,从而为我国社会主义意识形态提供了统一的指导思想、共同的理想信念、强大的精神动力、基本的道德规范。

党的十九大报告指出:"社会主义核心价值观是当代中国精神的集中体现,凝结着全体人民共同的价值追求。要以培养担当民族复兴大任的时代新人为着眼点,强化教育引导、实践养成、制度保障,发挥社会主义核心价值观对国民教育、精神文明创建、精神文化产品创作生产传播的引领作用,把社会主义核心价值观融入社会发展各方面,转化为人们的情感认同和行为习惯。坚持全民行动、干部带头,从家庭做起,从娃娃抓起。"[①] 这一论述不但回答了为什么要凸显社会主义核心价值观的引领权,也回答了怎样凸显社会主义核心价值观的引领权问题。当前,要凸显社会主义核心价值观的引领权,要注意把握三点:

第一,要将社会主义核心价值观的抽象要求转化为具体规则。社会主义核心价值观的引领不是一种刚性的硬引领,而是一种柔性的软引领。硬引领是凭借手中的暴力、权力、资本,强制别人的思想与行为遵循所要求的规范,这种硬引领的结果可能是"口服心不服";而软引领是通过社会主义核心价值观自身的魅力与价值吸引,润物细无声地改变他人的思想与行为,让别人真正从内心深处向往和追求社会主义核心价值观所倡导的理想和愿景,并为此不懈探索。这就要求社会主义核心价值观的抽象要求必须细化为社会发展各个领域、各个行业、各个方面、各个主体的具体行为准则,从而使社会主义核心价值观的要求落实、落地、落细于深厚的现实土壤之中,这样既能使社会主义核心价观转化为社会成员的情感认同与行为习惯,又能使社会主义核心价值观在多元价值观的交流与碰撞中稳如磐石,从而凸显出玉树临风般的引领作用。习近平指出:"一种价值观要真正发挥作用,

---

① 《党的十九大报告学习辅导百问》,党建读物出版社、学习出版社 2017 年版,第 33—34 页。

必须融入社会生活,让人们在实践中感知它、领悟它。要注意把我们所提倡的与人们日常生活紧密联系起来,在落细、落小、落实上下功夫。"①

第二,要做到社会主义核心价值观的"理论彻底"。社会主义核心价值观虽然属于观念层面,但是如果不能对社会主义核心价值观在科学层面上作出彻底的理论阐释,也就难以获得广大社会成员的认同与遵循。从社会主义价值体系到社会主义核心价值观,一直存在一些分歧与争论,一个重要原因就在于对社会主义核心价值观的理论阐释不彻底。马克思指出:"理论只要说服人,就能掌握群众;而理论只要彻底,就能说服人。"② 如果在理论上似是而非,必然导致实践上不知所措,从而为各种伪马克思主义、反马克思主义、非马克思主义的理论观点与思潮大开方便之门。比如社会主义核心价值观里面有自由、民主、平等、法治等价值信条,而资本主义也一贯高调标榜自由、民主、平等、法治,这两者之间的原则界限何在?正是因为在这样一些问题上理论不彻底,普世价值论等错误思潮才能粉墨登场,从而导致方位迷失、价值混乱。只有从理论上彻底说清楚社会主义核心价值观,才能真正发挥其在精神文化层面的引领权,才能真正吸引、感染、同化、凝聚广大人民群众,从而在精神层面对广大受众具有行为支配力和价值导向力。做到社会主义核心价值观的"理论彻底"必须满足四个条件:一是理论阐释必须符合社会主义的本质规定,这是制度条件,否则就不是社会主义的核心价值观;二是理论阐释必须用明确简洁的语言表达我国最广大人民群众的利益诉求,这是主体条件;三是理论阐释必须体现和平、发展、合作的时代主题,这是时代条件;四是理论阐释必须有利于推进我国改革开放和建设的实践,这是实践条件。

第三,要促进社会主义核心价值观的广泛认同。社会主义核心价

---

① 《习近平谈治国理政》第1卷,外文出版社2014年版,第165页。
② 《马克思恩格斯选集》第1卷,人民出版社2012年版,第9—10页。

值观只有得到广大人民群众的广泛认同,才能成为人们精神世界的价值坐标与行为世界的价值规范,才能真正发挥自身的价值引领作用,从而在与多元意识形态的较量中具有强大的战斗力与顽强的生命力。近年来,我们国家宣传思想部门在促进社会主义核心价值观的认同方面下了很多功夫,出了很多点子,这对于我国社会成员将社会主义核心价值观内化于心、外化于行、知行合一起了很好的作用,但是目前来看还远远不够。马克思指出:"人是特殊的个体,并且正是人的特殊性使人成为个体,成为现实的、单个的社会存在物,同样,人也是总体,是观念的总体,是被思考和被感知社会的自为的主体存在,正如人在现实中既作为对社会存在的直观和现实享受而存在,又作为人的生命表现的总体而存在一样。"① 这一论断为我们促进社会主义核心价值观的广泛认同提供了方法论启迪:一方面,作为个体的社会成员当他面对某种价值观选择时,总是习惯于根据自身生产生活实践中获得的地方性知识来作出判断与选择。这就要求我们社会主义核心价值观的培育和引导要"定制化",即核心价值观的具体细化要结合不同主体、不同行业、不同领域的实际,否则核心价值观只会成为游荡于人们思想壁垒之外的幽灵;另一方面,每一个个体又是作为社会总体的一部分而存在,其价值观必然具有社会的总体性特征,社会主义核心价值观就是我国社会成员作为总体的"最大公约数"。这就要求在社会总体上要围绕社会主义核心价值观,开展一系列国民教育活动、精神文明创建活动、精神文化产品的创作与传播活动,通过这些活动,将我国改革开放的伟大成就转化为对社会主义核心价值观的认同,将人民群众对美好生活的向往转化为对社会主义核心价值观的认同,将建设社会主义现代化强国的希望与目标转化为对社会主义核心价值观的认同。

3. 道义高地:筑牢社会主义道德的规范权

道德是意识形态的重要表现形式,任何时代的统治阶级都非常重

---

① 《马克思恩格斯选集》第 1 卷,人民出版社 2012 年版,第 188 页。

视道德对社会成员行为的规范作用。"法定天下,德润人心",如果说法律侧重于由外而内规范人的行为,是一种刚性约束,那么道德就是侧重于由内而外约束人的行为。然而,道德是围绕善与恶这一对相互对立的范畴而展开的,而善恶判断又是一个主体色彩非常浓厚的判断,因此,善恶的标准与界限常常被道德相对论、道德诡辩论者弄得模糊不清,社会主义道德的规范权也常常陷入软弱无力的尴尬境地。正如恩格斯在《反杜林论》中指出:"善恶观念从一个民族到另一个民族、从一个时代到另一个时代变更得这样厉害,以至它们常常是相互直接矛盾的。但是,如果有人反驳说,无论如何善不是恶,恶不是善;如果把善恶混淆起来,那么一切道德都将完结,而每个人都将可以为所欲为了。"① 改革开放以来,市场经济犹如打开了潘多拉盒子,市场经济趋利性动机的不断膨胀,强烈冲击着人们的道德堤坝,"经济人的利己主义本质造成了功利主义、个人主义、金钱万能的价值追求"②。可以说,当前我国社会最严重的威胁不在于外部敌对势力,而在于对规则的漠视与践踏,最典型的表现就是道德规则对具有社会责任能力的成员所具有的约束力不断淡化、弱化与钝化。社会主义道德规范权的淡化模糊了善与恶的边界,一个类似于恩格斯所描述的那种"每个人都将可以为所欲为"的道德图景常常出现在我们的生活世界。

毋庸置疑,新中国成立以来,党和政府一直十分重视社会主义道德建设,《公民道德建设实施纲要》、社会主义荣辱观等道德纲领的出台,为社会主义道德规范权的落实提供了有力的抓手,因此,总体上我国社会的道德水平在稳中求进,但是不可忽视一些局部比较突出的问题。因此,针对我国市场经济条件下的道德状况,党的十九大报告指出要"深入实施公民道德建设工程,推进社会公德、职业道德、家庭美德、个人品德建设,激励人们向上向善、孝老爱亲,忠于祖

---

① 《马克思恩格斯选集》第1卷,人民出版社2012年版,第469—470页。
② 韩旭:《社会主义市场经济道德缺失极其路径选择》,《前沿》2013年第5期。

第八章 我国文化影响力系统结构及提升路径的战略支撑

国、忠于人民"①。因此,如何扭转当前道德滑坡的现实状况,明晰和强化社会主义道德的规范权,已经成为当前掌握社会主义意识形态工作领导权所面临的重大理论与实践问题。

第一,要形成"纲举目张"的社会主义道德规范体系。明晰社会主义道德的规范权,首先要明确用什么样的道德体系去规范。社会主义荣辱观是社会主义道德之"纲",具有全局性、统领性的作用。但是,要真正发挥荣辱观对社会成员思想与行为的规范作用,还必须有切实可行的"目"与之相配套。儒家思想之所以源远流长地影响着中国社会,一个重要原因就在于儒家思想不但有"仁、义、礼、智、信"的道德之纲,更有非常精细的深入到日常生活层面的道德之目,从而直接规约着人的思想与行为。"它具体生动,经过漫长的发展和演变逐渐成为中国人日常生活中的丰富、完整、深入浅出的道德话语体系,成为了被普通民众所普遍接受的道德信念和日常生活中广泛使用的伦理语言,极为深刻地影响着千百年来中国人的道德生活。"②当前,之所以存在很多道德失范的现象,滋生很多不可理喻的荒谬感,一个重要的原因就在于我们没有以社会主义荣辱观为纲,建立起一个内含中国文化元素、符合社会主义本质规定、具有鲜明时代特色的德目体系,使社会主义的道德要求真正融入现实生活的点点滴滴,从而发挥着、实现着社会主义道德的规范权。

第二,要形成"接地气"的社会主义道德规范体系。在现实生活里明晰社会主义道德的规范权,必须根据人类生活的四大领域,着手构建符合实际生活需要、体现中国道德传统、体现社会主义道德要求、体现时代气息的德目体系:一是公共生活领域的社会公德体系,应该按照社会主义荣辱观的要求,明确公共生活领域的荣辱标准与行为规范;二是职业生活领域的德目体系,各行各业应该结合行业特

---

① 《党的十九大报告学习辅导百问》,党建读物出版社、学习出版社2017年版,第34页。
② 何光沪:《中华文化与普世价值》,《文史哲》2011年第6期。

点，订立明确的职业道德准则，约束职场人的行为；三是家庭生活领域的德目体系，应该将"家庭美德"的内涵具体化为行为准则；四是个人生活领域的德目体系，按照儒家思想"慎独"的要求，将社会主义荣辱观的要求转化为个人生活的道德规制。总之，要实现社会主义道德的规范权，就必须像习近平总书记所要求的那样："高度重视和切实加强道德建设，推进社会公德、职业道德、家庭美德、个人品德教育，倡导爱国、敬业、诚信、友善等基本道德规范，培育知荣辱、讲正气、做奉献、促和谐的良好风尚。"[①]

第三，要形成先进性与广泛性相结合的社会主义道德规范体系。恩格斯指出："一切以往的道德论归根到底都是当时的社会经济状况的产物……只有在不仅消灭了阶级对立，而且在实际生活中也忘却了这种对立的社会发展阶段上，超越阶级对立和超越对这种对立的回忆的、真正人的道德才成为可能。"[②] 这一论断告诉我们，既然道德是社会经济状况的产物，那么一般来说，不同的经济状况与经济发展水平就会产生出不同的道德观念，具有不同的道德水准，因此就不能用一种永恒不变的终极道德教条来规范不同经济状况下的社会成员。社会主义条件下存在不同阶级、阶层与社会集团，还不可能产生"超越阶级对立和超越对这种对立的回忆的、真正人的道德"，这就要求社会主义道德规范体系的构建必须体现广泛性的道德现实。但是，体现社会主义广泛性的现实状况并不等于满足于现实，社会主义道德规范体系还必须倡导先进性的共产主义道德风尚，体现道德进步的方向与趋势，体现社会主义先进性的道德规范要求。共产党员尤其是共产党的领导干部更要成为先进性道德的楷模，《中国共产党纪律处分条例》第十四章对于违反社会主义道德的党员做出处理规定，其用意也就是要求共产党员要形成积极向上的道德情趣，展示高风亮节的道德境界。

---

① 《习近平谈治国理政》第1卷，外文出版社2014年版，第159页。
② 《马克思恩格斯选集》第3卷，人民出版社2012年版，第471页。

4. 现实表征：扩大宣传思想工作的话语权

在英语世界里，"话语"是"discourse"，含有讨论、辩论之意。波特、韦斯雷尔等学者都曾对"话语"作出过不同解释。其实，"话语"就是指人们说出来的话，既包括有声话语，又包括无声话语。语言学家索绪尔所说的"言语"就包括用声音说出来的话语和用文字符号写出来的文本，因此，话语就是"一套在一定的历史时空规限下相互联系的思想，它嵌在文本、言词和各种践行之中，关涉寻找、生产和证实'真理'的各种程序"[①]。宣传思想工作本质上是通过话语使一种意识形态得以传承和延续的实践活动，但是传播同样一种意识形态，在不同的时代所使用的话语体系是不同的。换言之，同一种意识形态在不同时代、面对不同的受众必须使用不同的话语，必须充分考虑不同时代支配话语建构的众多因素，这样在不同时代之间的意识形态宣传中就存在"话语转换"问题，可以说"话语转换"是宣传思想工作中必然面临的永恒主题。

现在宣传思想工作之所以进展不那么顺畅，效果不那么理想，一个重要的原因就是意识形态宣传的话语体系很不接地气，僵化死板、空洞虚幻，生动智慧的话语太少，严肃规训的话语太多，再好的意识形态内容也会被这种话语外衣所窒息。同时，由于文化传播主义所造成的西方国家在人文社会科学方面的强势，在世界范围内造成了一种以"西方中心论"为基调的话语体系，再加上在经济与科技方面的优势，西方国家就基本掌握了意识形态宣传上的话语权，这种状况是非常危险的。要改变这种被动局面，牢牢掌握意识形态工作的话语权，目前来看至少必须抓好三个关键：

第一，实现宣传思想工作话语风格的三大转变。在以实现中华民族伟大复兴为目标的新时代新征程中，在一片"告别理想""躲避崇高""张扬人性"的后现代主义喧嚣与骚动中，要掌握宣传思想工作

---

① [美]麦克洛斯基：《社会科学的措辞》，许宝强等译，生活·读书·新知三联书店2000年版，第81页。

的领导权，就必须彻底改变以往宣传思想工作中那种灌输绝对真理的刻板面孔，使宣传思想工作话语实现从单纯的政治话语向生活话语转换、从居高临下的霸权话语向平等互动的沟通话语转换、从枯燥乏味的理论话语向生动活泼的艺术话语转换，使社会主义意识形态的传播成为一个使受众感到愉悦与幸福的过程。唯其如此，社会主义意识形态才能以一种与当今时代现实对接的"话语"、以一种令广大社会成员赏心悦目的"话语"来表达社会主义意识形态的价值诉求，从而增强社会主义意识形态的凝聚力、吸引力与可接受性。在这方面，毛泽东、习近平的话语风格就是我们学习的典范。毛泽东主席善于用讲故事、作比喻的方式，通俗易懂地阐述深刻的道理。习近平总书记的话语风格朴实无华，常常用一些老百姓喜闻乐见、生动活泼的大众化语言来表达政策主张与价值引导，比如"绿水青山就是金山银山""为中国人民点赞""伟大事业不是敲锣打鼓就能实现的"等，这些话语非常具有感染力，自然就很容易被老百姓所接受。

第二，破除宣传思想工作中的"话语陷阱"。在意识形态领域，各种话语似是而非，对于主流意识形态话语经常产生冲击与干扰。比如，2008年兴起的普世价值论话语，貌似在关注人类是否有普世价值，然而联系其具体的理论语不难发现，其关注的焦点并不在于寻找人类的普世价值，而在于将西方资产阶级的核心价值作为普世价值向全球推广，进而将我国改革开放的成功归结于普世价值的胜利，其最终目的就是要以西方的自由民主理念指导我国全面深化改革的历史进程。令人遗憾的是，我国竟然有不少"应声虫"为这一思潮摇旗呐喊。诸如此类的话语陷阱在意识形态领域可以说比比皆是。比如制造青年马克思与晚年马克思对立的话语，将中国改革开放前三十年与后三十年对立的话语，将中国"文化大革命"与德意日法西斯的屠杀惨案相提并论的话语，以追寻所谓的"历史真相"，对革命领袖和英雄人物进行抹黑攻击的历史虚无主义话语，以"道德卫道士"自居的抽象人性论话语等。对于这些混淆视听的话语要运用马克思主义的立场、观点、方法进行一针见血的批判和理直气壮的澄清，否则在意识形态场域中就会风不清气不正。

第三，抓住宣传思想工作话语权的四个关节点。除了实现上述三大转变外，掌握宣传思想工作的话语权，还必须抓好问题设置权、重大判断权、理论阐释权和思想批判权四个关键环节的落实。问题设置权，就是指当时代的发展进入新的历史阶段，作为执政党及党的领袖必须及时提出时代之问，这种时代之问往往会成为思想聚焦的主线。正是从这个意义上说，时代是问题之母。党的宣传思想部门每当遇到重大突发事件，也要善于及时提出问题，引导舆论的思考路向，避免被碎片化的信息所误导。重大判断权，就是对于时代主题、社会主要矛盾、历史发展趋势等关乎全局的重大问题作出及时而科学的判断。比如习近平总书记在党的十九大报告中指出，中国特色社会主义进入了新时代，我国社会的主要矛盾已经转化为人民日益增长的美好生活需要和不平衡不充分的发展之间的矛盾，这都是关乎全局的重大判断。理论阐释权，就是要把党的意识形态主张进行具体的阐释，使之深入人心，实现大众化。比如组织部署十九大精神的宣讲就是理论阐释权的具体体现。思想批判权，就是党在贯彻意识形态意图的进程中，总会产生一些错误的、敌对的思想观念与理论思潮，冲击和干扰着战略部署的贯彻与战略目标的实现，对此，要进行旗帜鲜明的批判。正如习近平总书记指出要"注意区分政治原则问题、思想认识问题、学术观点问题，旗帜鲜明反对和抵制各种错误观点"[1]。

5. 必要保障：强化意识形态秩序的管理权

当前意识形态的舞台上，已经不是社会主义主流意识形态的独角戏，既有波澜壮阔的民间思想舆论的反射与回声，又有深水静流般的主流舆论的传播与宣传，还有充满傲慢与偏见的西方思想舆论在别有用心地进行喧嚣与骚动。各种思想舆论都试图通过网络、手机微信、

---

[1] 《党的十九大报告学习辅导百问》，党建读物出版社、学习出版社2017年版，第33页。

报纸、电台等载体占领思想舆论的制高点。在各种思想舆论声音中，既有充满非理性的民间舆论，又有居心叵测的西方思潮及其翻版；既有极端右倾的思想舆论在发力，也有极端"左"倾的观点言论在搅局。面对网络化、信息化、全球化条件下的这种思想舆论生态格局，要牢牢把握意识形态工作的领导权，就必须加强意识形态秩序的管理，切实维护主流意识形态的安全。

第一，加强意识形态"软责任"的"硬落实"。长期以来，很多人认为意识形态责任是一种软责任，可管可不管，可严可不严，久而久之对于思想舆论阵地缺乏坚守意识、责任意识，对错误的敌对的意识形态放任自流，对于意识形态所面临的风险麻木不仁。这种认知态度使思想舆论环境在一段时期内精神雾霾漫天密布、思想垃圾堆积如山，严重危及我国社会主义意识形态安全。党的十八大以来，以习近平同志为核心的党中央不但铁腕反腐，在意识形态领域也是重拳出击，并抓住高校、网络、媒体三大意识形态的主战场，进行意识形态秩序的严肃治理整顿，并印发了《意识形态责任制实施办法》，这为意识形态"软责任"的"硬落实"提供了基本的遵循。因此，只有将意识形态责任制落实落细落地，才能加强意识形态责任的考核，不断提升新时代意识形态责任主体的履责能力，从而为实现社会主义现代化强国提供清朗的意识形态环境。

第二，加强对意识形态秩序的动态监测。意识形态秩序是一个动态生成的过程，管理好意识形态秩序是意识形态工作的重要内容。要把握意识形态工作的领导权，就必须加强对意识形态系统各构成要素的动态监控，做到心中有数。既要管理好各种意识形态的表现形式，又要管理好支撑这些意识形态形式的载体；既要管理好意识形态活动的不同主体，又要管理好意识形态的各类要素；既要管理好意识形态活动的结果，又要管理好意识形态活动的过程。在监测管理的过程中，一方面要高度警惕和注意一些极端"左"倾和极端右倾的思想言论，加强引导、梳理和控制，决不允许这种极端化言论泛滥成灾；

另一方面这种引导、梳理与控制又不能过度，只能适度。对于一些非主流意识形态的声音，只要其不突破底线，不触碰红线，就可以采取一定的宽松政策，允许其有一定的表达空间。对非主流意识形态适度节制而不强力控制、压制，相反有利于主流意识形态主导权的巩固。只有加强意识形态秩序的动态监测，才能增强意识形态工作的掌控力与自信力，巩固主流意识形态在意识形态格局中的主导地位。

第三，加强意识形态秩序的法治化保障。非主流、反主流意识形态对主流意识形态的冲击与影响是客观存在的，因此，主流意识形态固然要充分包容多元意识形态中的积极因子，吸收有利于巩固主流意识形态主导地位的因素，但是，对于多元意识形态所引发的意识形态风险也要有充分的认识。多层面建立起意识形态风险防范体系，从过程来看，要抓住"源头""传播""行为""结果"四个环节，建立起源头净化体系、传媒监管体系、行为规范体系、结果处罚体系。从意识形态风险的具体表现形态来看，必须建立思想理论创新体系、理想信念教育体系、道德秩序规范体系、价值观念培育体系、民族精神传承体系、中国话语的传播体系。这里尤其要强调，对于一些危害极大、影响极坏、突破底线、触碰红线的意识形态，要善于运用法治手段与法治思维来防范与化解意识形态风险。2018年3月8日，文艺界38名全国政协委员联合递交了一份关于"制定保护国格与民族尊严专门法"的提案，提案建议，将严重侮辱中华人民共和国国格、侵犯中华民族尊严，侮辱民族英雄、革命先烈，或宣扬日本军国主义、法西斯主义及日本武士道精神的行为纳入刑法处罚范畴。这对于震慑败类，遏制历史虚无主义思潮所引发的意识形态风险无疑是非常必要的。

二　锻造中国特色社会主义的文化品牌

一个国家和民族文化影响力的提升，在其现实性上，总是通过其精心打造的文化品牌来实现的，不同的文化品牌传递着不同的价值旨趣，包含不同的文化元素，因此，世界各国在提升本国文化影响力的过程中，都会结合本国文化推出文化精品。中国特色社会主义文化影响力的提升，也必须打造属于自己的文化品牌，发挥品牌效应。

  党的十九大报告指出："中国特色社会主义文化，源自于中华民族五千多年文明历史所孕育的中华优秀传统文化，熔铸于党领导人民在革命、建设、改革中创造的革命文化和社会主义先进文化，植根于中国特色社会主义伟大实践。"[①] 源远流长的中华优秀传统文化、独具魅力的革命文化与社会主义先进文化，波澜壮阔的中国特色社会主义伟大实践，为新时代实施国家文化品牌工程提供了丰富的养料与题材。因此，在国家层面上，立足中国特色社会主义新时代，必须着力打造三大文化品牌：

  1. 文化产业品牌。文化与市场的结合催生出文化产业，一个国家的文化决定其市场经济的整体特质，而市场经济又为一个国家的文化更快地走向世界提供了一条捷径。一个国家文化产业的发展过程在某种程度上就是世界各国人民了解、接受、认同这个国家文化的过程，文化产业也就成了传播本国文化、塑造国家形象的一张名片。因此，发展文化产业，提高本国文化的影响力，这是世界发达国家的普遍经验。"文化产业的发展对于扩大我国文化的国际影响力则更加直接，通过文化产业创制的文化产品可以更快地进入世界文化市场，能够让世人更快、更便捷地了解中华文化，扩大中华文化的国际影响力。"[②] 在全球化、市场化的条件下，能否开发出扣人心弦、切合需要的文化产品甚至可以说是提升我国文化影响力的关键，美国、法国、日本等发达国家都在实践中锻造了本国的文化品牌，如电影、动

---

① 《党的十九大报告学习辅导百问》，党建读物出版社、学习出版社 2017 年版，第 32—33 页。

② 张友谊：《文化软实力——提升当代中国文化建设的社会影响》，济南出版社 2013 年版，第 266 页。

第八章 我国文化影响力系统结构及提升路径的战略支撑

漫、图书等。因此,要提高中国特色社会主义文化影响力,就必须打造具有我国特色的文化产业品牌,为世界了解中国文化、中国文化走向世界提供一个窗口。党的十九大报告提出要"健全现代文化产业体系和市场体系,创新生产经营机制,完善文化经济政策,培育新型文化业态"[①]。

人的兴趣与需要是一种产业得以发展的市场基础,如果离开了人的兴趣与需要,一种文化产品即使再怎么是文化精品,也难逃无人问津的尴尬。因此,增强中国文化产业的影响力要做到两个"区别对待":一是要区别对待不同的国家和地区。不同国家各地区的人群兴趣与需要不同,对中国文化的兴趣点必然也各不相同,关世杰教授所做的中华文化国际影响力调查研究表明,美国受访者对中国的纪录片最感兴趣,而德国最喜欢通过旅游对中国文化进行了解,俄罗斯、印度则对中国手工艺品最感兴趣。因此,针对北美地区,中国可以大力发展纪录片;针对以德国为代表的欧洲,由于历史上与中国有历史商业文化关联,宜发展不同旅游项目,比如马可·波罗中国探险游等。二是要区别对待不同的文化群体。不同的文化群体对文化产品的需要是不同的,比如年轻人更追求高科技与文化产品的结合,中老年人群和精英人群更关注中国文化产品的精神内涵。再比如东方国家与西方国家的文化兴趣也是有差异的。针对西方国家人群开发的文化产品要在把握差异性中增强吸引力,针对东方国家开发的文化产品要在把握同质性中增强吸引力,采取文化产品的人群适应性开发战略与策略。

2. 文化事业品牌。文化产业与文化事业是一个国家文化发展的"一体两翼",如果说文化产业既要讲究社会效益,也要讲究经济效益,它是展示一个国家文化影响力更感性的窗口,那么文化事业更多是偏重于社会效益,它是一个国家文化影响力提升的基础,其最终目的是要提高全民族的科学文化素质,使本国文化深入国民的灵魂与血

---

① 《党的十九大报告学习辅导百问》,党建读物出版社、学习出版社2017年版,第35页。

液，从而让每一位国民都自觉承担起本国文化的"宣讲员"。因此，党的十九大报告指出："完善公共文化服务体系，深入实施文化惠民工程，丰富群众性文化活动。"①

改革开放以来，我国文化事业的发展有目共睹，我国人民的科学文化素质不断提高，文化民生建设不断完善，这为新时代中国特色社会主义文化影响力的提升奠定了坚实的基础。当前，我国要着力打造三种文化事业品牌：

一是哲学社会科学品牌。哲学社会科学是一个国家文化影响力的重要武器，德国之所以能成为具有世界影响力的国家，就因为它是一个盛产哲学家的国度，德国在世界哲学史的发展历程中是一个无法绕开的存在，但凡哲学社会科学发达的国家和民族一般都具有非常重大的文化影响力。美国作为当今唯一的超级大国，不但自然科学发达，哲学社会科学同样发达，很多美国哲学社会科学家同时也是美国政府的核心决策层人员，比如大家熟悉的基辛格、布热津斯基、亨廷顿等。目前我们国家只能算是哲学社会科学大国，不能算是哲学社会科学强国。习近平总书记在哲学社会科学工作座谈会上指出："我国是哲学社会科学大国，研究队伍、论文数量、政府投入等在世界上都是排在前面的，但目前在学术命题、学术思想、学术观点、学术标准、学术话语上的能力和水平同我国综合国力和国际地位还不太相称。"②因此，"要实施哲学社会科学创新工程，搭建哲学社会科学创新平台，全面推进哲学社会科学各领域创新"③。因此，要提高中国特色社会主义哲学社会科学在世界的话语权与影响力，就必须以研究人类问题为中心，从人类生存和发展的战略高度，进一步强化我国哲学社会科学中的优势学科，弥补短板学科，高效优质建设中国特色哲学社会科学的学科体系、学术体系与话语体系。

---

① 《党的十九大报告学习辅导百问》，党建读物出版社、学习出版社2017年版，第35页。
② 习近平：《习近平谈治国理政》第2卷，外文出版社2017年版，第338页。
③ 习近平：《习近平谈治国理政》第2卷，外文出版社2017年版，第346页。

二是"双一流"高校建设品牌。高等教育集中反映了一个国家的教育水平,是衡量一个国家综合实力的重要指标。从世界范围来看,世界一流高校与一流学科也是国家文化影响力的生长基地与传播基地。比如美国的哈佛大学、麻省理工学院,英国的剑桥大学、牛津大学等高校,不但具有世界一流的科研水平,也是提升英美文化的重要载体。因此,我国非常重视高等教育的发展,也建设了一批具有世界影响的高等学校与学科,但是实事求是地说,我国的高等教育与目前我国的国际地位还不相称,与世界一流高校与一流学科还有很大的差距。因此,2015 年 8 月,中央全面深化改革领导小组通过了《统筹推进世界一流大学和一流学科建设总体方案》,决定统筹推进建设世界一流大学和一流学科。2015 年 10 月 24 日,国务院又印发《统筹推进世界一流大学和一流学科建设总体方案》。2017 年 1 月 24 日,教育部、财政部、国家发展和改革委员会又联合印发《统筹推进世界一流大学和一流学科建设实施办法(暂行)》。2017 年 9 月 21 日,教育部、财政部、国家发展改革委正式公布我国建设世界一流大学和一流学科的高校及学科名单。2017 年 10 月 18 日,习近平总书记在党的十九大报告中指出"要加快一流大学和一流学科建设,实现高等教育内涵式发展"[1]。"双一流"建设是新时代引领我国高等教育发展的国家战略。通过"双一流"战略的实施,不但要全面提升我国高校人才培养、科学研究、社会服务的创新水平,而且要提高我国高校的文化传承与创新能力,使我国高校成为先进思想与优秀文化的源泉、培育和践行社会主义核心价值观的基地,形成具有中国特色的大学精神与大学文化,从而使我国高校成为提升中国特色社会主义文化影响力的世界级品牌。

三是文化人物品牌。文化世界是以"人"为中心而展开的世界,所有的"事"都因"人"而起,所有的"人"都有其价值遵循,一

---

[1] 《党的十九大报告学习辅导百问》,党建读物出版社、学习出版社 2017 年版,第 36 页。

个国家的历史因具有众多伟大"人物"而精彩,每一个国家的现实又因存在众多正在不懈奋斗的"人物"而伟大。纵观整个人类文明的发展,每一个国家的伟大而精彩的人物就像历史天空中灿烂的星辰,引领着芸芸众生的前进方向。因此,一个国家文化影响力的提升,不但要有"物"的品牌,更要有"人"的品牌,不能"见物不见人",要提升中国特色社会主义文化影响力,就必须打造中国的文化人物品牌。中华民族在上下五千年的历史中产生了众多具有世界影响力的杰出人物,比如思想家孔子、老子,医学家李时珍、张仲景,文学家李白、曹雪芹等,政治家毛泽东、孙中山等。在为实现中华民族伟大复兴的梦想而求索的新时代,中华民族在各条战线都涌现出众多具有强大感召力与影响力的杰出人物。比如,科学家袁隆平、黄旭华、马伟明,航天员杨利伟、聂海胜等,还有大量在平凡的工作岗位上默默无闻,但是却感人肺腑、润人心田的"最美教师""最美医生""最美警察""最美公交车司机"等,可以说中华民族的历史与现实都为我们打造文化人物品牌提供了取之不尽的资源。

打造文化人物品牌,要重点关注五大群体:一是中国历史文化人物群。要充分挖掘中国历史人物的价值蕴含,并与社会主义核心价值进行有机结合。二是中国普通大众群。在普通大众中有很多具有品牌价值的正能量人物,但是也存在一些与社会主义核心价值观要求背道而驰的负能量人物。尤其是近年来,中国已经迅速成长为世界旅游大国,中国游客成为中华文化的传播者,但是一些中国游客在海外的不文明行为,却极大影响了国外对中国文化的评价。三是影视文化明星群。影视明星是中国文化传播的"民间大使",可以充分发挥一些德艺双馨的影视明星的知名度与美誉度效应。四是中国科技精英群。科学家有祖国,科学技术无国界,科技精英的杰出贡献不但是支撑中华民族强起来的脊梁,也是造福于全人类的贡献,理所当然会受到世界的尊重与认可。在对中国科技精英的文化品牌塑造上,我国还有很多事情可以做。五是中国政治领袖群。塑造中国政治领袖的形象,不但

第八章　我国文化影响力系统结构及提升路径的战略支撑

要强调政治内涵，还要强调文化品牌效应，党和国家领导人在出访时可以增加与国外民众的互动，充分展现中国政治领导人所具有的人类共享性核心价值，增进国外民众对中国的了解。国家主席习近平在出访过程中就非常注重对中国文化的宣传，每一次的出访，都会有针对性地进行中国文化的传播，从而大大增加国外民众对中国的亲近感。

3. 文艺创作品牌。文化艺术作品是展示一个国家和民族文化魅力的一个窗口，我们可以通过某一部作品来了解一个国家和民族的精神内涵与文化品位。许多在世界具有强大影响力的国家都有自己世界级的文学艺术作品。比如美国威廉·福克纳的《喧哗与骚动》、路易斯·拉摩的《美国西部传奇》、司各特·菲茨杰拉德的《了不起的盖茨比》等。英国莎士比亚的《罗密欧与朱丽叶》、奥斯汀的《傲慢与偏见》、夏洛特·勃朗特的《简·爱》、艾米丽·勃朗特的《呼啸山庄》等。法国雨果的《巴黎圣母院》《悲惨世界》、巴尔扎克的《人家喜剧》、小仲马的《茶花女》、大仲马的《基督山伯爵》《三个火枪手》、罗·曼罗兰的《名人传》《约翰·克利斯朵夫》等。俄罗斯契诃夫的《装在套子里的人》《变色龙》《伊凡诺夫》《胖子和瘦子》《小公务员之死》、屠格涅夫的《猎人笔记》《罗亭》《贵族之家》《前夜》《父与子》、列夫托尔斯泰的《安娜·卡列尼娜》《复活》《战争与和平》、尼·奥斯特洛夫斯基的《钢铁是怎样炼成的》、果戈里的《钦差大臣》《死魂灵》等，这些脍炙人口的名篇都在世界上具有巨大的影响力。习近平总书记在文艺工作座谈会上的讲话中指出："文艺是时代前进的号角，最能代表一个时代的风貌，最能引领一个时代的风气。"[1] 因此，如何按照思想精深、艺术精湛、制作精良有机统一的原则，不断推出讴歌党、讴歌人民、讴歌祖国、讴歌英雄的文艺作品，打造无愧于中华民族、无愧于新时代的文艺创作品牌，就成了当代文艺工作者的时代使命。

---

[1] 中共中央宣传部：《习近平新时代中国特色社会主义思想三十讲》，学习出版社2018年版，第203页。

三 夯实经济政治等硬实力基础

中国特色社会主义文化影响力的提升不仅仅是一个文化本身的问题，还必须依靠经济政治的发展与外交战略的实施等各方面提供强力支撑。经济政治发展与外交战略实施的过程不仅仅是一个硬实力的提升过程，也是一个文化影响力的提升过程。因此，夯实中国特色社会主义经济、政治等硬实力基础，也就成为提升中国特色社会主义文化影响力的强大支撑。

1. 积极稳妥推进供给侧结构性改革，既壮大中国经济的硬实力，又要生成独具特色的中国经济文化影响力。

经过 2016 年坚定不移去产能，分类施策去库存，积极稳妥去杠杆，多措并举降成本，加大力度补短板，供给侧结构性改革已经取得初步成效。2017 年已经进入供给侧结构性改革的深化之年，可谓中流击水，不进则退。经济发展的实践证明，党的十八大以来以习近平同志为核心的党中央关于经济发展进入新常态的重大判断是完全正确的，以创新、协调、共享、开放、绿色五大发展新理念为指导，以供给侧结构性改革为主线的发展思路正是治疗中国经济弊病的有效良方。只有继续积极稳妥推进供给侧结构性改革，才能使中国经济朝着质量、效率、公平、可持续的价值目标迈进，才能使中国经济强身健体，实现从"大"到"强"的转变，才能为中华民族伟大复兴提供强大的经济硬实力。

当前中国经济虽然总量很大，但是并不强悍，有人甚至认为中国经济是一个"虚胖子"，肥而无力。这种状况的形成归根到底是因为中国经济存在三个结构性失衡：首先是实体经济内部供给与需求失衡。我国传统的供给体系虽然产能非常强大，但是只能满足低质量、低价格的需求，面对日益增长的高品质、多层次需求显然需要升级换代。二是虚拟经济与实体经济失衡。在信息化时代，在高预期收益的驱动下,以网络金融为代表的虚拟经济在经济总量中所占比重快速上升,而以制造业为代表的实体经济比重迅速下降,造成经济空心化。三是房地产与实体经济失衡。由于房地产业的迅猛发展,大量的资金涌入了房地产市场,推高了实体经济的发展成本。这三大结构性失衡导致中国经济的肌体不那么强健有力。面对这种状况,简单扩大需求不仅不能解决问题,反而会加剧失衡。只有从供给侧结构性改革上着手,以适应新需求的有效供给取代没有需求的无效供给,实现新的供求平衡,才能从根本上解决问题。习近平总书记指出:"供给侧结构性改革,重点是解放和发展社会生产力,用改革的办法推进结构调整,减少无效和低端供给,扩大有效和中高端供给,增强供给结构对需求变化的适应性和灵活性,提高全要素生产率。"[1]

推进供给侧结构性改革,不但将使中国经济的肌体更加强健,为中国崛起提供强大的经济硬实力,而且在推进这一改革进程中要善于创新中国特色社会主义的经济文化,生成中国经济影响力。发展中国特色社会主义市场经济,不是简单的数字增长,不是单纯的数字经济,而必须具有体现社会主义制度先进性的文化内涵。这种文化内涵主要体现为四个层面:

一是中国经济的发展必须坚持共同富裕的价值目标。共同富裕是社会主义的本质特征,社会主义是共同富裕的制度前提。马克思指出:"无产阶级的运动是绝大多数人的、为绝大多数人谋利益的独立的运动。"[2] 因此,共同富裕是一种体现社会主义本质的经济文化,有别于资本主义经济发展所呈现的严重两极分化。邓小平指出:"社会主义的本质,是解放生产力,发展生产力,消灭剥削,消除两极分化,最终达到共同富裕。"[3] 对于我国这样一个经济文化落后的国家,实现共同富裕当然不等于同步富裕,在改革开放初期必然有一个先富

---

[1] 《习近平谈治国理政》第2卷,外文出版社2017年版,第252页。
[2] 《马克思恩格斯选集》第1卷,人民出版社1995年版,第283页。
[3] 《邓小平文选》第3卷,人民出版社1993年版,第373页。

与后富的差别,但是到了决胜小康的阶段,就更要坚持经济发展的共同富裕目标。

二是中国经济的发展必须坚持公有制的主体地位。坚持以公有制为主体,多种所有制经济共同发展是我国的基本经济制度,也是在制度层面体现社会主义本质的一种经济文化。改革开放以来,个体资本、私营资本、外国资本、混合资本相继进入我国经济发展的格局之中,但是就其本质而言,资本的本性与社会主义本质是不相容的,允许多种所有制经济的共同发展,并不是要动摇公有经济的主体地位,因为如果对资本的逐利本性不加以限制引导,任由其发展,会导致严重的社会后果,从而削弱我国的经济软实力。因此,在巩固公有制主体地位的同时,要构建一个良好的市场环境,把资本逐利的本性限制在一个合理的范围之内,使其在一个正常、合理的利润空间中运行,引导私人资本服务于国计民生,做到趋利避害。

三是中国经济的发展必须坚持"人民至上"的价值情怀。资本是为资本家服务的,资本主义经济发展的价值取向是资本家至上,这与社会主义国家的制度要求、共产党人的宗旨是格格不入的,全心全意为人民服务是中国共产党人的宗旨。习近平总书记也指出:"人民对美好生活的向往,就是我们的奋斗目标。"[1] 如果我国经济的发展只是服务于少数特权阶层、少数资本集团,也许经济硬实力也可以做大做强,但是,这种经济硬实力不是社会主义的经济硬实力,不是共产党所追求的硬实力,因为"消解和否定了人民的观念,就摧毁了社会主义核心价值体系的基石,摧毁了中国特色社会主义共同信念的基础"[2]。

四是中国经济的发展必须坚持节能环保的基本国策。西方资本主义经济的发展盲目强调人类对自然的征服与掠夺,导致了资源枯竭、

---

[1] 《习近平谈治国理政》第1卷,外文出版社2014年版,第4页。
[2] 侯惠勤:《马克思的意识形态批判与当代中国》,中国社会科学出版社2010年版,第664页。

第八章 我国文化影响力系统结构及提升路径的战略支撑

环境破坏的多重恶果。我国经济的发展决不能重复西方先污染后治理的老路，必须走一条资源节约、环境友好的新型工业化、城镇化、现代化新路径。习近平总书记指出："走向生态文明新时代，建设美丽中国，是实现中华民族伟大复兴的中国梦的重要内容。中国将按照尊重自然、顺应自然、保护自然的理念，贯彻节约资源和保护环境的基本国策，更加自觉地推动绿色发展、循环发展、低碳发展，把生态文明建设融入经济建设、政治建设、文化建设、社会建设各方面和全过程。形成节约资源、保护环境的空间格局、产业结构、生产方式、生活方式，为子孙后代留下天蓝、地绿、水清的生产生活环境。"[1]

2. 以发展中国特色社会主义民主政治为切入点，塑造良好的国家形象，提升政府的动员力、组织力与执行力。[2] 良好的国家形象、科学的政府组织、高效的政府动员本身就会产生强大的示范力与影响力，也是壮大国家硬实力所必需，根据当代世界政治文明的发展状况，我国必须以发展中国特色社会主义民主政治作为从政治层面实现软硬整体发展目标的切入点。

为了尽量协调人类无限的欲求与有限资源之间的矛盾，为人的生命与自由的存在确立一种保护性力量，人类创造了迄今为止最伟大的政治作品——国家。恩格斯在《家庭、私有制与国家的起源》中指出：国家首先是一种保护性力量，当人与人的冲突转化为阶级与阶级冲突时，国家必然以更加鲜明的第三者角色出现，以协调冲突双方。正是这种保护性角色，为每一个社会成员在爱国主义基础上形成团结奠定了基础。但是，这种保护性力量同时也是一种约束性力量，一旦国家成为独立于个人、阶级之上的并约束个人与社会的第三种力量，它就获得了相对于个人、阶级的权力优势，一旦这种权力优势在国家名义下进行滥用，国家的角色就会异化为奴役人民、控制社会的压迫

---

[1] 《习近平谈治国理政》，外文出版社2014年版，第211—212页。
[2] 梁建新：《"承认"视域下中国特色社会主义民主政治的生长路径》，《理论探索》2016年第6期。

性力量。因此，国家的创立者在创立国家后必然面临的第一个难题就是：如何控制国家。解决这个问题唯一的办法就是由国家的创立者掌握国家权力、设计国家制度、选举权力的执行者，从而使国家的权力优势能够服务于创立者的利益与需要，这就是"民主"。这里的"民"实质就是创立国家的大多数人，"主"就是约束和保护个人与社会的国家权力，只有当"民"与"主"是统一的时候，"民"真正能够驾驭和控制国家权力，成为自己命运的"主"时，"民"的利益与诉求才能得以实现；反之，当"民"与"主"产生分裂，"民"不能作"主"，不能控制和掌握自己创立的国家，"民"就成了"奴"，"民"所创造的国家权力就会异化为"民"的压迫性力量。因此，"民主"最原始、最天然的律令就是对"民"与"主"的逻辑关系作出合乎自然的国家制度安排。

"民"与"主"的统一是一个历史实现的过程。尽管古希腊被认为是民主政治制度的滥觞，但是，那种制度只具有"民主"的躯壳，而缺乏"民主"的灵魂，因为在这种制度下，作为大多数的"民"其实并不能掌握国家权力、控制国家事务，是少数贵族掌握的国家决定大多数"民"的现实生存境遇，而不是相反。甚至一部分"民"还被毫无理由地排斥在国家政治生活的大门之外。因此，这种民主制度仅仅只是在形式上初具民主制度的雏形。只有到了近现代以后，现代化的浪潮才逐渐使"民"摆脱了对国家这一共同体的依赖，获得了相对的独立、自由与自主，真实地呈现"民"与"主"的逻辑关系，并将这种关系在现实政治生活的实践中以制度化的形式稳定下来才有了可能。

冷战结束后，世界范围内出现了一个不争的事实：不管人们的文化背景有多大差异，几乎都本能地向往和渴望民主政府，在这样的政府统治下，人民有充分的权利、自由、渠道、保障，对关乎自身利益的政府决策表达自己的真实意愿。即使是民主政府最大的敌人——专制政府，都要为自身的统治披上一层民主的华丽外衣。这一事实表明：尽管暴力征服、代际世袭都曾经是政权合法性的支撑，但是在宪政法治的现代文明社会，政权合法性必须来源于民主土壤的有力支撑，民主已经成为全人类共同追求的普遍理想。但是这种民主必须是真实的、广泛的、能够让社会成员所感知、所认可、所遵循的，否则就会戴上虚伪的、狭隘的、纯粹形式主义的帽子，遭到人民的鞭挞与唾弃。因此，中国民主政治的生长必须立基于"中国特色"，西方所鼓噪的作为普世价值的民主，实际上只是西方土壤上生长出来的民主，如果作为普世价值移植到中国，必然水土不服。

基于文化背景、历史传统、风俗习惯、制度设计、价值旨趣的差异，民主的实践模式必然也是迥异的，不能用一种单一的模式或者普世价值的霸权话语去阐释民主是什么或应该是什么。正如柏拉图在《理想国》里面所说的那样，民主是一种诱人的政府形式，它充满多样性与无序性，将平等同样地分配给地位相等的人和地位不相等的人。中国是当今世界最大的社会主义国家，又是最大的发展中国家，还是世界上封建专制历史最漫长的国家，这种独特的历史与现实境遇决定了我们用中国话语、从中国视角去思考民主政治问题时必须有自身独特的内涵与特色。因此，在建构具体的民主制度上，从来不存在统一的路径与模式，只有当单一的民主之"类"转化为多样的民主之"种"，民主才能在世界范围内走向繁荣与兴盛。正如美国历史学家格林所言："民主是一个相对的术语，对不同民族具有不同含义，对同一民族在政治发展的不同阶段也有不同含义。"①

美国等西方国家总是自以为是地把本国土壤上生长出来的民主之"种"当作全世界都要照搬的"普世价值"，甚至以导弹和战机、军舰为推进这种所谓的"普世价值"开路，这不但幼稚无知，而且是以"民主"之名义行"世界独裁"之实，赤裸裸地暴露出"世界警察"的狰狞面目。正因为如此，党的十七大、十八大都强调指出，人

---

① ［美］弗莱彻·M. 格林：《美国民主的周期》，贵州人民出版社1993年版，第2页。

民民主是社会主义的生命。正是因为中西方历史传统的差异，其民主进程及其所面临的历史使命都各不相同，西方一些政客与"御用思想家"们无视中国的历史与现实，对我国的民主状况说三道四，要么是对历史的无知，要么是傲慢与偏见。

中国特色社会主义民主政治的建设绝不能和着西方民主的节奏应节而舞，必须具有中国自身的主体选择性与历史必然性。立基于个人发展、社会进步、国家治理三位一体的立体空间，中国共产党人顺应历史的必然，将中国特色社会主义民主的发展引入具有制度合理性与价值合理性的"人民民主"轨道，在广泛吸收承认理论等理论资源与实践经验基础上，创造出以"人民民主"为核心，融个体自由、社会进步、国家治理于一体的新型民主形态，这是中国共产党人对人类政治文明的杰出贡献，也是中国特色社会主义民主之精髓所在。

3. 以推进"一带一路"倡议为契机，精准阐发中国特色社会主义文化的精髓，增强中国文化在构建"人类命运共同体"进程中的影响力和辐射力。2013年9月和10月，国家主席习近平出访中亚和东南亚国家期间，提出了"丝绸之路经济带"和"21世纪海上丝绸之路"的重大倡议。其目标在于建立一个政治互信、经济融合、文化包容的利益共同体、命运共同体和责任共同体，"一带一路"沿线的国家与地区共商项目投资、共建基础设施、共享合作成果，实现政策沟通、设施联通、贸易畅通、资金融通、民心相通。当前，"一带一路"倡议正在向纵深推进，并获得越来越多国家的认可与赞誉，沿线国家开始从这一倡议中得到了诸多实惠。2016年10月，非洲第一条电气化铁路从亚的斯亚贝巴至吉布提的亚吉铁路开通，2017年5月，从蒙巴萨至内罗毕的蒙内铁路开通，这是中国在非洲承建的极具影响力的基础设施工程，受到许多非洲国家的好评，被誉为中非"友谊合作之路"和"繁荣发展之路"。

"一带一路"倡议以各国寻求发展与繁荣的愿景为基础，将各国的发展战略与规划进行有机对接，增强了各国实现发展目标的信心与

第八章　我国文化影响力系统结构及提升路径的战略支撑

机遇，是新时代不同发展水平、不同发展性质、不同发展阶段的国家和地区，在平等互利、相互尊重基础上实现双赢多赢的合作平台，是中国文化源远流长的人类命运共同体理念的具体体现。中国文化历来秉承"以和为贵""美美与共，天下大同""协和万邦"的理念，在中华民族引领世界文明发展的几千年历史长河中，中国没有殖民侵略他国的历史记录，历史证明，在中国繁荣富裕的时代，中国带给其他国家的绝不是侵略与杀戮，而是幸福与文明。这种文化精神与文化理念在当今时代具有新的时代价值与内涵。当前危及人类生存和发展的环境保护问题、资源短缺问题、网络犯罪问题、公平贸易问题、恐怖主义问题，都需要世界各国携手应对。因此，习近平总书记提出，要探寻人类共同利益与共同价值的新内涵，2017年1月，国家主席习近平在联合国日内瓦总部发表《共同构建人类命运共同体》的演讲中指出："各国要同舟共济，而不是以邻为壑。"[1] 他同时强调："中国维护世界和平的决心不会改变。中华文明历来崇尚'以和邦国''和而不同''以和为贵'。"[2] 党的十九大报告指出："没有哪一个国家能够独自应对人类面临的各种挑战，也没有哪个国家能够退回到自我封闭的孤岛。我们呼吁，各国人民同心协力，构建人类命运共同体。"[3]

习近平总书记提出的构建人类命运共同体时代命题具有深厚的中华优秀文化底蕴，为解决当今人类生存与发展的问题提供了中国智慧与中国方案。党的十八大以来，根据人类命运共同体的构想而提出的"一带一路"倡议以及与之相适应的亚投行、金砖国家新开发银行、丝路基金等新型国际机制的建立，不但为世界发展注入了新动力、搭建了新平台，也为在文化层面建立起一个开放包容、互鉴合作的新世

---

[1] 《习近平谈治国理政》第2卷，外文出版社2017年版，第542页。
[2] 《习近平谈治国理政》第2卷，外文出版社2017年版，第545页。
[3] 《党的十九大报告学习辅导百问》，党建读物出版社、学习出版社2017年版，第46页。

界提供了新机遇。习近平总书记指出:"不同历史和国情,不同民族和习俗,孕育了不同的文明,使世界更加丰富多彩。文明没有高下、优劣之分,只有特色、地域之别。文明差异不应该成为世界冲突的根源,而应该成为人类文明进步的动力。"① 因此,"一带一路"倡议并非中国进行地缘政治博弈的工具,而是践行人类命运共同体的平台,从文化的角度来看,它不是触发文明冲突的引线,而是促进文化交流的桥梁。"一带一路"将"以文明交流超越文明隔阂、文明互鉴超越文明冲突、文明共存超越文明优越"②。习近平总书记借用中国古代"丝绸之路"的历史符号,坚持和平合作、开放包容、互学互鉴、互利共赢的"丝绸之路"精神,唤醒沿线国家的历史记忆,彰显了中华民族深厚的历史底蕴和大国担当的使命与胸怀。因此,要以"一带一路"建设为支撑,要充分发挥中国优秀传统文化、革命文化与社会主义先进文化的影响力与辐射力,让世界最充分、最真实、最客观、最全面地了解中国,让中国文化伴随"一带一路"走向世界,同时也可以充分吸收和借鉴其他国家文化的营养,各种不同文化的交融与互鉴本身就是提高文化影响力的必然路径。

四 实现传播体系与传播能力的现代化

"谁的嗓门大谁就有理"是现实中一种不可理喻的现象,但是,这一现象却蕴含着一条传播学的真理:谁的传播次数多、谁的传播声音大、谁的传播频率高,谁的思想观念对人们思想与行为的影响就大。美国有线电视新闻网凭借强大的新闻搜集与播报能力,每天24小时不间断地向全世界播报新闻信息,其中所蕴含的道理就是:不管你信不信,"我"都在传播;不管你爱不爱,"我"都在传播。而美

---

① 《习近平谈治国理政》第2卷,外文出版社2017年版,第544页。
② 《党的十九大报告学习辅导百问》,党建读物出版社、学习出版社2017年版,第47页。

第八章 我国文化影响力系统结构及提升路径的战略支撑

国有线电视新闻网的核心理论就是以美国的价值观念和利益需求来构筑国际新闻秩序,随着CNN坚持不懈的传播,美国的价值观在很多人眼里就成了"普世价值",美国的利益需求似乎堂而皇之就成了"全人类利益"。因此,在信息化、网络化的时代,一个国家的文化影响力不仅取决于其思想内容的科学性与真理性,还取决于其传播能力与传播体系的现代化水平。谁的传播体系与传播能力现代化水平高,谁的思想文化和价值观念就能更有力地影响世界。"藏在深闺人不知"的文化只能是夜郎自大的自我安慰,根本谈不上对任何文化的影响力。因此,党的十九大报告指出:"推进国际传播能力建设,讲好中国故事,展现真实、立体、全面的中国,提高国家文化软实力。"[1] 可以说,实现传播体系与传播能力的现代化是实现国家治理体系与治理能力现代化的必然要求,也是提升中国特色社会主义文化影响力的时代要求。

文化传播是指不同主体在交往交流过程中,一种文化从其发源地向其他空间、其他主体进行辐射与散布的过程或活动。传播学派的理论先驱莱奥·弗罗贝纽斯有一个生动形象的命题:文化没有脚。也就是说文化必须通过传播才能对人的思想与行为产生影响。[2] 文化的传播离不开媒介,手势、语言、印刷等都曾经充当过文化传播的媒介。随着信息技术、数字技术、网络技术的发展,文化传播的媒介正在经历从传统媒体向新媒体转变的时代。相对于广播、报纸、电视、杂志四大传统媒体而言,新媒体迎合当代人们时间碎片化的现实需要,在现代信息技术的支持下,通过网络可以实现即时互动与个性化表达,手机短信、数字报纸、数字杂志、数字广播等新媒体形态极大地冲破了文化交流的空间与时间限制,使文化交流的内容更丰富,渠道更广阔。因此,探索文化传播体系与传播能力的现代化问题,就必须充分释放新媒体的能量,建设文化传播体系。2011年党的十七届六中全会通过的

---

[1] 《党的十九大报告学习辅导百问》,党建读物出版社、学习出版社2017年版,第35页。
[2] 谢建明:《文化传播:模式及其过程》,《南京师大学报(社会科学版)》1994年第1期。

《中共中央关于深化文化体制改革推动社会主义文化大发展大繁荣若干重大问题的决定》指出，提高社会主义先进文化辐射力和影响力，必须加快构建技术先进、传输快捷、覆盖广泛的现代传播体系。新兴媒体对于传播正能量、传递好声音、塑造好形象发挥着不可替代的作用，具有不可比拟的优势，因而必将成为文化传播体系建设中的主渠道。

为适应新时代、新媒体的需要，在传播体系与传播能力建设方面，要改革和完善新中国成立以来长期形成的行业分工、专业管理等体制机制，围绕提升中国特色文化影响力这一目标，努力实现"三个融合"。一是媒体融合。多种媒体的融合是20世纪70年代以来世界传媒发展的基本规律和未来发展的基本趋势。美国的传媒业在20世纪70年代还是单一的报刊业务，经过三四十年的全球业务扩张，现已成为涵盖电影、电视、广播、报纸、杂志、出版、电讯以及数字广播、加密和收视管理系统开发业务等跨媒介、跨国别的国际传媒巨头。而我国的传媒企业并没有跟上我国改革开放的步伐，直到21世纪初才开始进行体制机制改革，媒体融合、产业转型的阵痛直到今天依然存在。因此，如何搭建传统媒体与新媒体、大众媒体与个人媒体、政府媒体与民间媒体优势互补的文化传播平台，实现媒体的高度融合，就成了建设现代文化传播体系必须面对的问题。二是产业融合。从大文化的角度来讲，每一种产业都是文化产业，都承担着传播文化与价值观念的使命。美国在2002年发布的《国家安全战略》报告中就明确提出，美国文化软实力的战略体系包括：其一，以价值观为核心，宣扬并输出美国的民主、自由、人权观；其二，构建以美国为中心的国际机构体系，主导国际机制和规范的制定和修改，形成国际制度霸权；其三，综合运用文化、经济、公共外交等多种形式向世界其他国家和地区进行渗透和推广；其四，特别强调要以企业为中心向全世界推广美国的文化价值观。[1]从美国的做法及其成功经验来看，

---

[1] 江凌：《中国文化软实力建设的十个问题——基于中美文化软实力比较的视角》，《福建论坛（人文社会科学版）》2012年第6期。

严格意义上来讲，一切产业都是文化传播产业，一切活动都是文化传播活动。随着中国经济的高度国际化，中国企业在海外投资、并购活动越来越多，规模也越来越大，与西方资本在人才、技术、资金等方面的竞争也越来越激烈。西方企业常常发挥产业融合的整体优势，对中国企业进行诋毁、歪曲与抹黑，"中国威胁论""中国新殖民主义论"等奇谈怪论导致中国企业多次亏损、并购失败，而中国的传播企业与投资企业、生产企业之间并没有做到整体联动，进行有效及时的回应与澄清，这就反映出产业融合对文化传播具有重大影响。三是主体融合。文化传播首先面临的问题就是"谁来传播"，大多数人都有一个误区，以为文化传播就是政府文化部门的事，是传媒企业的事，与己无关。这就导致一方面我们在极力传播文化，修筑千里长堤，巩固和提升文化影响力，而另一方面又在破坏文化，形成许多导致溃堤的"蚁穴"。因此，我们每一个社会成员在传播中华文化的问题上，一定要树立起"你站立的地方就是中国""你是怎么样中国就是怎么样"的主人翁意识，实现文化传播主体的高度融合。从中国对外文化传播来看，成千上万的中国海外投资企业、数十万的中国留学生，分布于世界各地从事劳务、工程承包的上百万中国产业工人以及"无微不至"的中国制造产品，都是传播中华文化的主体。政府部门、研究机构、传播企业必须结合新时代实际，进行体制、机制与制度的整体性协同创新，充分调动各种传播资源、发挥传播主体的积极性。总之，只有实现媒体融合、产业融合、主体融合，最大限度形成文化传播的合力，构建起适应现代文化传播的传播体系，才能真正提高中国文化的全球传播能力。

五　净化文化影响力提升的思想文化环境

稍有物理常识的人都知道，同一个"力"在不同环境中的大小是不等的，高铁为何在相对真空中的运行速度远远超过自然环境中的速度，一个重要原因在于减少了空气的阻力。如果动力远远大于阻力，速度就快，如果动力小于或等于阻力，速度就接近于零或负数。因此，如何净化提升文化影响力的内外环境，减少文化影响力提升的阻力因素至关重要，甚至可以说是提升中国特色社会主义文化影响力的"安全阀"。在这方面美国的做法值得我们借鉴。虽然美国文化在世界的影响力可以说独步天下，但是不可否认的是全球也有很多国家和地区对美国文化保持拒斥与批评态度，甚至还有众多反美思潮与反美运动。美国的大学、研究所和以各种基金会为后盾的智库组织对于这些反美思潮与运动都会进行深入研究，从而不断摸索和探讨相对完备的对策。"客观地说，这是这个国家以一种相对科学而系统的并且跨学科的方式，进行研究而形成的抵御和化解外来的文化抵抗、诋毁以及抨击的全美利坚民族的心理机制。"[①] 净化提升文化影响力的内外环境需要做好"立"与"破"两个方面的工作。

从"立"的角度来看，最根本的是要树立起中国特色社会主义现代化强国的文化自信。

中华民族曾经引领世界文明发展上千年，在海纳百川、兼容四海的中国古代，中华民族播文明于四海，显示出无比强大的文化自信。但是明朝中后期开始的闭关锁国，使中华民族既对时代进步的脚步麻木不仁，又对自身在世界发展中的坐标混沌不清。1840年鸦片战争以来，西方列强肆无忌惮地侵略与践踏，又严重侵犯了我国领土主权的完整，严重伤害了中华民族的心理，摧毁了中华民族的文化自信。中华民族就像一头沉睡的狮子。然而时至今日，正如习近平在中法建交50周年纪念大会上所说，中国是一头沉睡的狮子但现在已经睡醒。这里"睡醒"的含义有两个层面：一是对客观外部世界的认知与警觉；二是对主观自我的确证与清醒，中国崛起的过程就是这两个层面不断觉醒的过程。觉醒就是一种提升与超越，只有觉醒的民族才能开

[①] [法]弗雷德里克·马特尔著，颜子悦主编：《论美国的文化》，商务印书馆2013年版，"中文版序言"第4页。

第八章 我国文化影响力系统结构及提升路径的战略支撑

拓客观认知与主观确证的新空间,才能生成创造性的新力量。正因为中国这头狮子已经睡醒,所以才能有道路自信、理论自信、制度自信,这三大自信的总源头就是文化自信,坚定的文化自信就建立在这种整体性觉醒的基础上。正是这种整体性觉醒,促成了中华民族文化自信力的回归。正如习近平总书记 2016 年 7 月 1 日在建党 95 周年的讲话中指出:"当今世界,要说哪个政党、哪个国家、哪个民族能够自信的话,那中国共产党、中华人民共和国、中华民族是最有理由自信的。"这种强大的自信就是建立在中华民族全面而整体觉醒的基础上。

第一,对人与自然关系认知的觉醒。人是自然之子,在人类童年期,由于对自然充满着恐惧,因而沦为了盲目的必然性的奴隶。但是随着对自然客观认知的深入,科学技术的迅速发展,人类越来越充分地认识自然,利用自然服务于人类。人类在与自然的关系维度上显得越来越自信。西方工业革命以后,随着工场手工业向机器大生产过渡,人类对自然认知的深度、广度、高度空前拓展,生产力水平极大提高,这种对自然认知的发展反映在文化层面就是"人类中心主义""西方中心主义"的出现,工业革命中的资产阶级信心满满、雄心勃勃地按照自己的想象创造出一个新的世界。"资产阶级在它的不到一百年的阶级统治中所创造的生产力比以往一切世代创造的全部生产力还要多,还要大。对自然力的征服,机器的采用,化学在工业和农业中的应用,轮船的行驶,铁路的通行,电报的采用,整个大陆的开垦,河川的通航,仿佛用法术从地下呼唤出来的大量人口——过去哪一个世纪料想到在社会劳动里蕴藏有这样的生产力呢?"[①] 这一时期,人类对自然的认识虽然大大深化,但是对人与自然关系的认知却误入歧途,人类把自然置于人类的对立面,对其不加节制地进行掠夺与开发,其直接结果就是造成了资源枯竭、环境污染、灾害频繁等诸多危

---

① 《马克思恩格斯选集》第 1 卷,人民出版社 2012 年版,第 405 页。

害人类生存的问题。结果正如恩格斯所指出的那样,我们不能过分陶醉于对自然界的胜利,因为每一次对自然界的胜利,自然界都无情地报复了我们。

长期以来,很多人有一个似是而非的观点,即西方哲学是以探索自然的本质为目标,自然观在西方哲学中具有基础地位,因此,西方的自然科学很发达,而中国哲学则是探索人的本质以及人与人的关系为目标,因而具有伦理本位的特点,因此中国人对人际关系很重视。这实际上是一种误解。在引领世界文明潮流的时代,我们的祖先不但重视人伦关系,更强调对天道与人性的感悟,对天人合一、和谐共处的追求。一部《易经》就是我们祖先对天人关系及其变化进行深刻认识的结晶,他们经过长期对天、地、人的观察,认识到宇宙变化不已、生生不息的道理,乾坤交相融合,从而生成宇宙的无穷创造力。可以说,中国文化不是单纯注重自然,也不是单纯注重人伦,而是特别注重天、地、人的整体性,这在世界多种文化中是非常难能可贵的。

面对西方工业化所造成的严重环境污染与生态危机,中国共产党旗帜鲜明地提出实施可持续发展战略,走新型工业化、新型城镇化、信息化、农业现代化道路,贯彻创新、开放、绿色、协调、共享的发展理念,这是中华优秀传统文化基因的激活与觉醒。这种对人与自然关系认知的觉醒,将使中华文化超越西方文化的狭隘视界,发挥人性之智能与美德,达到尽人之性、尽物之性、尽己之性、尽天地之性的融合之境。

第二,对人与人关系认知的觉醒。中国的儒家思想非常深刻地体验到天、地、人之间的相互创生关系,天地生人,人能弘道。因此,中国传统文化自古以来就保持着一种居安思危、未雨绸缪的忧患意识,涵养着天下为公、天人合一的理想人格,沐浴着多难兴邦、殷忧启圣的思想自觉。但是自宋明以后,中国文人的气质逐步走向闭塞内向,文化自觉自省之精神不断弱化和钝化,尤其是明末

第八章　我国文化影响力系统结构及提升路径的战略支撑

清初之后，中国的闭关自守导致夜郎自大，迷失了自身在现代化进程中的坐标，中华民族丧失了一种内外兼顾的自觉与警醒。当资本主义列强对富而不强的中国磨刀霍霍之时，封建皇帝统治下的大清朝还沉睡于天朝大国的迷梦中。在人类历史长河中，人类的自私与贪婪、恶意与阻隔、傲慢与偏见曾给人类带来莫大的伤害，至今为止所发生的一万四千多次战争就是人类缺乏对人际、国际关系的自觉而造成的结果。因此一个人、一个国家和民族如果对自我、对人与人、国与国、民族与民族的关系缺乏深刻的自觉与醒悟，自以为是，道德偏见、权力傲慢盛行，必将孕育出不和谐的文化音符，最终也会摧毁自身文化自信的根基。

这方面最典型的例子是美国。在第二次世界大战之前，美国曾经盛行孤立主义，日本袭击珍珠港才逼迫美国参战。二战之后，美国拥有世界上最强大的海军，掌握着全球四分之三的黄金，大量军事技术向民用的转化，刺激美国资本主义经济发展进入战后的黄金时期，美国凭借军事霸权、科技霸权、美元霸权和文化霸权而独步天下。但是，冷战结束以后，美国不但没有放弃其冷战思维，反而在全世界范围内煽风点火，处处只为一己之私，罔顾国际正义。对于正在崛起的中国，更是无所不用其极，处处遏制，时时掣肘。这种做法严重削弱了美国文化的影响力与吸引力，动摇着美国文化霸权的根基。从中国文化物极必反、祸福相依的观点来看，美国霸权的衰落与中国力量的崛起是不可阻挡的趋势。因为中国的崛起不是建立在霸权的基础上，中国领导人传承中华优秀传统文化的基因，革故鼎新、力扭乾坤，力求避免国强必霸的"修昔底德陷阱"，大力弘扬人类命运共同体理念，掌握国与国、人与人关系演化的不变法则，行中国文化之善，扬中华文明之美，既知己之所短，又吸他人之所长，这是一种深度的觉醒，只有这种深度的文化自觉才能催生坚定的文化自信。

第三，对人与社会关系认知的觉醒。《周易·咸卦》云："天地感而万物化生，圣人感人心而天下和平。"这说明我们的祖先不但强调人对天地自然的觉知与感通，还强调生活在社会中的人应该消除私心，超越偏见，担当社会责任，履行社会义务，在社会共同体中具有道德共识与同情共感的能力，这是人类社会秩序得以维系的道德基础。因此，人类社会要达到和谐圆融的境界，社会成员就必须具有超越私心偏见的道德良知，口中有德，目中有人，心中有爱，行中有善，以道为本，以德为基，在清晰界定责任基础上谈权利，在合理性与合法性基础上谈功利。

马克思主义也认为，人的本质是一切社会关系的总和，人是社会的人，社会是人的社会，个人与社会是有机统一的。个人的行为应该符合社会秩序与规范，社会的规范与要求应该促进人的全面而自由发展，只有这样，个人与社会才能实现良性互动。但是，现在有人却别有用心地把这两者对立起来，认为社会的规范与秩序是对人的统治与控制，是一种外在于个体的强制力量，如果遵循了这些规范与要求，就会失去自我。而人生的最高目的是每个人的自我统治。人活着就是纯粹为了实现个人生活目标，即实现"自利最大化"。他们宣扬，每个人只属于他自己，不属于任何外在于他的权力、思想、感情、物质。这样，倡导良序公俗，遵守道德规范就成了不合时宜的虚妄与愚蠢。在这种认知的支配下，对规则与道德良知的漠视与践踏就成了家常便饭。这种对人与社会关系认知的偏离，不但削弱了社会同情共感的能力，而且使人陷入了以自我为中心的困境之中。

当然，我们应该备感欣慰，经过改革开放四十多年的洗礼，正在崛起的中国已经清醒地觉悟到，人类的权力与欲望不能突破规则的约束，对功利的追求不能冲破道德的底线，人类社会的薪火相续必须具有超越个人狭隘的同情共感，每一个社会主体必须具有与其权利相适应的责任担当。全体社会成员从一系列突发性事件的反思中也更加深刻地觉悟到人与社会同气连枝的内在关联。习近平总书记一再强调要严守纪律与规矩，要有责任担当，要坚定理想信念，要践行社会主义核心价值观，这都是崛起的中国对人与社会关系认知上的觉醒，这种

第八章　我国文化影响力系统结构及提升路径的战略支撑

觉醒是塑造中国内外形象，建立强大文化自信所不可或缺之条件与基础。

赵士林在《国学六法》一书中指出："三十年改革开放所带来的空前的经济繁荣，国际国内的种种诱因的刺激，全球化时代捍卫本土文化价值的近乎本能的诉求，文明古国的深厚情结，又唤起了中国人对自己悠久历史文化的自信与自豪，从而有条件、有基础也有需要，来重新估价自己的传统，在市场化改革的精神震荡中寻回文化家园，确立人生价值，重建精神信仰。从二十世纪八十年代的文化热到今天的国学热，正是中国人对自己的传统文化从怀疑、反省、否定到寻觅、重振、回归的历程。"[①] 基于中华传统文化的优秀基因，基于中国革命文化的有力传承，基于对世界先进文化的包容转化，基于中国特色社会主义发展与创新的累累硕果，正在崛起的中国比以往任何时候都更加需要文化自信，也更加能够文化自信，这种由内而外、凝神聚气的文化自信，使我们更加坦然地面对崛起进程中的种种风险与矛盾；这种立基中国、走向世界的文化自信，使我们的道路自信、理论自信、制度自信有了更加坚实可靠的精神依托；这种润泽身心、造福人民的文化自信，必将为中华民族的伟大复兴演奏出更加悦耳动听的华美乐章！2013年12月26日，习近平在纪念毛泽东同志诞辰120周年座谈会上的讲话指出："站立在九百六十万平方公里的广袤土地上，吸吮着中华民族漫长奋斗积累的文化养分，拥有十三亿中国人民聚合的磅礴之力，我们走自己的路，具有无比广阔的舞台，具有无比深厚的历史底蕴，具有无比强大的前进定力。中国人民应该有这个信心，每一个中国人都应该有这个信心。"[②] 有了强大的文化自信，中国特色社会主义文化影响力的提升就具备了强大的心理支撑，而批判、研究和消解一切反华势力的文化诋毁与文化污蔑就有了坚实的心理基础。

---

① 赵士林：《国学六法》，江苏文艺出版社2010年版，第228页。
② 《十八大以来重要文献选编》（上），中央文献出版社2014年版，第699页。

从"破"的角度来看，当前最主要的就是要防范和化解社会思潮引发的意识形态风险。"思潮"是指某一历史时期内反映一定阶级或阶层利益和需求的思想倾向与思想情感，它以一定的思想为基础，围绕一个开放的、富有争议的问题域展开，当一种思想得到相当程度的社会认同，能够调动相当数量群众的情绪，引起相当程度的社会共鸣时，思想就会转化为思潮。社会思潮是反映现实生活的晴雨表，是社会变迁的风向标。"风险"是指一种"不确定性"，"意识形态风险"是指一种意识形态受到威胁的可能性以及受威胁的程度，它包括受威胁可能性的不确定和受威胁程度的不确定性。党的十九大吹响了全面建成小康社会的号角、描绘了建设社会主义现代化强国的愿景，主流意识形态的影响力、凝聚力显著增强。其他社会思潮或偃旗息鼓，或向主流意识形态主动靠拢，国内思想舆论界呈现出一元主导、多元共存的生动局面。但是我们要居安思危，在中国特色社会主义新时代，随着中华民族前所未有地接近民族复兴的目标，西方敌对势力对我国实施的"政治转基因工程"以及我国社会主要矛盾发生的新变化，都会影响我国社会成员的思想倾向与思想情感，从而生成一些与我国主流意识形态背道而驰的社会思潮，引发意识形态风险。

比如历史虚无主义思潮。20世纪80年代末以来，在史学界兴起了一股以"还原真相""重评历史"为名，行"否定历史""虚无历史"之实的思潮。这一思潮发源于史学领域，迅速蔓延到教育、社会、文化领域，产生了极其恶劣的影响。其最致命的后果就是企图颠覆我国社会主义的主流价值观与历史观，别有用心地以碎片化、片面化的所谓"真实史料"，误导人们的思想，否定中国革命与建设的成就，否定为中国革命作出巨大牺牲的英雄人物与领袖人物，否定中国社会主义制度的合理性与社会主义道路的必然性。同时又为早有定论的汉奸、卖国贼翻案，为袁世凯、陈公博、周佛海等反面人物歌功颂德，其最终目的就是要否定中国共产党执政的合法性。面对这一股用

第八章 我国文化影响力系统结构及提升路径的战略支撑

心险恶的错误思潮，我国主流舆论阵地还没有做出有力的批判与反击，从而导致其恶劣影响在互联网、媒体、高校继续蔓延。这些包藏祸心的社会思潮不但对新时代中国特色社会主义文化影响力的提升具有不可小觑的抗力，也引发众多意识形态风险，危害着社会主流意识形态安全。

党的十九大报告指出：要不断增强党的思想引领力，面对各种社会思潮，要"注意区分政治原则问题、思想认识问题、学术观点问题，旗帜鲜明反对和抵制各种错误观点"①。这就要求我们以马克思主义为指导，依托马克思主义理论学科的建设与发展，充分认识新时代社会思潮的类型、语境、内涵、特点，尤其要充分识别社会思潮所蕴含的意识形态风险，建立意识形态风险清单与意识形态风险的防范体系，确保社会主义主流意识形态安全，为提升中国特色社会主义文化影响力提供强有力的安全保障。

意识形态风险源有些来自主流意识形态的内部，有些来自主流意识形态的外部，因此有外部风险源和内部风险源，社会思潮属于主流意识形态的外部风险源之一。社会思潮对主流意识形态所产生的风险可以分为系统性风险与局部性风险。从意识形态的具体形态来看，又可以分为指导思想风险、理想信仰风险、价值观念风险、道德秩序风险、民族精神风险、话语体系风险等。从意识形态所涉及的领域来看，主要可以分为政治意识形态风险、经济意识形态风险、文化意识形态风险、社会意识形态风险、生态意识形态风险。当社会思潮以多样化形式在大众中传播、扩散，最终形成激烈的思想理论交锋与群体性的现实实践斗争时，就会引发不同类型的社会风险。这些风险的触点常常是一些突发事件、公共事件甚至是一些重大节日、历史纪念日等。

一种社会思潮从产生到引发意识形态风险有一个过程，也需要在一些风险触点建立意识形态风险防范体系，从过程来看，要抓住

---

① 《党的十九大报告学习辅导百问》，党建读物出版社、学习出版社2017年版，第33页。

"源头""传播""行为""结果"四个环节，建立起源头净化体系、传媒监管体系、行为规范体系、结果处罚体系。从意识形态风险的具体表现形态来看，必须建立思想理论创新体系、理想信念教育体系、道德秩序规范体系、价值观念培育体系、民族精神传承体系、中国话语的传播体系。这里尤其要强调对于一些危害极大、影响极坏的社会思潮，要善于运用法治手段与法治思维来防范与化解意识形态风险。比如2018年3月8日，文艺界38名全国政协委员联合递交了一份关于"制定保护国格与民族尊严专门法"的提案，提案建议，将严重侮辱中华人民共和国国格、侵犯中华民族尊严、侮辱民族英雄、革命先烈，或宣扬日本军国主义、法西斯主义及日本武士道精神的行为纳入刑法处罚范畴。这对于震慑败类，遏制历史虚无主义思潮所引发的意识形态风险无疑是非常必要的。

综上所述，第七章、第八章关于我国文化影响力提升的思想路径与行为路径的分析，以及第九章关于路径体系的战略支撑的分析，我们可以用下图所示：

总之，每一种文化影响力都有其内在结构，而中国特色社会主义文化影响力是一个以社会主义意识形态为核心，以主体互动力、思想同化力、价值渗透力、信息传播力、形象吸引力、行为支配力为构成要素的系统结构。这一系统结构所蕴含的力量要素通过思想与行为两大基本路径得以不断提升，思想路径中包含着理论、理想、道路、制度、道德、价值六大着力点；行为路径主要体现为：推进科技创新、建设生态文明、科学引领娱乐、正确对待宗教、强化道德规制、建设法治中国、反对恐怖主义等。中国特色社会主义文化影响力的系统结构要保持和谐稳定、思想与行为两大基本路径要能够坚定有力地实现预期目标，离不开强有力的战略支撑。这主要体现为牢牢掌握意识形态工作的领导权；壮大政治经济硬实力；锻造中国特色社会主义的文化品牌；实现传播能力与传播体系的现代化；净化文化影响力提升的思想文化环境等。

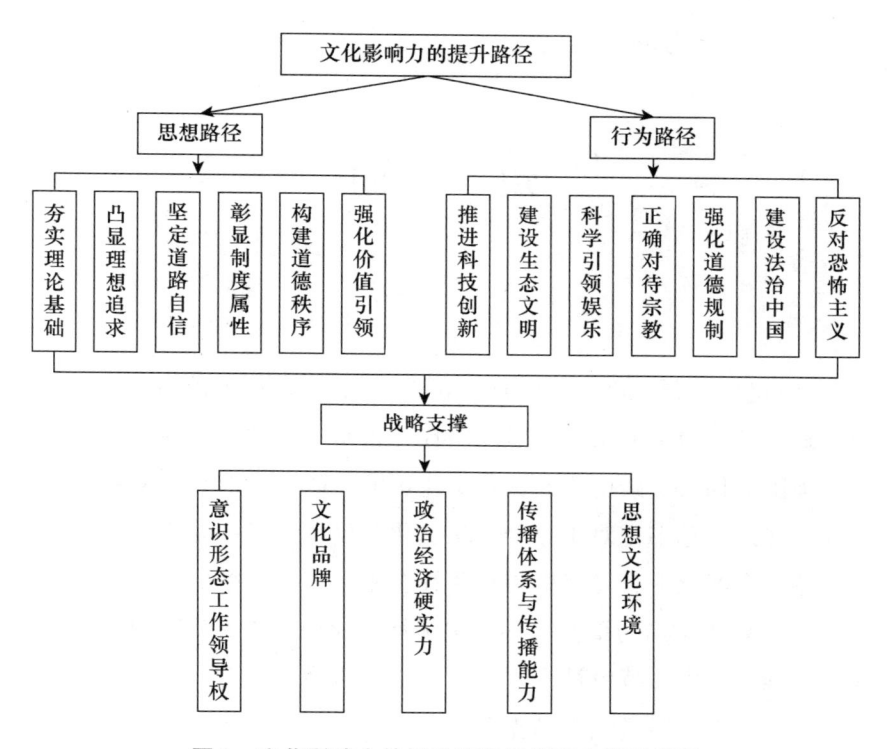

第八章 我国文化影响力系统结构及提升路径的战略支撑

图1 文化影响力的提升路径及战略支撑示意图

致 谢

"时代是问题之母，实践是创新之源"，我们所处的时代是一个文化影响力的价值前所未有凸显的时代，也是一个能够在建设社会主义文化强国的伟大实践中不断深化文化影响力研究的时代。党的十八大以来，习近平总书记对于社会主义文化建设做出了一系列创新性的重要论述，在习近平新时代中国特色社会主义思想的指引下，作为"五位一体"总体布局的重要一环，中国特色社会主义文化建设的伟大实践顺利推进，中国特色社会主义文化影响力稳步提升，中国特色社会主义文化自信不断增强。马克思在《〈政治经济学批判〉导言》有一句名言："人体解剖对于猴体解剖是一把钥匙"，中国特色社会主义进入了新时代，这为观察和分析文化影响力的系统结构与提升路径问题打开了新的空间，提供了新的启迪。正是置身于这么一个伟大的时代，本人主持的国家社科基金项目《中国特色社会主义文化影响力的系统结构与提升路径研究》才能顺利完成，而本书作为课题研究的最终成果也才得以出版。

本书的出版凝聚了众多专家学者的思想与智慧，在此，我首先要感谢我的博士后导师侯惠勤教授，侯教授不仅在课题研究过程中给予我诸多精当的指点和醍醐灌顶的建议，在书稿出版之际，还在百忙之中亲自为本书撰写序言，指明本课题后续研究的路径与方向。

十年来，我本着精益求精的原则，不断打磨本书的初稿，为此也打扰了很多同行的专家学者，如我的博士生导师张耀灿教授，张教授一直非常宽容而慈祥地引领着我的学术生长之路,至今还经常与我分享一些最新的研究资料。还有清华大学的肖贵清教授、中国高等教育学会的郝清杰教授、中国社会科学院马克思主义研究院朱继东教授、武汉大学的骆郁廷教授、项久雨教授、金伟教授、广西大学的吴家庆教授、南京大学的姜迎春教授、上海师范大学的张志丹教授、江西师范大学的祝黄河教授、周利生教授、山东大学的张士海教授、四川大学的李辽宁教授、华南农业大学的唐土红教授等,你们对我学术的支持与关心,我都会一一深刻铭记,在此表示我最诚挚的敬意与谢意!

在本书即将出版之际,我要感谢中国社会科学出版社杨晓芳女士为本书的出版做了大量细致入微的工作。还要感谢我的两位研究生,现在分别为中国人民大学马克思主义学院的博士生陈金彪、江西师范大学马克思主义学院的博士生朱思佳,感谢你们在本课题研究过程中付出的辛勤劳动。最后我要感谢我的家人,感谢你们给予我足够的思维净空与众多的互补帮助,没有你们,我的学术成长之路就会成为名副其实的"天涯孤旅"。

北宋思想家张载有一句名言:"为天地立心,为生民立命,为往圣继绝学,为万世开太平。"这道出了学术研究所追求的格局与境界。"吾虽不至,心向往之",在今后的学术研究中,我将不负韶华、不负时代、不负老师、朋友和家人的厚爱与期待,为成为一名有政治高度、有思想深度、有理论厚度的学者而上下求索。

参考文献

《马克思恩格斯选集》1—4卷，人民出版社2012年版。

《列宁选集》1—4卷，人民出版社2012年版。

《毛泽东选集》1—4卷，人民出版社2009年版。

《邓小平文选》1—3卷，人民出版社2008年版。

《习近平关于社会主义文化建设论述摘编》，中央文献出版社2017年版。

《习近平谈治国理政》第1卷，外文出版社2014年版。

《习近平谈治国理政》第2卷，外文出版社2017年版。

《习近平谈治国理政》第3卷，外文出版社2020年版。

《十八大以来重要文献选编》（上），中央文献出版社2014年版。

《十八大以来重要文献选编》（中），中央文献出版社2016年版。

《十六大以来重要文献选编》（上），中央文献出版社2005年版。

《十六大以来重要文献选编》（下），中央文献出版社2008年版。

《十六大以来重要文献选编》（中），中央文献出版社2006年版。

《十七大以来重要文献选编》（上），中央文献出版社2009年版。

《十七大以来重要文献选编》（中），中央文献出版社2011年版。

安德斯·伦德斯特罗姆等：《社会企业家——影响经济、社会与文化的新力量》，黄琦等译，清华大学出版社2016年版。

安然等：《孔子学院跨文化传播影响力研究》，中国社会科学出版社2017年版。

参考文献

边芹：《谁在导演世界》，中央编译出版社 2017 年版。

陈沛芹：《上海文化活动国际影响力报告（2017）》，社会科学文献出版社 2017 年版。

陈先达：《马克思主义十五讲》，人民出版社 2017 年版。

成中英：《新觉醒时代——论中国文化指再创造》，中央编译出版社 2014 年版。

大卫·麦克里兰：《意识形态》，孔兆政等译，吉林人民出版社 2005 年版。

丹尼尔·贝尔：《意识形态的终结》，张国清译，江苏人民出版社 2001 年版。

丹尼尔·贝尔：《资本主义文化矛盾》，赵一凡等译，生活·读书·新知三联书店 1989 年版。

《党的十九大报告学习辅导百问》，党建读物出版社、学习出版社 2017 年版。

费尔南·布罗代尔：《文明史——人类五千年文明的传承与交流》，常绍民等译，中信出版社 2014 年版。

费孝通：《中国文化的重建》，华东师范大学出版社 2014 年版。

弗朗西斯·福山：《大分裂：人类本性与社会秩序的重建》，刘榜离等译，中国社会科学出版社 2002 年版。

弗朗西斯·福山：《历史的终结及最后之人》，黄胜强、许铭原译，中国社会科学出版社 2003 年版。

弗雷德里克·马特尔：《论美国的文化》，周莽译，商务印书馆 2013 年版。

关世杰：《中华文化国际影响力调查研究》，北京大学出版社 2016 年版。

韩震：《全球化时代的文化认同与国家认同》，北京师范大学出版社 2013 年版。

贺麟：《文化与人生》，商务印书馆 2015 年版。

赫伯特·马尔库塞：《单面人》，左晓斯等译，湖南人民出版社 1988 年版。

黑格尔：《精神现象学》（上、下卷），贺麟译，商务印书馆 1979 年版。

亨利·基辛格：《世界秩序》，胡利平译，中信出版社 2015 年版。

侯惠勤等：《马克思主义意识形态论》，南京大学出版社 2011 年版。

侯惠勤等：《马克思主义中国化理论创新 30 年》，中国社会科学出版社 2008 年版。

侯惠勤等：《新中国意识形态史论》，安徽人民出版社 2011 年版。

侯惠勤：《马克思的意识形态批判与当代中国》，中国社会科学出版社 2010 年版。

胡适：《中国文化的反省》，华东师范大学出版社 2016 年版。

花建等：《文化软实力——全球化背景下的强国之道》，上海人民出版社 2013 年版。

霍华德·津恩等：《另一半美国史》，汪小英等译，浙江人民出版社 2017 年版。

科里·帕特森等：《影响力 2》，彭静译，中国人民大学出版社 2008 年版。

克利福德·格尔茨：《文化的解释》，韩莉译，译林出版社 2014 年版。

李伦新等：《海派文化国际影响力》，上海大学出版社 2006 年版。

李昭庆：《服装流行与文化影响力研究》，中国纺织出版社 2018 年版。

梁鹤年：《西方文明的文化基因》，生活·读书·新知三联书店 2014 年版。

梁漱溟：《中国文化的命运》，中信出版社 2013 年版。

刘梦溪：《中国文化的狂者精神》，生活·读书·新知三联书店 2012 年版。

罗伯特·鲍柯克、肯尼思·汤普森编：《宗教与意识形态》，龚方震等译，四川人民出版社1992年版。

罗伯特·西奥迪尼：《先发影响力》，闾佳译，北京联合出版公司2017年版。

洛克：《人类理解论》，关文运译，商务印书馆1981年版。

马克·斯坦恩：《美国独行——西方世界的末日》，姚遥译，新星出版社2016年版。

马克斯·韦伯：《新教伦理与资本主义精神》，于晓等译，陕西师范大学出版社2006年版。

马龙闪：《苏联剧变的文化透视》，中国社会科学出版社2005年版。

米尔顿·J. 贝内特：《跨文化交流的建构与实践》，关世杰等译，北京大学出版社2012年版。

任仲文：《文化自信十八讲》，人民日报出版社2011年版。

塞德希尔·穆来纳森等：《稀缺——我们是如何陷入贫穷与忙碌的》，魏薇等译，浙江人民出版社2014年版。

塞缪尔·亨廷顿：《全球化的文化动力》，康敬贻译，新华出版社2004年版。

塞缪尔·亨廷顿：《文明的冲突与世界秩序的重建》，周琪等译，新华出版社2002年版。

尚伟：《文化记忆》，中央文献出版社2009年版。

苏三：《文明大趋势——中华文明及其命运》，中国商业出版社2014年版。

孙隆基：《中国文化的深层结构》，中信出版社2015年版。

田学斌：《文化的力量》，新华出版社2015年版。

汪幼海：《全球辐射影响力》，上海社会科学院出版社2017年版。

王吉鹏：《并购企业的文化整合与融合》，企业管理出版社2013年版。

谢·卡拉－穆尔扎：《论意识操纵》，徐昌翰译，社会科学文献出版社 2004 年版。

杨昌宇：《俄罗斯法治进程中的文化影响力研究》，法律出版社 2016 年版。

俞吾金：《意识形态论》，上海人民出版社 1993 年版。

袁明：《美国文化与社会十五讲》，北京大学出版社 2016 年版。

约翰 P. 科特：《权力与影响力》，李亚等译，机械工业出版社 2008 年版。

约翰·汤普森：《意识形态与现代文化》，高铦译，译林出版社 2005 年版。

张岱年、程宜山：《中国文化精神》，北京大学出版社 2015 年版。

张国祚：《中国文化软实力研究论纲》，社会科学文献出版社 2015 年版。

张国祚：《中国文化软实力研究要论选》第 1 卷，社会科学文献出版社 2011 年版。

张国祚：《中国文化软实力研究要论选》第 1 卷，社会科学文献出版社 2013 年版。

张骥等：《中国文化安全与意识形态战略》，人民出版社 2010 年版。

张旭东：《全球化时代的文化认同》，北京大学出版社 2005 年版。

张友谊：《文化软实力——提升当代中国文化建设的社会影响》，济南出版社 2013 年版。

张志丹：《意识形态功能提升新论》，人民出版社 2017 年版。

赵建国：《中国文化产业国际竞争战略》，清华大学出版社 2013 年版。

赵士林：《中华传统文化开讲》，中华书局 2014 年版。

郑永年：《不确定的未来——如何将改革进行下去》，中信出版社 2014 年版。

郑永年：《通往大国之路——中国的知识重建和文明复兴》，东方出版社 2012 年版。

中共中央宣传部：《习近平新时代中国特色社会主义思想三十讲》，学习出版社 2018 年版。

周宏：《理解与批判——马克思意识形态理论的文本学研究》，上海三联书店 2003 年版。

朱继东：《新时期领导干部意识形态能力建设》，人民出版社 2014 年版。

朱麟：《对外传播视野下中华文化元素符号的研究》，社会科学文献出版社 2014 年版。

滋比格涅·布热津斯基：《大失败与大混乱》，潘嘉玢译，中国社会科学文献出版社 1995 年版。

K. R. 波普尔：《开放社会及其敌人》，陆衡译，中国社会科学出版社 1999 年版。